权威·前沿·原创

皮书系列为

“十二五”“十三五”国家重点图书出版规划项目

四川蓝皮书

BLUE BOOK OF SICHUAN

四川城镇化发展报告（2019）

ANNUAL REPORT ON URBANIZATION DEVELOPMENT OF SICHUAN (2019)

市村图景里的城市

主　编／侯水平　范　毅
副主编／郭晓鸣　陈　智　张鸣鸣

社会科学文献出版社
SOCIAL SCIENCES ACADEMIC PRESS (CHINA)

图书在版编目(CIP)数据

四川城镇化发展报告．2019：市村图景里的城市／侯水平，范毅主编．--北京：社会科学文献出版社，2019．5

（四川蓝皮书）

ISBN 978－7－5201－4814－6

Ⅰ．①四… Ⅱ．①侯… ②范… Ⅲ．①城市化－研究报告－四川－2019 Ⅳ．①F299．277．1

中国版本图书馆CIP数据核字（2019）第087301号

四川蓝皮书

四川城镇化发展报告（2019）

——市村图景里的城市

主　　编／侯水平　范　毅

副 主 编／郭晓鸣　陈　智　张鸣鸣

出 版 人／谢寿光

责任编辑／王　展

出　　版／社会科学文献出版社·皮书出版分社（010）59367127

地址：北京市北三环中路甲29号院华龙大厦　邮编：100029

网址：www．ssap．com．cn

发　　行／市场营销中心（010）59367081　59367083

印　　装／三河市东方印刷有限公司

规　　格／开　本：787mm×1092mm　1/16

印　张：17　字　数：253千字

版　　次／2019年5月第1版　2019年5月第1次印刷

书　　号／ISBN 978－7－5201－4814－6

定　　价／128．00元

本书如有印装质量问题，请与读者服务中心（010－59367028）联系

《四川城镇化发展报告（2019）》
编　委　会

摘 要

本书分为三个部分。

第一部分为主报告，分为四川省城镇化发展水平测评和前景展望两个部分。报告重点分析了 2017 年全国以及四川省城镇化发展水平，并利用四川城镇化发展水平综合评价指标体系对四川省 21 市（州）的城镇化发展水平进行综合评价与深入分析。结果表明：2017 年四川省城镇化率虽然仍低于全国城镇化率，但首次突破了 50%，有了实质性突破；各市（州）中，成德绵三市和攀枝花市的城镇化水平处于全省前列，甘孜、阿坝和凉山三州的城镇化水平仍有待提高；四川 21 市（州）在人口规模、产业支撑、基础设施、公共服务、资源环境和协调发展六个方面各有所长，共同推动城镇化发展。立足当前，展望未来，四川省城镇化正在经历由“速度城镇化”迈向“深度城镇化”的历史性发展阶段。新型城镇化发展进入新时代，但全省城镇化建设依然面临半城镇化、土地城镇化与人口城镇化不协调、区域发展不平衡等挑战。新形势下，“一干多支、五区协同”战略部署为未来四川的空间布局指明了方向，乡村振兴战略促进城乡融合发展、重构城乡关系、促进产城融合成为必然，小城镇建设依然是战略重点。

第二部分为主题报告篇，是以“市村图景里的城市”为主题形成的三篇相对独立又有内在联系的发展报告，在新型城镇化和乡村振兴两大发展战略背景下，对我国特别是四川省城市和乡村关系的历史贡献和新变化进行描述、归纳和深入分析。《市村图景里的城市：四川的成就和问题》描绘了有中国特色的城市管理体制和城镇化道路对城市发展及带动乡村振兴的重要贡献，不仅表现为全体居民收入和消费能力大幅增加，更为突出地表现在弱势群体和边缘地区在摆脱贫困、提高教育水平、保障卫生健康以及改善居住条件等方面的巨大成就，同时描述了日趋突显的发展不平衡不充分的问题。《面向城市的乡村：价值、风险和期待》从发展和变化的视角出发，通过数据和案例表现了四川城市发展过程中乡村的历史贡献，分析了未来可能存在的“新城乡二元结构”的风险和挑战，认为四川应从市民发展去标签化、要素流动去行政化、空间建设去攀比化、城乡文明去边界化、环境安全去差异化五个方面构建城乡价值共同体。《新市村关系：展望与借鉴》指出，全域城市可持续发展是一种新的城市可持续发展模式，内含城乡经济、社会、环境要素的融合和一体化管理，具有发展的多维性、融合性、互惠性和开放性等多元特征与多重惠益。在此基础上，探讨了乡村振兴大背景下成都市城市可持续发展模式与对城乡融合路径的积极探索。

第三部分为专题调查篇，针对四川省城镇化发展过程中的政策焦点、社会热点问题进行描述、分析。《西部城市可持续发展指数测评研究》构建了西部城市可持续发展模型，并在此基础上，对西部 9 个省份 84 个城市的可持续发展水平进行了测评。《市场分割视角下的四川城市群发展》采用相对价格法衡量四川四大城市群的市场分割程度。《四川五大区域协同发展分析报告》从构建“一干多支、五区协同”的区域发展新格局出发，描述、分析了四川五大经济区域发展的现状特征、困难挑战和发展前景，并提出对策建议。《四川劳动力就业和收入状况分析》关注四川人口领域的新变化、新特点和新问题，重点分析了就业和收入等民生问题。《四川乌蒙山区科技扶贫缩小城乡发展数字鸿沟的实践》基于对四川乌蒙山区的实地调研，总结其科技扶贫取得的成效和存在的问题，并提出具有针对性的对策建议。《覆盖城乡居民公共法律服务考核体系建设的实践和思考》运用案例分析提出了覆盖城乡公共法律服务考核体系的建议。《四川人口老龄化与健康养老状况分析》运用最新权威数据分析了四川人口老龄化发展趋势，进而研究了健康养老在四川的发展现状和面临的问题挑战，提出相关对策建议。

前言　市村图景里的城市

本书编委会*

在中国，“城市”有两个不同的概念范畴：一是作为一种相对于乡村的生活生存方式而存在的“城市”，二是作为行政边界涵盖乡村而存在的“城市”。正是这种矛盾而又统一的概念，让中国城市可持续发展具有独特之处。过去几十年间，中国城市在推动人类发展的许多方面成绩卓著：城市提供的就业使数亿农村家庭摆脱贫困，城市反哺农村提供的卫生设施和基础教育等公共服务大幅提高农村的健康和受教育水平。然而，不容否认的是，发展的成果在城乡之间的分配是不均的，作为生产生活方式的城市和乡村享受的发展权利并不对等，城市对农村在经济发展机会上的剥夺、在社会福利占有上的优势，甚至在环境资源成本上的转嫁，在当前并没有发生根本性改变。幸运的是，发展成果的分配不公对可持续发展的潜在威胁已经引起全社会关注。从“以人为核心”的新型城镇化到“城乡融合发展”的乡村振兴，国家战略的实施使作为行政概念的城市成为公平、有效率地推动人类发展的期望承载。为回应对城市和乡村作为一个整体实现可持续发展的美好期望，《四川城镇化发展报告（2019）》以“市村图景里的城市”作为主题，梳理、观察并思考在乡村振兴和新型城镇化两大战略下，四川城镇化发展的一般性和特殊性，描绘具有普遍意义的市村图景。

以城市为载体推动四川高质量发展

2018 年 6 月 30 日，四川省委十一届三次全会通过《关于全面推动高质

---

* 前言由本书编委会共同组稿，执笔人为张鸣鸣。

量发展的决定》，明确提出推动四川高质量发展，必须全面落实新发展理念，实施“一干多支”发展战略，从夯实经济强省基础的战略方位构建区域发展新格局，为解决发展不平衡不充分问题指明了前进方向。

20 世纪 90 年代末，立足现实发展阶段，“五大经济区”“四大城市群”“多点多极”等一系列战略部署相继被提出，四川经济迈进了平稳健康增长的黄金二十年。今天，站在新的起点上，构建更加协调、更有活力、共同繁荣发展、同步全面小康的新型区域发展格局，是新时代的要求，是人民群众对美好生活的向往。从整体上判断，四川仍然处于工业化加速发展时期，经济基础较为薄弱、资源要素配置不合理、产业结构和空间布局不优等问题依然是四川发展不平衡不充分的主要原因。2017 年四川城镇化率达到 50.4%，城市和小城镇成为四川经济建设和社会发展的主战场，以城镇为主要载体推动四川高质量发展成为破解难题的应有之义。

一方面，继续坚定不移地扩大规模、做大做强基础是发展的必由之路。这主要从两个层面着力突破。一，“四川地处西部地区，整体发展水平与发达地区存在一定差距，必须有一个综合实力较强、产业和人才集聚度较高、创新力竞争力优势明显的经济中心城市……，成都已初步具备这方面的条件”。[①] 基于此，四川提出着力支持成都加快建设全面体现新发展理念的国家中心城市，要让成都成为集聚全国乃至全世界优势资源、辐射带动四川以及整个西部地区的主干城市，使之成为丰富发展总量、提升发展水平、稳固发展态势的主战场。应该看到，尽管成都在四川省内具有绝对领先的经济实力、科技实力、综合实力，但从更宏观的视角观察，成都在扩大开放、创新科技、生态扩容等方面与西部地区相对领先的城市还有较大差距，如若对照北京、上海等一线城市，成都诸多关键指标如人均预期寿命、人均收入水平、受教育水平等差距更为显著（具体分析见本书表述 B.6）。尊重市场经济发展规律，立足比较优势，抓住深化改革和扩大开放的重大机遇，坚定不

① 关于《中共四川省委关于深入学习贯彻习近平总书记对四川工作系列重要指示精神的决定》和《中共四川省委关于全面推动高质量发展的决定》的说明，《四川日报》2018 年 7 月 2 日。

移地推动成都继续做大做强是四川实现整体提升的重要选择。二，目前四川还没有真正意义上的经济副中心城市，这种断层式的不平衡主要由整体发展不充分导致，其首要影响因素是物质资料发展的不充分，不仅表现为经济总量偏低，也表现为第一产业比重较高、第二产业偏重、第三产业以传统服务业为主等产业结构问题。此外，相对于全国，四川各地级城市民营经济占比不高、对经济增长的贡献不足、缺乏具有较强竞争力的市场主体等问题十分突出。因此，在国际国内经济环境发生变化、经济由高速增长向高质量发展转型等宏观背景下，坚定不移地以经济建设为中心，提升经济发展质量，用好宏观调控手段，选择基础条件较好和具有强大发展潜力的若干地级城市，加快培育成接力成都发展的经济副中心城市，意义重大、影响深远。

另一方面，做优存量、提升效率是转型发展的必然选择。推动经济从高速增长向高质量发展转型，要着重构建与现代发展相适应的体系建设，其中既有工业化以来对产业结构和要素配置的优化提升，也暗含全球化信息化对市场环境和生态价值的内在需求。在破解产业体系不优问题上，四川加快产业转型升级，明确打造电子信息、装备制造、食品饮料、先进材料和能源化工五大支柱产业，推动数字经济与实体经济融合发展，同时千方百计做优做强农业大省的金字招牌。在破解要素配置效率偏低问题上，加快建设西部金融中心，重点推进成都经自贡至宜宾和成都经南充至达州两条时速 350 公里的高速铁路建设；采取积极的户籍制度改革措施和启动一系列创新创业项目，推动劳动力和人才要素健康流动。在破解市场机制不活问题上，四川积极推进电力体制、国资国企、商事制度等改革，全面落实减税降费等措施，为实体经济营造良好发展氛围。在破解生态建设和经济发展矛盾上，深入开展“清河、护岸、净水、保水”行动，与重庆、云南建立跨省河湖保护治理联动机制，建成全国最大清洁能源基地，正式挂牌大熊猫国家公园。

对四川这样基础相对薄弱但发展潜力巨大的省份而言，高质量发展的要义是有活力、创新力和竞争力的发展，是把稀缺资源的价值充分发挥的发展，是每个地区都扩大规模、增量提升，是每个人都实现福利增进、全面发展。

新时代农民工的新变化

作为工业化和城镇化共振下的经济现象，劳动力从农业部门向非农部门流动和转移是人们对提升劳动生产率、推动人类发展而进行不懈追求的客观产物，工业革命以来，在全世界范围内持续并快速地发生，中国也毫无例外地遵循这一发展规律。特别值得注意的是，特殊的国情和制度特征使四十年来的劳动力流动转移烙下了独特的中国印记。从 1978 年到 2018 年，从“民工潮”到“民工荒”，农民工问题始终与中国产业发展、与中国经济增长、与中国民生福祉增进密不可分，因此成为中央关切点、政策聚焦点和社会关注点。中国农村劳动力从“过剩”趋于“均衡”仅用了 30 多年时间——从 20 世纪 80 年代“离土不离乡、就地进工厂”，90 年代“离土又离乡、进城进工厂”，到今天成为“新型劳动大军和产业工人的重要组成部分”，农民工对中国产业发展、城市建设以及破解“三农”问题等方面巨大的历史贡献不断得到政策层面和社会层面的肯定，农民工也因此成为改革开放 40 年创造中国奇迹中值得大书特书的一个特殊群体。是推动我国快速工业化发展不可或缺的重要力量，是促进我国城镇化水平突破性提升的特殊群体，是加快我国乡村建设全面提速的支撑性动力。在新型城镇化和乡村振兴战略背景下，农民工开始扮演新的历史角色，在其特殊贡献进一步强化的基础上，还将产生新的极为重要的多重价值。

第一，农民工将成为中国区域协同发展的主要力量。中国进入发展新时代，社会主要矛盾已经转化为人民日益增长的美好生活需要和不平衡不充分的发展之间的矛盾，在不平衡中表现最为突出的是地区间的不平衡。“一带一路”倡议和长江经济带战略的推进，将使中国广袤的西部地区成为新的经济增长点，几十年来从西部地区源源不断输出的农民工，将带着技术、经验和强大的市场适应能力成为经济新动能的有力支撑和宝贵财富。2017 年在西部地区务工农民工总量为 5754 万人，比上年增加 270 万人，增长 4.9%，占农民工总规模的比重达到 20.1%。四川农村外出务工劳动力转移输出的数据是这一预判的有力支撑。在总规模持续扩大的情况下，2012 年四川农村外出务工劳动力在省内务工人数达到 1291.87 万人，多年来第一次超过省外务工人数；到 2017 年全省农村劳动力转移输出 2505 万人，其中，省内转移已经超出省外 115 万人。

第二，农民工将成为小城镇发展的中坚力量。党的十九大报告指出，要"以城市群为主体构建大中小城市和小城镇协调发展的城镇格局"。作为"城市之尾、农村中心"的小城镇，既要成为城市产业发展和人口集聚的重要补充，更要为农村发展、现代农业做好服务，在城镇化发展体系中的作用不可替代。不同于欧美发达国家的发展道路，我国小城镇的发展是在农村工业化、农业劳动力不断进入非农产业的基础上迅速发展起来的，近年来，在农民工就地就近转移、现代农业、乡村振兴等一系列重大政策措施的推动下，小城镇在优化城镇空间体系结构、提升城镇化发展质量方面发挥着更加重要的作用。四川省已有 1200 多个建制镇集聚人口超过 1 万人，其中 20 多个超过 5 万人，农民工及其家属在小城镇人口聚集、产业集中和公共服务完善的过程中扮演着不可或缺的重要角色。在未来，小城镇在承接劳动密集型产业转移、服务现代农业、发展特色产业等方面的功能将持续强化，农民工为小城镇所做的支撑性贡献将日益突出。

第三，农民工将成为实施乡村振兴战略的关键队伍。2017 年 12 月 29 日，中央农村工作会议首次提出走中国特色社会主义乡村振兴道路。2018 年 9 月 21 日，中共中央政治局就实施乡村振兴战略进行第八次集体学习，将乡村振兴战略视为关系全面建设社会主义现代化国家的全局性、历史性任务。这一重大战略向纵深推进必然对农村各类人才，特别是懂管理、懂市场、懂技术的人才提出新的要求。一部分农民工既了解城市和市场，又了解农业农村，对土地有着深厚的情感，对乡村各类资本能够游刃有余地运用，他们不仅可以成为返乡创业就业的主力军，破解"谁来种地"的矛盾，更有可能成为乡村治理的主要力量。事实上，部分地方已经开展了一些有益的探索和实践，例如四川多地通过鼓励能人入党、鼓励有志之士进入村两委班子等方式，吸纳了一批乡村精英从事农村社会治理和产业发展，不仅为脱贫攻坚发挥了重要作用，还为乡村长远发展奠定了良好基础。

然而，需要引起足够重视的是，农民工为全社会创造了难以估量的经济价值和社会价值，但在多年来未能从根本上破解城乡二元框架的情况下，农民工付出的是巨大的个体和家庭代价，其中既有长期高强度劳动造成的身体损伤、身份隔阂产生的经济损失等，也有留守儿童、留守老人带来的一系列社会问题，对我国经济社会整体发展产生了较为深刻的负面影响。当前，我国农民工规模庞大但其在地区间和城乡间持续性的非稳态流动，已经成为抑制全社会经济活力的重要因素。

新型城镇化和乡村振兴两大战略要求城市和乡村实现更平衡更充分的发展，从战略高度、长远发展的视角审视农民工问题是题中应有之义。这既要求将农民工真正视为当前和今后一个时期产业工人的支柱力量，通过系统性教育夯实劳动力、生产力，以破解其在现代产业体系中持续学习动力和能力双重不足的难题，又要强化制度建设，激发农民工作为新市民对于城市管理和社会融入的热情和活力，挖掘其社会创造潜能，不仅让他们能够和其他群体一起平等分享发展成果，还要让他们成为城市、小城镇以及乡村的建设者和管理者。

需要进一步加深认识的是，当前发展阶段，农民工正经历如下三个方面的重要变化：非农产业和现代农业对管理人才和劳动力存在强烈的双向需求；农民工代际转换加速、新生代农民工成为发展主力；农民工对就业和市民化有着更明确、更自主的诉求。由此，要顺应时势、积极作为，除了延续改革开放四十多年来我们在探索和实践中积累的有益经验，继续为农民工群体提供良好发展环境和完善服务外，还应更加注重从利益关系调整的角度切入，包括但不限于赋予农民工自由选择居住地并享受同等公共服务的权利，切实保障农民相关财产权，加强农民工能力建设及为其子女提供系统教育等，从根本上破解制约农民工稳定转移、能力提升的问题。

多种形式探索新时代的城乡融合

建立健全城乡融合发展体制机制和政策体系，目标是破解城乡发展不平衡、乡村发展不充分的问题。改革开放四十年，历经城市和乡村“两条腿走路”、要素从乡村到城市单向流动、城乡统筹以及一体化发展等诸多阶段，农业、农村和农民都取得了长足发展，公共资源在城市和乡村之间的配置以及公共政策之间的差距日趋缩小。在这一过程中，城乡各自的功能和价值日趋清晰，明确二者的边界，使之相对独立又共生发展的重要性凸显。正是在对前期城乡发展战略再认识、再思考的基础上，新时代背景下提出的城乡融合发展具有战略性的转变——更加强调城市和乡村的独立地位，强调通过发展机制体制和政策体系上的创新改革，实现两个板块之间的互利共融。在这方面，四川进行了一些十分有价值的探索。

2018 年 5 月，四川省农业和农村体制改革专项小组印发《关于开展城乡融合发展综合改革试点的指导意见》，以县作为城乡融合发展的基本单元，确定崇州市、郫都区、广汉市等 30 个县（市、区）作为城乡融合发展综合试点单位，从土地、人才、投入、新型集体经济发展、城乡民生共享机制、乡村治理机制六方面展开建立城乡融合发展体制机制的探索。立足基础和条件，抓住自身需求，很多地方开展的实践具有现实意义。

崇州市探索以组织架构、空间布局、要素供给、产业生态、社区治理“五个重构”和行政管理体制、规划管理体制、要素配置体制、产业发展体制、社区发展治理体制“五个一体化”，打破乡镇壁垒、区划分割，构建以主体功能区为基本单元的管理体制，加快农村行政管理体制改革和新型城镇化进程。泸县针对农村人口外流、宅基地闲置、建设用地配置僵化、土地管理部分失范等问题，建立宅基地法定无偿、节约有奖、跨区配置、有偿使用、共建共享、房地置换制度，倒逼公平、节约、集约用地，推动传统散居向新型聚居转变。荣县通过新型职业农民制度试点、支持农民工（大中专毕业生）返乡创业、激励农业科技人员创新创业等方式推进农村剩余劳动力有序流转；探索推行“岗编适度分离”、引导县级部门专业人才下乡村、开展人才定向培养、建立全县专业人才统筹使用制度，吸引各级各类人才向农村流动，优化合理配置农村人力资源。大竹县创新实施“双靠近，三融合”模式，将农村异地搬迁安置点靠近城镇和企业。搬迁前围绕产业规划布局安置点，搬迁后聚焦安置点适度引进产业，推动安置点与产业“双向靠近、协同发展”，因地施策采取“点镇”“点园”“点业”三融合举措，为后脱贫时代实现全面小康目标拓展坚实的持续增收渠道。

尤为值得关注的是成都市在公园城市建设方面的探索。2018 年 2 月，习近平总书记来川视察时指出要“突出公园城市特点，把生态价值考虑进去，努力打造新的增长极，建设内陆开放高地”，这一殷切希望是对成都工作作出的重要指示。成都把建设公园城市作为建设全面体现新发展理念城市的开创性部分，并进行了一系列卓有成效的探索。

在价值观和发展理念塑造上，将公园城市的本质明确为奉“公”服务人民、联“园”涵养生态、塑“城”美化生活、兴“市”绿色低碳高质量生产。从城乡空间形态上，加快构建“双核 + 功能区 + 特色镇（街区） + 新型社区（林盘聚落）”四级城乡体系，积极探索特色镇（街区）建设工程，打破原有行政区划、城镇体系和散乱布局，规划建设一批具有小城市形态的特色镇（街区），引导资金、产业、人口向特色镇转移集聚。从城市格局上，以全域生态资源为美丽宜居公园城市之“底”，传承自然人文历史，建立健全以生态系统良性循环和环境风险有效防控为重点的生态安全体系，形成“园中建城、城中有园、城园相融、人城和谐”的公园城市美丽格局，重现天府之国“窗含西岭千秋雪”的盛景。在城市开发理念和运营方式上，确立了“产业优先、功能复合、站城一体、生活枢纽、文化地标、艺术典范”的 TOD 理念，划定了 TOD 综合开发实施范围，并将全网 700 余个站点按照城市级、片区级、组团级和一般级构建了四级分级体系。

城乡融合发展是新时代对城市和乡村关系提出的新课题，是基于当前城乡关系实际、深谋未来城乡形态的重大战略部署，具有全局性、综合性、长远性和持续性。对四川而言，机遇与挑战同在，要审时度势，以必胜的信念和敢为天下先的勇气去探索和实践，为四川乃至全国描绘一个全新的市村图景！

目　录

Ⅰ　主报告

B.1　四川省城镇化发展水平测度
……………………………“四川省城镇化发展报告2019”课题组 / 001
B.2　四川城镇化发展前景展望
……………………………“四川省城镇化发展报告2019”课题组 / 031

Ⅱ　主题报告篇

B.3　市村图景里的城市：四川的成就和问题……… 张鸣鸣　丁延武 / 049
B.4　面向城市的乡村：价值、风险和期待
………………………………… 高　杰　吴振明　刘　伟　王　芳 / 070
B.5　新市村关系：展望与借鉴………………………………… 王　倩 / 092

Ⅲ　专题调查篇

B.6　西部城市可持续发展指数测评研究…………………………… 冉　敏 / 099
B.7　市场分割视角下的四川城市群发展……………………… 吴振明 / 126

B.8 四川五大区域协同发展分析报告 …………………………… 岳新胜 / 148
B.9 四川劳动力就业和收入状况分析 ………………………… 四川省统计局 / 172
B.10 四川乌蒙山区科技扶贫缩小城乡发展数字鸿沟的实践
…………………………………… 卢阳春　程润华　高晓慧 / 189
B.11 覆盖城乡居民公共法律服务考核体系建设的实践与思考
………………………………………………… 郑　妮　杨　阳 / 201
B.12 四川人口老龄化与健康养老状况分析 ………… 四川省统计局 / 222

Abstract ……………………………………………………………………… / 235
Contents ……………………………………………………………………… / 238

皮书数据库阅读**使用指南**

主 报 告

General Reports

B.1 四川省城镇化发展水平测度

“四川省城镇化发展报告2019”课题组*

摘　要： 本报告重点分析了2017年全国以及四川省城镇化发展水平，并利用四川城镇化发展水平综合评价指标体系对四川省21市（州）的城镇化发展水平进行综合评价与深入分析，试图勾勒出四川省城镇化全景图。结果表明：2017年四川省城镇化率虽然仍低于全国城镇化率，但首次突破了50%，有了实质性突破；各市（州）中，成德绵三市和攀枝花市的城镇化水平处于全省前列，甘孜、阿坝和凉山三州的城镇化水平仍有待提高；四川21市（州）在人口规模、产业支撑、基础设施、公共服务、资源环境和协调发展六个方面各有所长，共

* “四川省城镇化发展报告2019”课题组由本书编委会组成，报告执笔人为张霞。张霞，博士，四川省社会科学院区域经济与城市发展研究所助理研究员，主要研究方向为区域经济、公共管理。

同推动城镇化发展。“十三五”以来，四川省始终坚持以人为本、更加注重公平共享，坚持集约高效、更加注重质量效益，坚持绿色发展、更加注重生态文明，坚持统筹城乡、更加注重“四化”同步，坚持制度创新、更加注重破解难题，坚定不移地走四川特色的新型城镇化道路，推动新型城镇化建设迈上新台阶，为建设美丽繁荣和谐四川、谱写中国梦四川篇章贡献力量。

关键词： 新型城镇化　城镇化率　城镇化水平测度

2017 年是四川省城镇化发展具有里程碑意义的一年，城镇化率首次超过 50%，意味着四川省在实施《四川省新型城镇化规划（2014 ~ 2020 年）》的第三年进入了城镇化发展中期阶段，实现了从乡村型社会到城市型社会的历史性转变。形态适宜、产城融合、城乡一体、集约高效的新型城镇化逐渐成型，并推动着四川省向经济强省迈进。

一　2017年四川城镇化发展总体情况

2017 年末，四川省城镇化率为 50.79%，城镇人口规模为 4216.59 万人，首次超过农村（见表 1）。相较于 2016 年，城镇化率提升了 1.58 个百分点，城镇人口增加了 151.69 万人（见图 1）。

表 1　2017 年四川城镇人口与农村人口规模及比重

单位：万人

总人口规模	城镇人口规模	农村人口规模	城乡人口规模比
8302	4216.59	4085.41	1∶0.97

资料来源：2018 年《四川统计年鉴》。

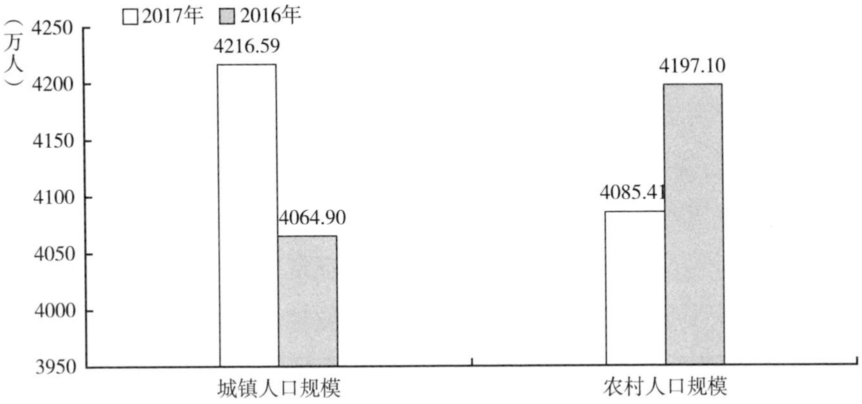

图 1　2016、2017 年四川省城镇人口与农村人口规模

与全国城镇化水平相比，2017 年四川省城镇化率与全国的差距进一步缩小至 7.72 个百分点，城镇化水平有了显著提高（见表 2 和图 2）。从变化趋势来看，全国城镇化进程放缓之势愈加明朗，而四川省则逐渐加快，后发优势明显（见表 3）。这与城镇化发展的阶段相一致，在城镇化率超过 50%之后，城镇化仍将维持快速发展的趋势，但城镇化率的增速逐渐趋缓。

表 2　2000～2017 年四川省与全国城镇化率比较

年份	四川省(%)	全国(%)	四川省与全国差距(个百分点)
2000	26.69	36.22	9.53
2001	27.20	37.66	10.46
2002	28.2	39.09	10.89
2003	30.10	40.53	10.43
2004	31.10	41.76	10.66
2005	33.00	42.99	9.99
2006	34.30	44.34	10.04
2007	35.60	45.89	10.29
2008	37.40	46.99	9.59
2009	38.70	48.34	9.64

续表

年份	四川省(%)	全国(%)	四川省与全国比较(个百分点)
2010	40. 18	49. 95	9. 77
2011	41. 83	51. 27	9. 44
2012	43. 53	52. 57	9. 04
2013	44. 90	53. 73	8. 83
2014	46. 30	54. 77	8. 47
2015	47. 69	56. 10	8. 41
2016	49. 21	57. 35	8. 14
2017	50. 79	58. 52	7. 72

资料来源：2001 ~2018 年《中国统计年鉴》。

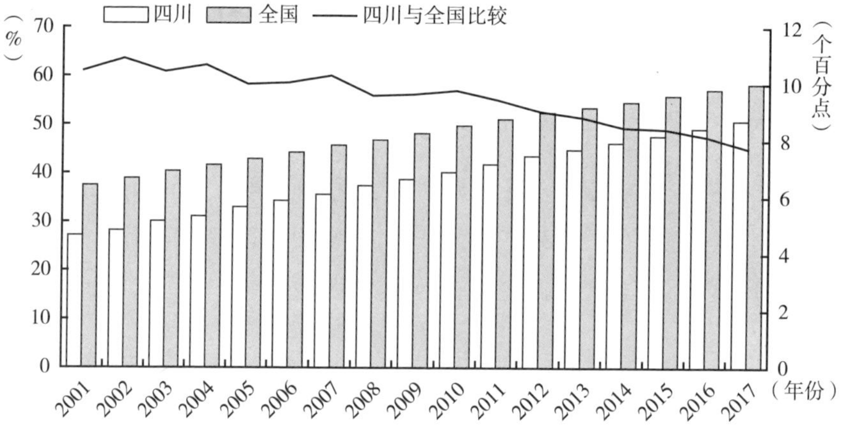

图 2　2001 ~2017 年四川省与全国城镇化率比较

表 3　2016 ~2017 年四川省与全国城镇化年均提升程度比较

单位：个百分点

年份	四川省	全国	四川省与全国比较
2016	1. 52	1. 25	0. 27
2017	1. 59	1. 17	0. 42

资料来源：2017 ~2018 年《中国统计年鉴》。

从城镇化率的绝对值来看，2017 年四川省城镇化率在全国 31 个省份中排 24 位（见表 4），连续三年位次未发生变化。虽然 2017 年四川省 GDP 以

36980.22 亿元排第六位进入第一梯队，但城镇化水平则与其经济地位不相称，足见未来城镇化任务仍然十分艰巨。分区域来看，四川省城镇化率与东部、中部及东北各省份存在明显差距，在西部 12 省份中仅排在中段（见图 3）。

表 4　2017 年末全国 31 省份城镇人口规模、城镇化率及排名

排名	省份	地区	常住城镇人口(万人)	城镇化率(%)
1	上海市	东部	2121	87.70
2	北京市	东部	1878	86.50
3	天津市	东部	1291	82.93
4	广东省	东部	7802	69.85
5	江苏省	东部	5521	68.76
6	浙江省	东部	3847	68.00
7	辽宁省	东北	2949	67.49
8	福建省	东部	2534	64.80
9	重庆市	西部	1971	64.08
10	内蒙古自治区	西部	1568	62.02
11	山东省	东部	6062	60.58
12	黑龙江省	东北	2250	59.40
13	湖北省	中部	3500	59.30
14	海南省	东部	537	58.04
15	宁夏回族自治区	西部	682	57.98
16	山西省	中部	2123	57.34
17	陕西省	西部	2178	56.79
18	吉林省	东北	1539	56.65
19	河北省	东部	4136	55.01
20	湖南省	中部	3747	54.62
21	江西省	中部	2524	54.60
22	安徽省	中部	3346	53.49
23	青海省	西部	598	53.07
24	四川省	西部	4217	50.79
25	河南省	中部	4795	50.16
26	新疆维吾尔自治区	西部	2445	49.38
27	广西壮族自治区	西部	2404	49.21
28	云南省	西部	2241	46.69
29	甘肃省	西部	1218	46.39
30	贵州省	西部	1648	46.02
31	西藏自治区	西部	104	30.89
—	全　国	—	81347	58.52

资料来源：2018 年《中国统计年鉴》。

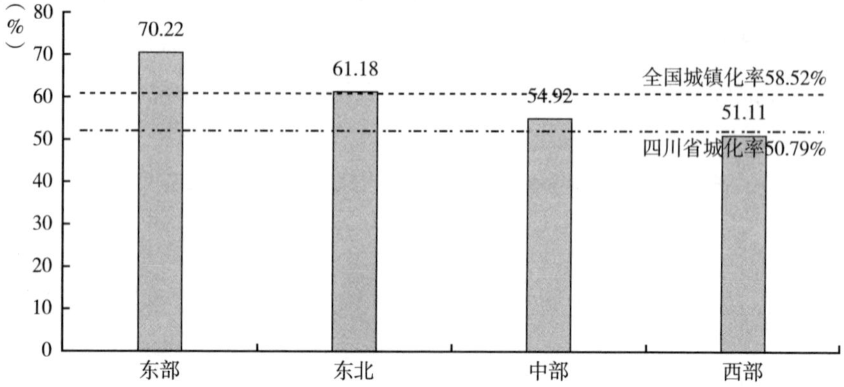

图3　2017 年四川省与全国及东部、中部、西部、东北地区城镇化率比较

同全国各省（自治区、直辖市）城镇化率增幅相比，2017 年四川省城镇化率高出 2016 年 1.58 个百分点（见表 5），其增幅在全国 31 个省（自治区、直辖市）中排名第八（见图 4），体现了四川省城镇化较为强劲的发展势头。2017 年对四川、河南两省具有重大意义，两省均实现了城镇化率 50% 的突破，且两省城镇化率增幅位次较 2016 年分别提高了 2 位和 3 位。

表 5　2016、2017 年全国 31 省份城镇化率比较及增幅排名

城镇化率增幅排名	省份	2016 年城镇化率（%）	2017 年城镇化率（%）	增幅（个百分点）
1	贵州省	44.15	46.02	1.87
2	湖南省	52.75	54.62	1.87
3	甘肃省	44.69	46.39	1.70
4	河北省	53.32	55.01	1.69
5	宁夏回族自治区	56.29	57.98	1.69
6	河南省	48.50	50.16	1.66
7	云南省	45.03	46.69	1.66
8	四川省	49.21	50.79	1.58
9	山东省	59.02	60.58	1.56
10	安徽省	51.99	53.49	1.50
11	江西省	53.10	54.60	1.50

续表

城镇化率增幅排名	省份	2016 年城镇化率（%）	2017 年城镇化率（%）	增幅（个百分点）
12	重庆市	62. 60	64. 08	1. 48
13	陕西省	55. 34	56. 79	1. 45
14	青海省	51. 63	53. 07	1. 44
15	西藏自治区	29. 56	30. 89	1. 33
16	海南省	56. 78	58. 04	1. 26
17	福建省	63. 60	64. 80	1. 20
18	湖北省	58. 10	59. 30	1. 20
19	山西省	56. 21	57. 34	1. 13
20	广西壮族自治区	48. 08	49. 21	1. 13
21	江苏省	67. 72	68. 76	1. 04
22	新疆维吾尔自治区	48. 35	49. 38	1. 03
23	浙江省	67. 00	68. 00	1. 00
24	内蒙古自治区	61. 19	62. 02	0. 83
25	吉林省	55. 97	56. 65	0. 68
26	广东省	69. 20	69. 85	0. 65
27	黑龙江省	59. 20	59. 40	0. 20
28	辽宁省	67. 37	67. 49	0. 12
29	北京市	86. 50	86. 50	0. 00
30	天津市	82. 93	82. 93	0. 00
31	上海市	87. 90	87. 70	-0. 20

资料来源：2017 ~2018 年《中国统计年鉴》。

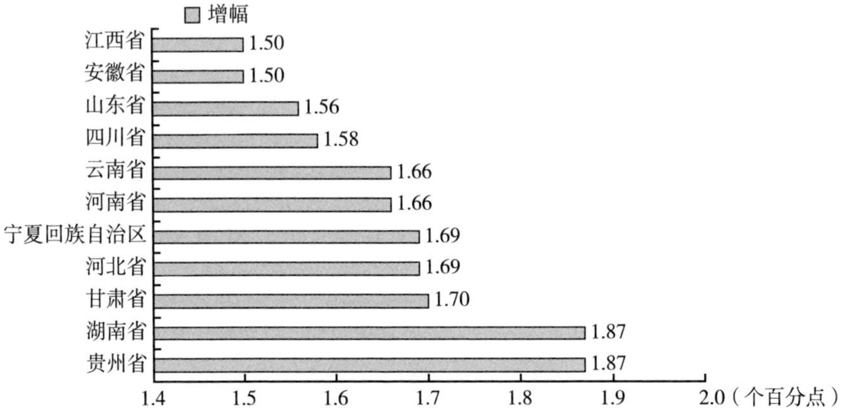

图 4　2017 年全国城镇化率涨幅前 10 名省份

以四川省21市（州）为考察对象，发现四川省城镇化发展不均衡的格局仍然持续，但城镇化质量有所提高（见表6）。成都市和攀枝花市分别以71.85%、65.99%的城镇化率排名第一、第二，分别高于全国城镇化率13.33和7.47个百分点，接近广东省和辽宁省的城镇化水平。除成都市和攀枝花市外，2017年还有四个城市的城镇化率超过50%，分别是绵阳市、德阳市、自贡市和乐山市，其中前三个城市的城镇化率更是高于全省50.79%的平均水平，说明其在推动城镇化发展中取得了实质性突破。其余市（州）对提高全省城镇化水平有不同程度的贡献。

表6　2017年四川省21市（州）城镇化率及排名

排名	市(州)	城镇化率	排名	市(州)	城镇化率
1	成都市	71.85	12	雅安市	45.35
2	攀枝花市	65.99	13	眉山市	44.77
3	绵阳市	51.01	14	广元市	43.98
4	德阳市	50.98	15	达州市	43.92
5	自贡市	50.92	16	资阳市	41.34
6	乐山市	50.17	17	巴中市	40.54
7	泸州市	48.95	18	广安市	40.24
8	遂宁市	48.52	19	阿坝州	38.92
9	宜宾市	48.12	20	凉山州	34.30
10	内江市	47.90	21	甘孜州	30.56
11	南充市	46.47			

资料来源：2018年《四川统计年鉴》。

通过与全国城镇化率（58.52%）、四川省城镇化率（50.79%）相比较，可以将21市（州）的城镇化率分为三类：第一类，高于全国城镇化率的城市，仍然是成都市和攀枝花市，代表了四川城镇化发展的最高水平；第二类，高于四川省城镇化率却低于全国城镇化率的城市，分别是绵阳市、德阳市和自贡市；第三类是低于四川省城镇化率的市（州），剩余的16个市（州）均属此类（见表7）。

表7 2017年四川省21市（州）城镇化率分类

城镇化率划分区间	个数	市(州)城镇化率
∂ >58.52%	2	成都市(71.85%) 攀枝花市(65.99%)
50.79% ≤∂≤58.52%	3	绵阳市(51.01%) 德阳市(50.98%) 自贡市(50.92%)
∂ <50.79%	16	乐山市(50.17%) 泸州市(48.95%) 遂宁市(48.52%) 宜宾市(48.12%) 内江市(47.90%) 南充市(46.47%) 雅安市(45.35%) 眉山市(44.77%) 广元市(43.98%) 达州市(43.92%) 资阳市(41.34%) 巴中市(40.54%) 广安市(40.24%) 阿坝州(38.92%) 凉山州(34.30%) 甘孜州(30.56%)

注：58.52%为全国的城镇化率。

从城镇化水平变动情况来看，2017年21市（州）城镇化率均高于2016年（见表8）。其中，自贡市城镇化率增幅居全省榜首，增幅为1.78个百分点，较2016年的1.58个百分点有所扩大；增幅最低的是攀枝花市，增长了0.65个百分点。

表8 2016～2017年四川21市（州）城镇化率增幅及排名

增幅排名	市(州)	2017年城镇化率(%)	2016年城镇化率(%)	增幅(个百分点)
1	自贡市	50.92	49.14	1.78
2	广元市	43.98	42.40	1.58
3	遂宁市	48.52	47.01	1.51
4	绵阳市	51.01	49.50	1.51
5	达州市	43.92	42.42	1.50
6	宜宾市	48.12	46.63	1.49
7	泸州市	48.95	47.50	1.45
8	乐山市	50.17	48.73	1.44
9	巴中市	40.54	39.10	1.44
10	广安市	40.24	38.81	1.43
11	德阳市	50.98	49.58	1.40
12	南充市	46.47	45.07	1.40
13	雅安市	45.35	43.95	1.40

续表

增幅排名	市(州)	2017 年城镇化率(%)	2016 年城镇化率(%)	增幅(个百分点)
14	眉 山 市	44. 77	43. 38	1. 39
15	甘 孜 州	30. 56	29. 26	1. 30
16	资 阳 市	41. 34	40. 08	1. 26
17	凉 山 州	34. 30	33. 04	1. 26
18	成 都 市	71. 85	70. 62	1. 23
19	内 江 市	47. 90	46. 70	1. 20
20	阿 坝 州	38. 92	37. 86	1. 06
21	攀枝花市	65. 99	65. 34	0. 65

资料来源：2017 ~2018 年《四川统计年鉴》。

以 21 市（州）城镇化率高低和增幅高低为依据组成矩阵考察其特征，城镇化率高低以是否超过全省城镇化水平为标准，增幅高低则以表 8 中排第十位前后为标准，具体形成四类城镇化率变化特征（见表 9）。与 2016 年相比，“城镇化率低，增幅高”的类型中遂宁市和广安市为新进入城市，雅安市和自贡市则分别被调整到“城镇化率低，增幅低”和“城镇化率高，增幅高”类型中。

表 9　2017 年四川省 21 市（州）城镇化率及其增幅分类

分类依据	市(州)
城镇化率高,增幅低	成都市(71. 85% ,1. 23%)　攀枝花市(65. 99% ,0. 65%) 德阳市(50. 98% ,1. 40%)
城镇化率高,增幅高	绵阳市(51. 01% ,1. 51%)　自贡市(50. 92% ,1. 78%)
城镇化率低,增幅高	乐山市(50. 17% ,1. 44%)　泸州市(48. 95% ,1. 45%) 遂宁市(48. 52% ,1. 51%)　宜宾市(48. 12% ,1. 49%) 广元市(43. 98% ,1. 58%)　达州市(43. 92% ,1. 50%) 巴中市(40. 54% ,1. 44%)　广安市(40. 24% ,1. 43%)
城镇化率低,增幅低	内江市(47. 90% ,1. 20%)　南充市(46. 47% ,1. 40%) 雅安市(45. 35% ,1. 40%)　眉山市(44. 77% ,1. 39%) 资阳市(41. 34% ,1. 26%)　阿坝州(38. 92% ,1. 06%) 凉山州(34. 30% ,1. 26%)　甘孜州(30. 56% ,1. 30%)

二　2017年四川21市（州）城镇化水平测评

（一）2017年综合评价

2017 年四川省 21 市（州）城镇化水平综合测度由人口规模、产业支撑、基础设施、公共服务、资源环境、协调发展六大一级指标组成的综合评价模型测算所得，具体结果见表 10。其中，前四位与 2016 年相同，分别为成都市、攀枝花市、绵阳市和德阳市。

◇ 人口规模得分排名：排名前五的是成都市、内江市、德阳市、攀枝花市和达州市；排名后五的是巴中市、资阳市、凉山州、阿坝州和甘孜州。

◇ 产业支撑得分排名：排名前五的是成都市、攀枝花市、绵阳市、德阳市、自贡市；排名后五的是南充市、达州市、凉山州、巴中市、甘孜州。

◇ 基础设施得分排名：排名前五的是攀枝花市、成都市、绵阳市、泸州市、乐山市；排名后五的是南充市、甘孜州、阿坝州、达州市、凉山州。

◇ 公共服务得分排名：排名前五的是成都市、攀枝花市、乐山市、德阳市、雅安市；排名后五的是内江市、甘孜州、巴中市、达州市、凉山州。

◇ 资源环境得分排名：排名前五的是成都市、资阳市、攀枝花市、自贡市、绵阳市；排名后五的是内江市、乐山市、甘孜州、达州市、阿坝州。

◇ 协调发展得分排名：排名前五的是成都市、攀枝花市、德阳市、绵阳市、眉山市；排名后五的是阿坝州、广元市、巴中市、凉山州、甘孜州。

（二）分项指标情况

2017 年，四川省 21 市（州）在人口规模、产业支撑、基础设施、公共服务、资源环境和协调发展六大一级指标中表现各有千秋（见图 5）。通过计算各指标占综合评分比重可以看出，人口规模一级指标中，达州市、内江市的得分对城镇化综合水平贡献较高，占综合评分的比重均超过 20%，分别是 21.35% 和 20.53%；产业支撑一级指标中，成都市、绵阳市、德阳市

表 10　2017 年四川省 21 市（州）城镇化水平综合测度

市（州）	人口规模		产业支撑		基础设施		公共服务		资源环境		协调发展		综合城镇化	
	得分	排名	得分	排名	得分	排名	得分	排名	得分	排名	得分	排名	得分	排名
成都市	13.15	1	18.88	1	15.40	2	14.36	1	11.44	1	12.25	1	85.48	1
自贡市	8.11	13	9.54	5	9.27	7	10.28	8	8.29	4	10.51	10	56.00	5
攀枝花市	10.22	4	14.94	2	16.04	1	12.80	2	9.05	3	11.25	2	74.30	2
泸州市	8.39	11	8.39	10	10.95	4	10.17	10	7.56	7	10.34	12	55.79	7
德阳市	10.29	3	12.43	4	8.48	14	11.29	4	7.12	11	11.09	3	60.70	4
绵阳市	9.59	7	14.29	3	11.37	3	10.76	6	8.22	5	10.86	4	65.08	3
广元市	7.91	15	7.05	16	8.97	9	9.87	11	7.76	6	9.72	18	51.28	14
遂宁市	8.46	10	7.38	14	9.45	6	9.72	13	6.81	16	10.72	6	52.54	13
内江市	11.05	2	8.07	11	8.69	11	9.17	17	6.61	17	10.23	13	53.82	10
乐山市	8.91	8	9.18	6	9.48	5	11.41	3	6.43	18	10.59	8	55.99	6
南充市	8.59	9	6.93	17	7.69	17	9.21	15	7.03	13	10.11	14	49.55	16
眉山市	8.38	12	9.10	7	8.54	12	9.84	12	6.95	14	10.74	5	53.55	12
宜宾市	9.64	6	8.85	9	8.51	13	10.25	9	7.33	10	10.56	9	55.13	8
广安市	7.84	16	7.46	13	8.29	15	9.31	14	6.91	15	10.40	11	50.20	15
达州市	10.06	5	6.13	18	6.18	20	8.70	20	6.01	20	10.03	15	47.11	17
雅安市	8.09	14	8.98	8	8.92	10	11.19	5	7.37	9	10.02	16	54.56	9
巴中市	6.87	17	5.34	20	7.84	16	8.95	19	7.06	12	9.70	19	45.77	18
资阳市	6.70	18	7.12	15	9.04	8	9.19	16	10.89	2	10.68	7	53.61	11
阿坝州	6.05	20	7.51	12	6.95	19	10.63	7	4.11	21	9.89	17	45.14	19
甘孜州	5.48	21	4.64	21	7.46	18	9.13	18	6.39	19	8.98	21	42.07	21
凉山州	6.67	19	6.00	19	5.56	21	8.24	21	7.47	8	9.49	20	43.44	20

资料来源：2017～2018 年《四川统计年鉴》，2017 年《中国城市统计年鉴》《四川城市（县城）建设统计年报》。

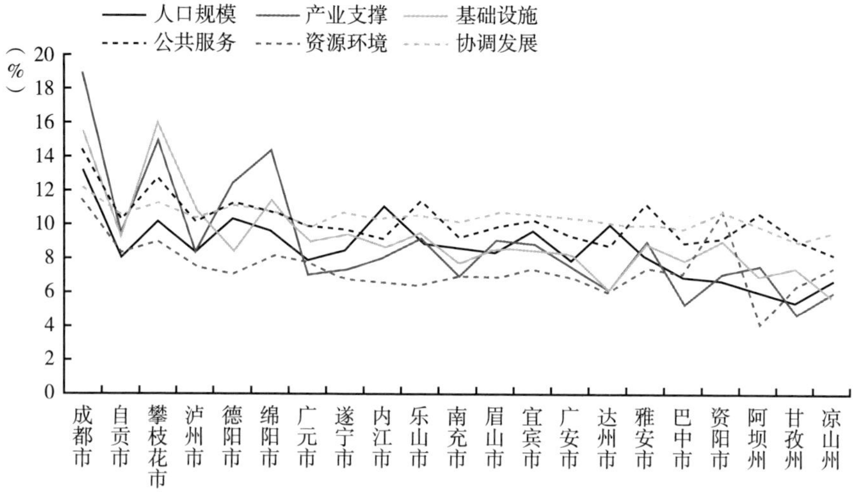

图5　2017 年四川省 21 市（州）一级指标得分贡献率

和攀枝花市的得分贡献较高，分别为 22.09%、21.95%、20.48% 和 20.11%；基础设施一级指标中，仅有攀枝花市独占鳌头，得分占比为 21.59%；公共服务一级指标中，阿坝州、甘孜州、雅安市和乐山市的得分占综合评分的比重均超过 20%，分别为 23.55%、21.70%、20.51% 和 20.38%；资源环境一级指标中，仅有资阳市在该指标获得分数占比超过 20%；协调发展一级指标中，共有 9 个市州的得分占综合评分比重超过 20%（见表 11）。

表 11　2017 年四川省 21 市（州）城镇化一级指标得分占综合城镇化比重

单位：%

市(州)	人口规模得分占比	产业支撑得分占比	基础设施得分占比	公共服务得分占比	资源环境得分占比	协调发展得分占比	综合得分比重
成都市	15.38	22.09	18.02	16.80	13.38	14.33	100
自贡市	14.48	17.04	16.55	18.36	14.80	18.77	100
攀枝花市	13.76	20.11	21.59	17.23	12.18	15.14	100
泸州市	15.04	15.04	19.62	18.23	13.55	18.53	100
德阳市	16.95	20.48	13.97	18.60	11.73	18.27	100

续表

市(州)	人口规模得分占比	产业支撑得分占比	基础设施得分占比	公共服务得分占比	资源环境得分占比	协调发展得分占比	综合得分比重
绵阳市	14.73	21.95	17.47	16.53	12.63	16.68	100
广元市	15.43	13.75	17.49	19.25	15.13	18.95	100
遂宁市	16.10	14.05	17.99	18.50	12.96	20.40	100
内江市	20.53	14.99	16.15	17.04	12.28	19.01	100
乐山市	15.91	16.39	16.93	20.38	11.48	18.91	100
南充市	17.33	13.98	15.52	18.58	14.18	20.40	100
眉山市	15.65	16.99	15.95	18.38	12.98	20.06	100
宜宾市	17.48	16.05	15.43	18.59	13.29	19.15	100
广安市	15.61	14.86	16.51	18.54	13.76	20.71	100
达州市	21.35	13.01	13.12	18.47	12.76	21.29	100
雅安市	14.82	16.46	16.35	20.51	13.51	18.36	100
巴中市	15.01	11.67	17.13	19.56	15.43	21.20	100
资阳市	12.50	13.28	16.86	17.14	20.31	19.92	100
阿坝州	13.40	16.64	15.40	23.55	9.11	21.91	100
甘孜州	13.02	11.03	17.73	21.70	15.19	21.34	100
凉山州	15.36	13.82	12.80	18.97	17.20	21.85	100

1. 人口规模指标分析

2017年四川省21市（州）人口规模一级指标中，得分最高和最低依然是成都市和甘孜州（见表12）。其中，城镇人口二级指标得分最高的是成都市，最低的是甘孜州；建城区人口二级指标则是内江市得分最高，阿坝州最低。

表12　2017年四川省21市（州）人口规模二级指标测算结果

市(州)	城镇人口	建成区人口	人口规模
成都市	10.50	2.65	13.15
自贡市	7.44	0.67	8.11
攀枝花市	9.64	0.57	10.22

续表

市(州)			人口规模
	城镇人口	建成区人口	
泸州市	7.15	1.23	8.39
德阳市	7.45	2.84	10.29
绵阳市	7.45	2.13	9.59
广元市	6.43	1.48	7.91
遂宁市	7.09	1.37	8.46
内江市	7.00	4.05	11.05
乐山市	7.33	1.58	8.91
南充市	6.79	1.80	8.59
眉山市	6.54	1.84	8.38
宜宾市	7.03	2.61	9.64
广安市	5.88	1.95	7.84
达州市	6.42	3.65	10.06
雅安市	6.63	1.46	8.09
巴中市	5.92	0.95	6.87
资阳市	6.04	0.66	6.70
阿坝州	5.69	0.36	6.05
甘孜州	4.47	1.01	5.48
凉山州	5.01	1.66	6.67

从人口规模的三级指标的变异系数来看（见表13），城镇人口比重的变异系数为0.13，是三个三级指标中最小的，除成都市和攀枝花市外，其余市（州）的城镇人口比重差异并不大；建成区人口密度的变异系数为0.49，可见建成区人口稠密程度在各市（州）差异较为显著，最高的成都市为4236人/平方公里，最少的是阿坝州仅有235人/平方公里。城镇化进程要提升可持续性，解决人的问题才是根本。因此，未来如何推动在城镇稳定就业和生活的常住人口有序实现市民化应是高度关注的话题。

表13　2017年人口规模三级指标变异系数

	城镇人口比重	建成区人口密度	建成区人口增速/建成区面积增速
变异系数	0.13	0.49	2.52

建成区人口增速/建成区面积增速的变异系数高达2.52，可见城市人口变化与建成区面积变化差异十分显著。课题组进一步分别计算了2015～2017年21市（州）建成区人口增速和建成区面积增速的平均变化情况（见表14），不难看出建成区人口变化差异十分明显，平均增速最高的是达州市，最低的是资阳市。对应来看，建成区面积则都在增加，同样也是达州市增长最快。达州市在纳入国家新型城镇化试点后积极推动“双百”城市建设，顺利完成了2017年底“建成区面积达到90平方公里、人口达到100万”的目标，极大地加快了城镇化发展的步伐。

表14　2015～2017年四川省21市（州）建城区人口和建成区面积平均增速

单位：%

市州	建成区人口平均增速	建成区面积平均增速
成都市	9.73	6.46
自贡市	-1.99	3.84
攀枝花市	-1.46	2.90
泸州市	10.18	11.07
德阳市	5.51	12.61
绵阳市	2.48	6.57
广元市	6.62	5.06
遂宁市	-8.04	5.13
内江市	0.22	4.28
乐山市	2.49	2.89
南充市	7.02	6.43
眉山市	4.95	1.44
宜宾市	5.64	8.39
广安市	3.93	9.30
达州市	12.62	14.78
雅安市	0.92	7.36
巴中市	-3.32	13.86
资阳市	-12.38	-9.18
阿坝州	5.33	8.48
甘孜州	-1.52	2.44
凉山州	8.63	4.89

2. 产业支撑指标分析

产业支撑是城镇化推进的核心动力，没有产业支撑的城镇化是难以为继的。从表 15 的测算结果来看，成都市和攀枝花市的产业支撑指标得分分别位列第一和第二，这是推动两市城镇化率高达 71.85% 和 65.99% 的重要原因。产业支撑乏力的除了甘孜州和凉山州外，还有巴中市。

表 15　2017 年四川省 21 市（州）产业支撑二级指标测算结果

市(州)	经济水平	非农产业	科技研发	信息化水平	文化产业	产业支撑
成都市	4.41	5.02	1.64	4.90	2.90	18.88
自贡市	2.34	3.00	0.50	2.67	1.03	9.54
攀枝花市	4.70	4.67	0.79	3.19	1.60	14.94
泸州市	1.88	2.71	0.42	2.68	0.71	8.39
德阳市	2.82	3.37	1.86	3.20	1.18	12.43
绵阳市	2.18	3.16	4.50	3.45	1.00	14.29
广元市	1.40	2.40	0.32	2.27	0.66	7.05
遂宁市	1.77	2.57	0.35	1.99	0.70	7.38
内江市	1.80	2.96	0.37	2.27	0.67	8.07
乐山市	2.34	2.93	0.59	2.25	1.07	9.18
南充市	1.45	2.49	0.33	2.07	0.59	6.93
眉山市	2.01	2.63	0.25	3.35	0.85	9.10
宜宾市	2.07	2.65	0.82	2.49	0.81	8.85
广安市	1.83	2.47	0.13	2.26	0.77	7.46
达州市	1.42	2.14	0.26	1.61	0.68	6.13
雅安市	1.99	2.54	0.65	2.99	0.82	8.98
巴中市	0.92	2.12	0.17	1.70	0.43	5.34
资阳市	2.04	2.45	0.11	1.75	0.77	7.12
阿坝州	1.60	2.08	0.10	2.93	0.79	7.51
甘孜州	1.12	1.33	0.08	1.58	0.53	4.64
凉山州	1.56	1.96	0.18	1.66	0.65	6.00

从产业支撑6个三级指标的变异系数来看（见表16），R&D支出占GDP的比重指标的变异系数为1.6，表明研发经费投入水平在21市（州）中表现出显著差异，且投入不足占主导，这与当前鼓励提倡的创新驱动存在距离；非农产业就业比重指标的变异系数是6个指标中值最小的，说明21市（州）在城镇化发展过程中劳动力都在以较快的速度流动集中到第二、第三产业；人均GDP、每万人非农产业增加值、每百户互联网用户数和每十万人文化产业增加值四个指标的变异系数在同一个水平。

表16　2017年产业支撑三级指标变异系数

	人均GDP	每万人非农产业增加值	非农产业就业比重	R&D支出占GDP的比重	每百户互联网用户数	每十万人文化产业增加值
变异系数	0.24	0.27	0.18	1.60	0.25	0.24

从三级指标来看，人均GDP指标值最高的攀枝花市比最低的巴中市高4倍（见图6）。R&D支出占GDP的比重指标考察的是一个国家或地区研发经费投入强度，在21市（州）形成了明显的四个区间（见图7）：首先是绵阳市一枝独秀，在全省研发投入中遥遥领先，彰显了作为科学城其对科技创新投入的重视；其次是德阳市和成都市，这两个城市研发经费投入强度略高于2017年全国研发经费投入强度2.12%；再次是宜宾市与攀枝花市，研发投入占GDP比重超过1%；最后是其余市（州），研发支出占GDP比重不足1%。

每万人非农产业增加值、非农产业就业比重、每百户互联网用户数三个指标值最高的是成都市，最低的是甘孜州。通过计算比较非农就业比重和非农产业产值比重（见表17），发现21市（州）的非农产业对城镇化支持不足。在加速推进工业化进程的产业、劳动力以及信息化水平等要素方面，成都优势十分明显。

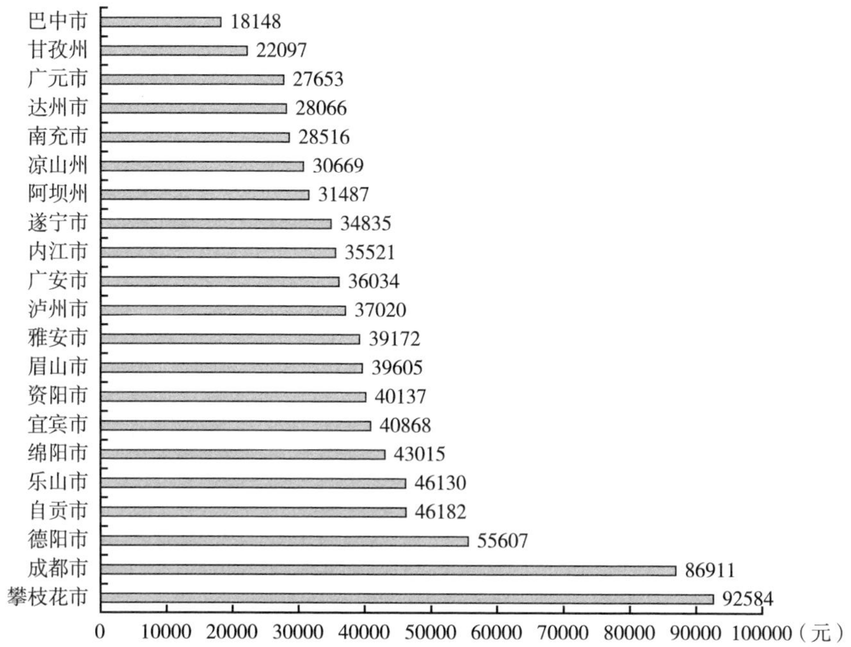

图 6　2017 年四川 21 市（州）人均 GDP

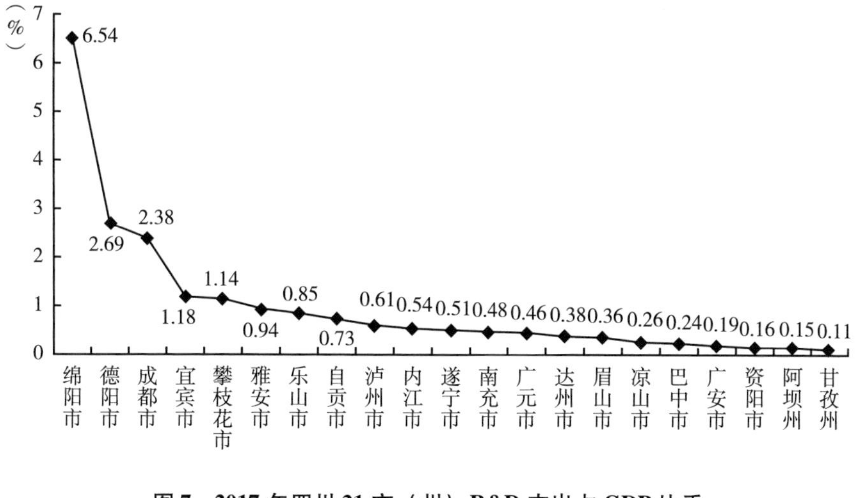

图 7　2017 年四川 21 市（州）R&D 支出占 GDP 比重

表 17　2017 年非农产业产值比重和非农就业比重

单位：%

市(州)	非农产业产值比重	非农就业比重
成都市	96.39	87.91
自贡市	89.11	61.87
攀枝花市	96.75	69.84
泸州市	88.52	59.38
德阳市	88.35	65.84
绵阳市	85.94	70.65
广元市	84.54	58.27
遂宁市	85.90	57.27
内江市	84.27	70.74
乐山市	89.47	58.65
南充市	80.10	61.73
眉山市	85.07	55.64
宜宾市	87.07	54.91
广安市	85.53	53.25
达州市	79.66	50.63
雅安市	86.59	52.44
巴中市	84.49	56.54
资阳市	84.31	49.62
阿坝州	84.27	44.41
甘孜州	76.56	28.44
凉山州	79.98	42.28

资料来源：2018 年《四川统计年鉴》。

相关经济学理论认为，城镇化率超过 50% 是工业化的巨大成果，意味着第一产业的比重逐步降低，第二、第三产业的比重越来越高，代表了生产方式的转变。从 2017 年 21 市（州）三次产业结构中可以看出（见表 18 和图 8），第一产业整体来看比重下降，第二、第三产业比重提高的格局已基本形成。其中，成都市和攀枝花市的第一产业比重不到 4%，其余市（州）则在 10% ~24%，远超全国 7.9% 的比重，尤其是甘孜州、达州市和凉山州比重超过 20%。在第二、第三产业占主导的情况下，三产比重超过二产的城市仅有成都市、绵阳市和达州市，其余市（州）则相反，这与全国、四川省已经形成的“三二一”产业结构相比仍有较大的调整空间。

表 18　2017 年四川省 21 市（州）产业结构

单位：%

地　区	第一产业比重	第二产业比重	第三产业比重
全　国	7.90	40.50	51.60
四川省	11.6	38.70	49.70
成都市	3.61	43.19	53.21
自贡市	10.89	48.64	40.46
攀枝花市	3.25	65.11	31.64
泸州市	11.48	53.29	35.24
德阳市	11.65	48.04	40.31
绵阳市	14.06	40.43	45.52
广元市	15.46	44.67	39.88
遂宁市	14.10	48.20	37.70
内江市	15.73	49.60	34.67
乐山市	10.53	45.86	43.61
南充市	19.90	41.01	39.09
眉山市	14.93	45.53	39.54
宜宾市	12.93	49.74	37.33
广安市	14.47	46.52	39.01
达州市	20.34	35.24	44.43
雅安市	13.41	47.22	39.36
巴中市	15.51	48.78	35.71
资阳市	15.69	49.30	35.01
阿坝州	15.73	47.89	36.38
甘孜州	23.44	39.70	36.86
凉山州	20.02	41.99	37.98

资料来源：2018 年《四川统计年鉴》《中国统计年鉴》。

3. 基础设施指标分析

2017 年，攀枝花市在基础设施指标的得分超过成都市位列第一，几乎是凉山州的 3 倍（见表 19）。尽管凉山州在城市道路、城市扩容、城市绿化、旧城提质改造、城市地下管网改造、棚户区改造和保障性住房建设等方面投资力度逐年加大，与 1978 年相比年均增长 23.6%，但由于历史欠账太多、自然生态环境脆弱等方面的问题，基础设施建设始终是短板。对比攀枝

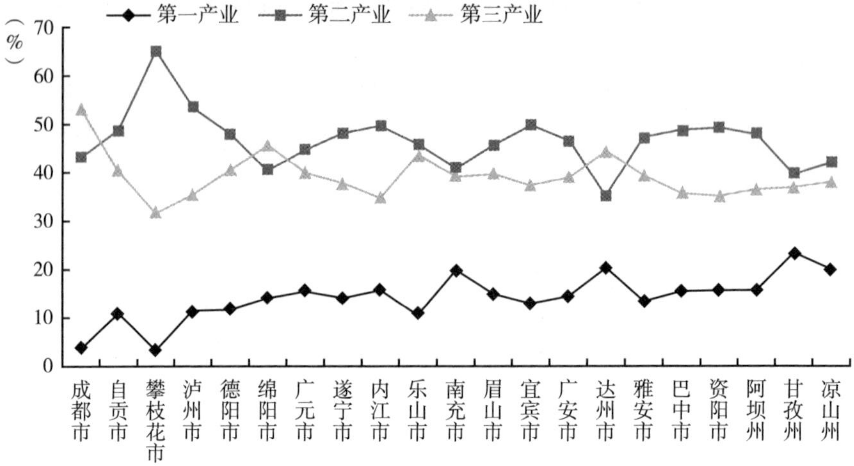

图8　2017年四川省21市（州）三次产业结构

花市和成都市的二级指标，攀枝花市在市政设施方面的得分高于成都市是使其跃居第一的直接原因。进一步从三级指标来看，则是在每十万人日供水综合生产能力这一指标中，攀枝花市为7.44，成都市为5.48。

表19　2017年四川省21市（州）基础设施二级指标测算结果

市(州)	固定资产投资	市政设施	公共交通	基础设施
成都市	3.89	7.81	3.70	15.40
自贡市	1.90	5.46	1.91	9.27
攀枝花市	4.00	8.36	3.68	16.04
泸州市	3.14	6.04	1.77	10.95
德阳市	2.46	4.96	1.06	8.48
绵阳市	1.97	7.21	2.18	11.37
广元市	1.78	5.50	1.69	8.97
遂宁市	2.58	5.66	1.21	9.45
内江市	1.52	4.48	2.70	8.69
乐山市	2.58	5.47	1.43	9.48
南充市	1.88	4.74	1.06	7.69
眉山市	2.48	4.85	1.22	8.54

续表

市(州)	固定资产投资	市政设施	公共交通	基础设施
宜宾市	2.47	4.32	1.72	8.51
广安市	3.09	4.39	0.80	8.29
达州市	2.01	3.39	0.78	6.18
雅安市	1.99	5.80	1.13	8.92
巴中市	2.74	3.95	1.15	7.84
资阳市	1.54	6.00	1.49	9.04
阿坝州	2.40	2.70	1.85	6.95
甘孜州	2.58	3.02	1.86	7.46
凉山州	1.56	3.39	0.61	5.56

从基础设施六个三级指标的变异系数来看（见表20），燃气普及率指标的变异系数最小仅为0.14，而建成区供（排）水管道长度和每十万人日供水综合生产能力指标的变异系数分别为0.58和0.49，可见，21市（州）的市政设施中供水差异大、供气差异小。此外，十万人公交汽车、出租车、地铁拥有量指标的变异系数为0.36，可见各地公共交通体系建设水平差异较为明显。城镇化发展需要基础设施建设的支撑，唯有持续加大城市基础设施建设的投入力度才能有效支撑城镇化过程中的人口聚集，提高城镇化的质量。

表20 2017年基础设施三级指标变异系数

	人均固定资产投资	建成区供(排)水管道长度	每十万人日供水综合生产能力	燃气普及率	十万人公交汽车、出租车、地铁拥有量
变异系数	0.22	0.58	0.49	0.14	0.36

人均固定资产投资指标变异系数为0.22，各市（州）对固定资产投资较为重视，区域差异相对较小。固定资产投资对拉动经济增长、加快基础设施建设、改善民生有着不可替代的作用，更是推动城镇化发展的重要抓手。从投资弹性系数来看（见图9），自贡市、泸州市、乐山市固定资产投资对

经济发展的影响显著，弹性系数分别为2.75、2.34和2.05；成都市、攀枝花市、绵阳市、遂宁市、甘孜州和凉山州的弹性系数小于1，分别为0.87、0.55、0.98、0.91、0.38和0.37，说明这些市（州）固定资产投资增速是低于经济社会发展增速的；内江市、眉山市、雅安市、资阳市和阿坝州则出现了弹性系数为负的情况，分别为－1.89、－0.77、－1.54、－2.68、和－2.76，这些市（州）固定资产投资随着GDP的增长反而出现了下降情况，这会对改善基础设施条件、公共交通等方面产生不利影响。从固定资产投资占GDP比重来看，各市（州）比重基本都在60%以上，作用举足轻重（见图9）。

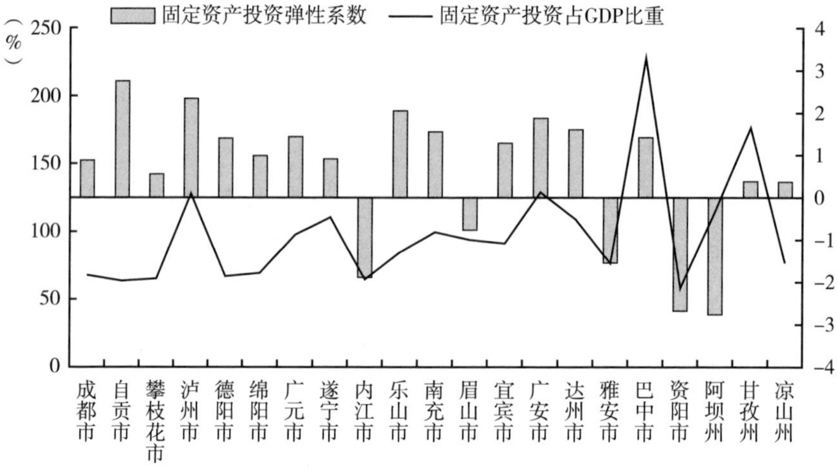

图9　2017年四川21市（州）固定资产投资情况

4. 公共服务指标分析

公共服务水平最能体现新型城镇化“以人为核心”的要义。2017年四川省21市（州）的公共服务水平差距较小，最高的成都市得分14.36，最低的凉山州得分8.24，相差6.12（见表21）。成都市自2007年开始推进统筹城乡综合配套改革试验，显著提升了公共服务配套水平，文化生活、医疗卫生、教育水平和社会保障等指标均位列全省第一。

表 21　2017 年四川省 21 市（州）公共服务二级指标测算结果

市(州)	文化生活	医疗卫生	教育水平	社会保障	公共服务
成都市	2.00	3.83	4.33	4.20	14.36
自贡市	1.27	2.88	3.51	2.61	12.80
攀枝花市	1.31	3.64	4.11	3.74	11.41
泸州市	1.12	2.89	3.92	2.24	11.29
德阳市	1.70	2.92	3.64	3.04	11.19
绵阳市	1.24	3.10	3.79	2.63	10.76
广元市	1.03	3.25	3.60	1.99	10.63
遂宁市	1.18	2.77	3.51	2.27	10.28
内江市	1.09	2.57	3.53	1.97	10.25
乐山市	1.46	2.95	3.62	3.38	10.17
南充市	1.01	2.90	3.60	1.71	9.87
眉山市	1.42	2.60	3.49	2.33	9.84
宜宾市	1.40	2.86	4.05	1.93	9.72
广安市	1.21	2.41	3.93	1.76	9.31
达州市	1.09	2.15	3.83	1.63	9.21
雅安市	1.19	3.26	3.96	2.77	9.19
巴中市	1.11	2.60	3.71	1.53	9.17
资阳市	1.11	2.99	3.37	1.72	9.13
阿坝州	1.18	3.03	4.30	2.12	8.95
甘孜州	1.11	2.70	4.18	1.14	8.70
凉山州	1.05	2.32	3.98	0.90	8.24

公共服务八个三级指标的变异系数见表 22，教育相关的三个指标变异系数普遍较小，尤其是小学儿童净入学率指标的变异系数仅为 0.01，说明在小学入学率方面均衡水平较高。城乡居民教育文化娱乐支出指标的变异系数为 0.14，表明各市（州）城乡居民在教育文化娱乐方面的支出水平基本相当。医疗相关的三个指标变异系数差异最大，每万人医疗卫生机构数变异系数为 0.33，是三个指标中最大的；而每万人床位数和千人口执业（助理）医师数的变异系数均为 0.16，相对均衡；城镇基本医疗保险覆盖率指标的变异系数为 0.30。

表 22　2017 年公共服务三级指标变异系数

三级指标	变异系数
城乡居民教育文化娱乐支出	0.14
每万人医疗卫生机构数	0.33
每万人床位数	0.16
千人口执业(助理)医师数	0.16
万人拥有专任教师数	0.12
小学儿童净入学率	0.01
初中三年巩固率	0.12
城镇基本医疗保险覆盖率	0.30

医疗和教育是衡量公共服务水平高低的重要指标，无论是绝对值还是相对值，成都市优势都最为明显。由图 10 可见，成都市在医疗卫生机构数、床位数和执业（助理）医师数方面都位居第一，分别是相应最低值的 10 倍（攀枝花市，1064 个）、30 倍（阿坝州，4551 个）和 34 倍（甘孜州，1688 人）。从相对值来看，成都市的每万人床位数和千人口执业（助理）医师数分别是 83.33 个和 3.62 人，同样位居 21 市（州）的第一位；只有每万人医疗卫生机构数为 6.35 个，处于最后一位。

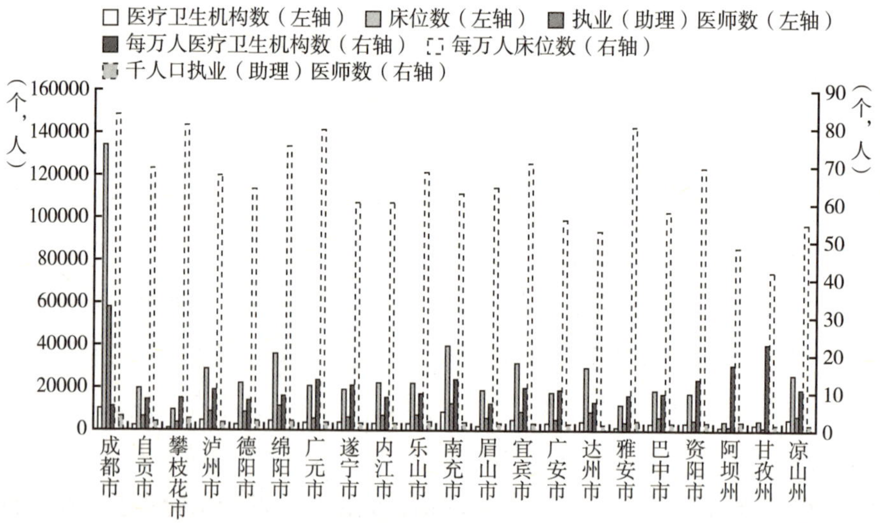

图 10　2017 年四川省 21 市（州）医疗卫生指标

图11为2017年21市（州）拥有的专任教师数绝对数和相对数情况，成都市集中了全省22.79%的专任教师，具有绝对优势。而从相对情况看，万人拥有专任教师数最多的为阿坝州，同时广安市和甘孜州的万人拥有专任教师数仅次于成都市，分别居第三位和第四位。

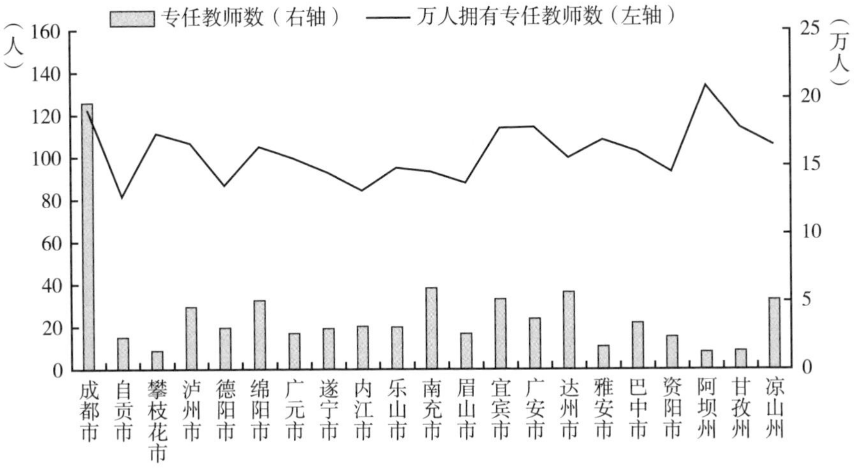

图11　2017年四川省21市（州）专任教师数情况

5. 资源环境指标分析

据表23可知，在资源环境一级指标中得分最高的是成都市，最低的是阿坝州。从二级指标来看，城市绿化水平高、土地集约程度高是成都市能够位列第一的重要原因，而其在环境保护方面的优势不明显，得分位列第九，可见，如何构建经济发展与环境保护之间的友好关系是推动城镇化可持续发展亟待解决的难题。

表23　2017年四川省21市（州）资源环境二级指标测算结果

市(州)	城市绿化	环境保护	土地集约	资源环境
成 都 市	4.27	3.84	3.32	11.44
自 贡 市	3.36	3.62	1.31	8.29
攀枝花市	4.60	2.98	1.47	9.05

续表

市(州)	城市绿化	环境保护	土地集约	资源环境
泸州市	3.25	3.51	0.80	7.56
德阳市	1.86	3.77	1.48	7.12
绵阳市	2.73	4.04	1.45	8.22
广元市	2.30	4.19	1.26	7.76
遂宁市	1.95	4.07	0.79	6.81
内江市	1.81	3.64	1.16	6.61
乐山市	1.88	3.46	1.08	6.43
南充市	2.22	3.78	1.02	7.03
眉山市	1.93	3.60	1.42	6.95
宜宾市	2.18	3.63	1.52	7.33
广安市	2.02	4.02	0.88	6.91
达州市	1.75	3.10	1.16	6.01
雅安市	2.16	3.78	1.42	7.37
巴中市	1.92	4.26	0.88	7.06
资阳市	1.93	4.16	4.80	10.89
阿坝州	0.43	2.89	0.79	4.11
甘孜州	0.42	5.48	0.48	6.39
凉山州	1.47	4.36	1.64	7.47

从资源环境七个三级指标的变异系数来看（见表24），污水处理厂集中处理率和生活垃圾处理率指标的变异系数相对较小，可见21市（州）都对管网建设、垃圾无害化处理设施等市政基础设施建设十分重视，建设水平差距逐渐拉近；单位GDP能耗和亿元GDP建设用地规模指标的变异系数为0.26和0.27，说明21市（州）在资源集约节约利用方面存在较为明显的差异，各地仍须尽力探求绿色发展的道路；空气污染综合指数、人均公园绿地面积和建成区绿地率的变异系数分别为0.3、0.41和0.31，说明在治理空气污染和城市绿化方面各市（州）差异最为显著。

表24　2017年资源环境三级指标变异系数

	人均公园绿地面积	建成区绿地率	污水处理厂集中处理率	生活垃圾处理率	空气污染综合指数	单位GDP能耗	亿元GDP建设用地规模
变异系数	0.41	0.31	0.20	0.24	0.30	0.26	0.27

6. 协调发展指标分析

2017 年，四川省 21 市（州）协调发展水平最高和最低的仍是成都市和甘孜州（见表 25）。其中，成都市在居民收入、居民消费和社会管理三个二级指标中均位列第一，特别是在收入和消费方面，呈现明显的高收入、高消费特点。在《成都市统筹城乡 2025 规划》中，成都市提出了在 2025 年建成城乡一体、和谐共融的幸福城市的目标。

表 25　2017 年四川省 21 市（州）协调发展二级指标测算结果

市(州)	居民收入	居民消费	社会管理	协调发展
成都市	1.92	6.13	4.20	12.25
自贡市	1.61	4.71	4.18	10.51
攀枝花市	1.60	5.50	4.15	11.25
泸州市	1.55	4.64	4.14	10.34
德阳市	1.76	5.14	4.18	11.09
绵阳市	1.72	4.95	4.20	10.86
广元市	1.41	4.13	4.18	9.72
遂宁市	1.72	4.83	4.16	10.72
内江市	1.55	4.54	4.14	10.23
乐山市	1.60	4.80	4.19	10.59
南充市	1.59	4.34	4.18	10.11
眉山市	1.73	4.83	4.18	10.74
宜宾市	1.67	4.71	4.18	10.56
广安市	1.61	4.59	4.20	10.40
达州市	1.62	4.22	4.19	10.03
雅安市	1.51	4.34	4.16	10.02
巴中市	1.43	4.12	4.16	9.70
资阳市	1.70	4.79	4.19	10.68
阿坝州	1.37	4.38	4.15	9.89
甘孜州	1.33	3.50	4.15	8.98
凉山州	1.41	3.90	4.17	9.49

从协调发展六个三级指标的变异系数来看（见表 26），公众安全感指数的变异系数仅为 0.0042，社会大众对社会治安环境表现出了极高的满意程度；城乡居民人均消费性支出和城乡恩格尔系数指标的变异系数分别为 0.10 和 0.08（见图 12），处于较低水平，说明各市（州）居民的食品支出

水平相当，相较之下在消费性支出方面存在些许差异；城镇居民可支配收入增速与人均 GDP 增速之比、农村居民人均纯收入增速与人均 GDP 增速之比和城乡居民收入比指标的变异系数分别为 0.35、0.36 和 0.09，可见 21 市（州）的城乡居民收入差异已经相当小了，但城镇居民和农村居民收入的增长速度与人均 GDP 增长速度之间存在较大差距。

表 26　2017 年协调发展三级指标变异系数

	城镇居民可支配收入增速与人均GDP 增速之比	农村居民人均纯收入增速与人均GDP 增速之比	城乡居民收入比	城乡居民人均消费性支出	城乡恩格尔系数	公众安全感指数
变异系数	0.35	0.36	0.09	0.10	0.08	0.0042

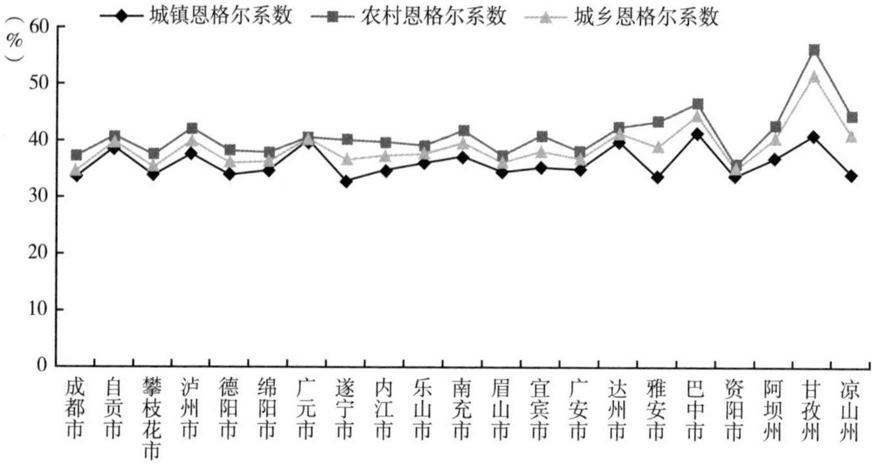

图 12　2017 年四川省 21 市（州）城乡恩格尔系数

从全球发达经济体的城市化历程看，城市化率超过 70% 阶段，城乡居民收入差距快速缩小，城乡公共产品基本实现均等化，城乡居民享受平等的权益，城市与乡村之间协调发展。未来，随着四川省 21 市（州）新型城镇化水平的持续提高，缩小城乡差距不仅是未来调整经济结构的重点，也是释放发展潜力的关键。

B.2
四川城镇化发展前景展望

“四川省城镇化发展报告2019”课题组*

摘　要：　2017年四川省常住人口城镇化率达到50.79%，由“速度城镇化”迈向“深度城镇化”，实现了历史性突破，这标志着四川省新型城镇化进入了新的发展阶段，经济结构和社会结构均发生了历史性的变化。与此同时，全省城镇化建设依然面临半城镇化、土地城镇化与人口城镇化不协调、区域发展不平衡等挑战。新形势下，“一干多支、五区协同”战略部署为未来四川的空间布局指明了方向，乡村振兴战略促进城乡融合发展、重构城乡关系、产城融合成为必然，小城镇建设依然是战略重点。

关键词：　深度城镇化　一干多支、五区协同　城乡融合

一　城镇化率超过50%实现历史性突破

2017年，四川省常住人口城镇化率达到50.79%，城镇人口首次超过农村人口，实现了历史性突破，标志着四川省新型城镇化进入了新的发展阶段。

---

* “四川省城镇化发展报告2019”课题组由本书编委会组成，本报告由王芳执笔。王芳，博士，四川省社会科学院区域经济与城市发展研究所副研究员，主要研究方向为区域经济、产业经济。

（一）由“速度城镇化”迈向“深度城镇化”

Northam 研究发现，城镇化呈“S”形曲线发展，其过程可划分为三个阶段。初始阶段：城市人口占总人口的比重在 30% 以下，这一阶段农村人口占绝大多数，生产力水平较低，工业提供的就业机会有限，农村剩余劳动力释放缓慢。中期阶段：城市人口占总人口的比重为 30% ~70%，城市化进入快速发展时期，城市人口占比可在较短的时间内突破 50% 进而上升到 70% 左右。后期阶段：城市人口占总人口的比重在 70% 以上，这一阶段也成为城市化稳定阶段（见图 1）。① 根据这一理论，当常住人口城镇化率超过 50% 以后，城镇化仍将保持快速发展的总体趋势，但发展速度会逐渐趋缓，由快速发展的中级阶段迈向相对成熟与稳定的高级阶段。因此，50% 的城镇化率是城镇化过程中的一个重要拐点。四川城镇化率在 2017 年站上了 50% 这一新台阶，意味着四川这个传统农业大省实现了从乡村型社会到城市型社会的历史性转变，完成了“S”形曲线的前半段，标志着四川由铺摊子的“速度城镇化”阶段步入提质量的“深度城镇化”阶段。

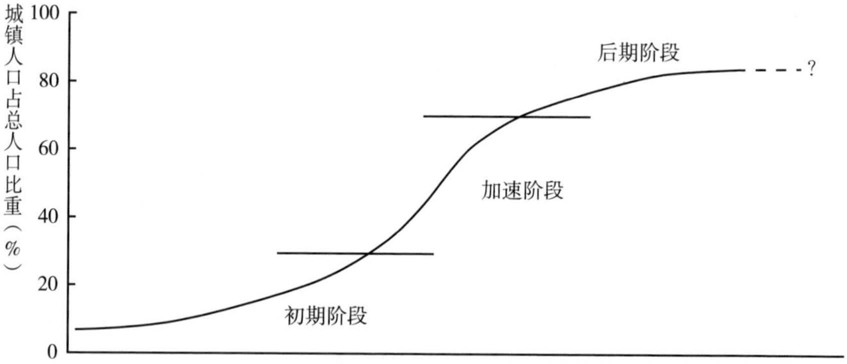

图 1　城镇化过程的 S 形曲线

① NORTHAM，RM. *Urban Geography*. New York：John Wiley and Sons，Inc，1979：65 -67.

（二）经济结构发生历史性变化

城镇常住人口超过农村是工业化发展取得巨大成就的结果。2010 年以来，四川省第一产业占 GDP 的比重由 14.2% 下降到 11.6%，第二、第三产业的比重越来越高，产业结构发生了巨大的转变，扭转了长期以来城镇化水平滞后于工业化水平的局面。从衡量地区经济发展水平的多项指标来看（见表 1），除人均 GDP 指标显示进入工业化后期阶段，其他几个指标无论是产业结构指标，还是工业化率指标和空间结构指标，均显示四川已经进入工业化中期阶段，实现了城镇化与工业化同步发展。

表 1　经济发展水平衡量指标

单位：美元，%

基本指标	前工业化阶段	工业化实现阶段			后工业化阶段
		工业化初期	工业化中期	工业化后期	
人均 GDP	745 ~ 1490	1490 ~ 2980	2980 ~ 5960	5960 ~ 11170	11170 以上
产业结构*	A > I	A > 20 且 A < I	A < 20，I > S	A < 10，I > S	A < 10，I < S
工业化率	——	20 ~ 40	40 ~ 60	60 以上	
空间结构（人口城镇化率）	30 以下	30 ~ 50	50 ~ 60	60 ~ 75	75 以上

注：* A——Agriculture，I——Industry，S——Service。
资料来源：钱纳里（1989）、科迪（1990）、库兹涅茨（1999）等。

表 2　2017 年四川与全国经济发展水平比较

单位：美元，%

指标	人均 GDP	产业结构	工业化率	城镇化率
四川	6556 工业化后期	11.6 : 38.7 : 49.7* 工业化中期	31.3* 工业化中期	50.8 工业化中期
全国	8774 工业化后期	7.9 : 40.5 : 51.6* 工业化后期	33.9* 工业化中期	58.5 工业化中期

注：* 由于统计口径的变化，二、三产业数据变动较大。
资料来源：2018 年《中国统计年鉴》《四川统计年鉴》。

从21市（州）的城镇化水平来看，成都市、自贡市、攀枝花市、德阳市、绵阳市和乐山市等六市的城镇化率突破50%，与其经济发展水平（人均GDP衡量）较为一致（见表3）；巴中市城镇化水平和经济发展水平也较为一致，均处于工业化发展初期；其他市州的城镇化水平和经济发展水平均有不同程度的差距，城镇化水平滞后于经济发展水平。尤其是阿坝州、甘孜州和凉山州等少数民族地区，由于地理环境和民族风俗等因素的限制，城镇化水平严重滞后于经济发展水平，城镇化率还在40%以下。整体来看，全省城镇化水平还有较大的发展空间。

表3　2017年四川21市（州）城镇化率和人均GDP

地　区	城镇化率(%)	人均GDP(美元)	地　区	城镇化率(%)	人均GDP(美元)
全　省	50.79	6556	南充市	46.47	4194
成都市	71.85	12781	眉山市	44.77	5824
自贡市	50.92	6791	宜宾市	48.12	6010
攀枝花市	65.99	13615	广安市	40.24	5299
泸州市	48.95	5444	达州市	43.92	4127
德阳市	50.98	8118	雅安市	45.35	5761
绵阳市	51.01	6326	巴中市	40.54	2669
广元市	43.98	4067	资阳市	41.34	5903
遂宁市	48.52	5123	阿坝州	38.92	6086
内江市	47.90	5224	甘孜州	30.56	3250
乐山市	50.17	6784	凉山州	34.30	4510

从“两化”互动情况来看，四川仍处于工业化、城镇化双快速发展阶段，工业化依然是城镇化的主要推动力，工业依旧是承接城乡劳动力转移就业的主要载体。从绝对数值看，2010～2017年，四川省全社会年末就业人员新增99.47万人，其中工业行业年末就业人员新增75.95万人，工业对全社会就业人员增长的贡献率达到76.35%。从相对数值看，无论是占比还是增速，都显示工业尤其是制造业对劳动力的吸纳力较高且呈上升态势。2010～2017年，工业行业年末就业人员比重从14.15%提高到

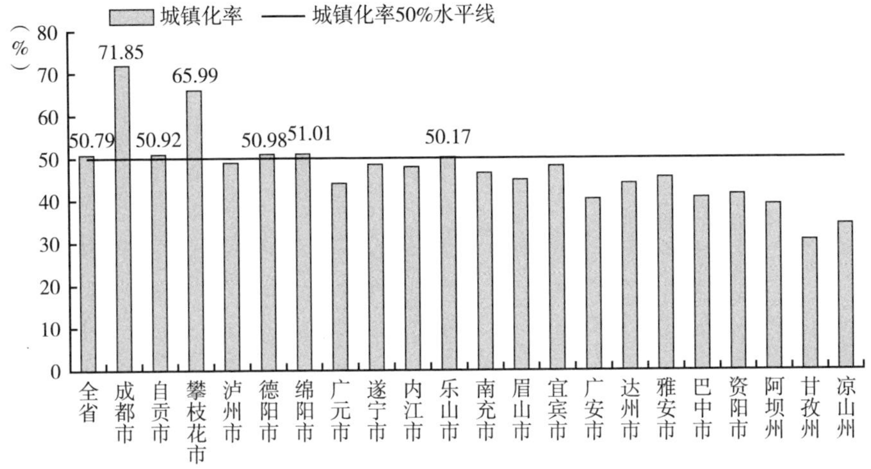

图2 四川省及21市（州）城镇化率

15.42%，其中制造业年末就业人员比重从11.33%提高到12.56%（见表4）。同期，全省工业行业年末就业人员数量年均增长1.86%，其中制造业年末就业人员数量年均增速2.18%，均高于全社会年末就业人员数量的增速（见表5）。

表4 四川省工业行业年末就业人员占全社会就业比重

年份	总就业人数（万人）	占所有行业就业人员总数的比重(%)			
		工业	采矿业	制造业	电力、热力、燃气及水生产和供应业
2010	4772.53	14.15	2.28	11.33	0.54
2011	4785.47	14.50	2.34	11.59	0.57
2012	4798.30	15.05	2.44	12.04	0.57
2013	4817.31	14.98	2.21	12.01	0.76
2014	4833.00	15.25	2.30	12.09	0.86
2015	4847.01	15.14	2.08	12.20	0.87
2016	4860.00	15.26	2.08	12.37	0.81
2017	4872.00	15.42	2.06	12.56	0.80

表5　四川省工业行业与全社会年末就业人员增速情况

年份	所有行业		工业		制造业	
	绝对值（万人）	增速（%）	绝对值（万人）	增速（%）	绝对值（万人）	增速（%）
2010	4772.53	0.33	675.45	4.04	540.66	4.91
2011	4785.47	0.27	693.81	2.72	554.79	2.61
2012	4798.3	0.27	722.02	4.06	577.78	4.14
2013	4817.31	0.40	721.50	-0.07	578.63	0.15
2014	4833.00	0.33	737.14	2.17	584.33	0.99
2015	4847.01	0.29	733.98	-0.43	591.23	1.18
2016	4860	0.27	741.82	1.07	601.17	1.68
2017	4872	0.25	751.40	1.29	611.96	1.79
年均增速（%）	0.30		1.86		2.18	

（三）四川社会结构实现历史性突破

城镇化率首次突破50%代表了四川由“乡村四川”向“城镇四川”快速迈进，由城乡二元向城乡一体稳步推进，由传统生活向现代生活逐步演进。在这一过程中，城乡就业结构、居民生活方式、民生保障以及环境承载水平等也发生了根本变化。

从城乡就业结构来看，全省乡村就业人数在1992年达到峰值（3607万人）后，乡村就业人数逐步减少，相应地城镇就业人数逐步增加（见图3），这期间，城镇就业人数占总就业人数的比重由20%提高到33%。这表明在城镇化的推动下，全省就业人口无论是绝对数还是相对数均由乡村向城镇转移。

从居民生活方式来看，2014~2017年间，全省城镇居民人均可支配收入从24234元增加到30727元，年均增速为8.23%；同期农村居民人均可支配收入从9348元增加到12227元，年均增速为9.36%。近年来农村居民收入增长快于城镇居民，农村居民的生活水平有了较大的提高。从消费情况看，2014~2017年间，全省城镇居民人均消费支出由17760

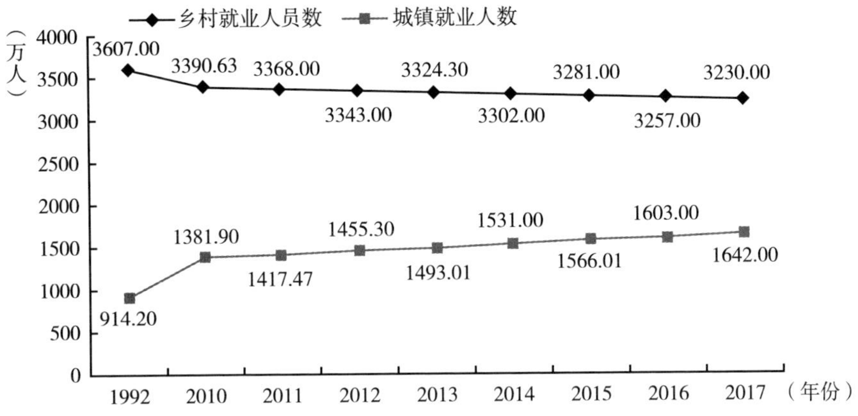

图 3　1992～2017 年四川省城乡就业人数变动趋势

元增长到 21991 元，占可支配收入的 70% 左右，农村居民人均可支配收入由 8301 元增加到 11397 元，占可支配收入的 90% 左右。在消费结构上，城乡居民均以吃、住、行及通信消费为主，且这几项所占消费的比重均呈下降趋势。城镇居民在教育文化娱乐方面的支出排在第四位，高于医疗保健、衣着和生活用品及服务支出，一方面说明城镇居民对教育的重视程度高，另一方面也说明城镇文化娱乐设施及服务丰富。农村居民的医疗保健消费支出比重显著高于教育文化娱乐、生活用品及服务和衣着支出，一方面说明农村居民的意识形态发生重大变化，对健康的重视程度日益提高，另一方面说明农村居民的医疗保障程度还有待提升。在衣着消费方面，城乡居民的支出情况存在差异，城镇居民衣着消费支出比重超过生活用品支出，说明城镇居民对衣着的消费比较重视品牌及品质。而农村居民的衣着消费占比最低，一方面说明农村居民不太重视衣着品牌，另一方面也说明农村信息化程度日益提高，农村居民通过电商平台能够购买到物美价廉的服装。综上所述可以看出，城乡居民消费结构总体上呈现趋同趋势，城乡一体化程度日益提升，与此同时，由于城乡居民意识形态和城乡公共服务等方面的差距，部分消费项目上城乡居民的消费情况有所差异。

表 6　2014～2017 年四川省城乡居民收支情况

单位：元

	2014 年	2015 年	2016 年	2017 年
城镇居民人均可支配收入	24234	26205	28335	30727
城镇居民人均消费支出	17760	19277	20660	21991
其中：食品烟酒	6204	6783	7118	7329
衣着	1539	1704	1768	1723
居住	3186	3335	3757	3906
生活用品及服务	1211	1251	1311	1404
交通通信	2169	2414	2698	3198
教育文化娱乐	1672	1963	2008	2222
医疗保健	1283	1369	1423	1596
农村居民人均可支配收入	9348	10247	11203	12227
农村居民人均生活消费支出	8301	9251	10192	11397
其中：食品烟酒	3299	3618	3887	4235
衣着	548	580	641	683
居住	1486	1675	1919	2157
生活用品及服务	630	660	693	782
交通通信	885	1020	1174	1378
教育文化娱乐	600	699	707	848
医疗保健	724	840	973	1094

资料来源：2018 年《四川统计年鉴》。

从民生保障来看，2013 年实施精准扶贫以来，四川省贫困人数逐年下降，人均领取的低保金逐年上涨，城乡居民生活水平总体提高。城镇最低生活保障人数由 184 万人减少到 118 万人，人均低保金由 2766 元提高到 3646 元；农村最低生活保障及特困救济人数由 490 万人减少到 412 万人，人均低保及救济金由 1141 元提高到 1768 元。相比较而言，农村居民人均低保收入 2013 年为城镇居民人均低保收入的 41.25%，2017 年上升为 48.49%，城乡居民低保收入差距逐渐缩小（见表 7）。

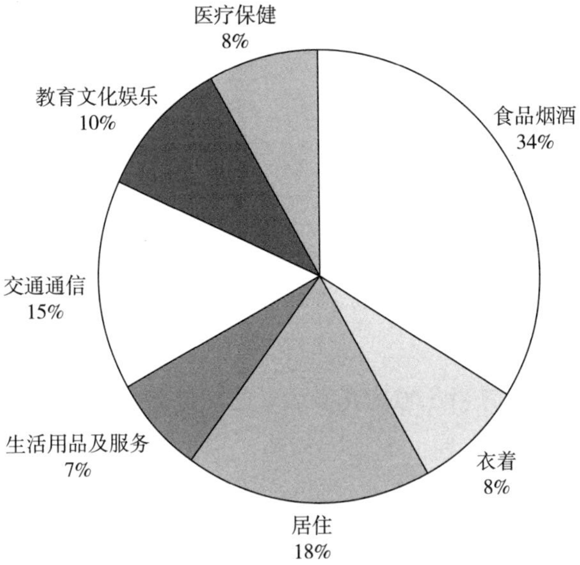

图4　2017 年四川省城镇居民人均消费支出结构

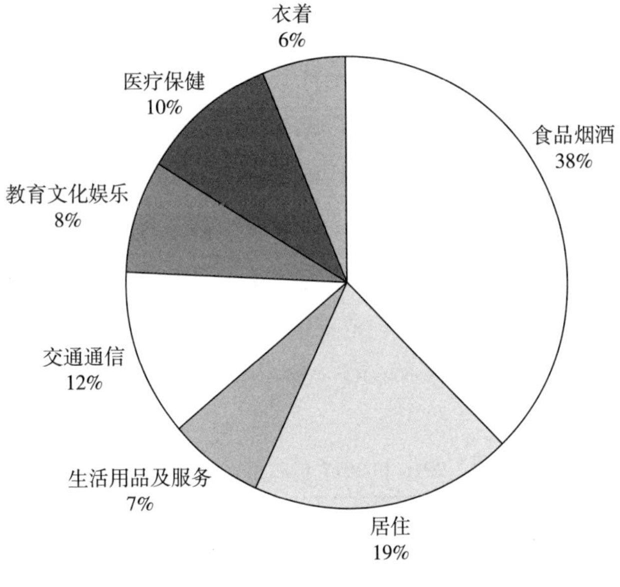

图5　2017 年四川省农村居民人均生活消费支出结构

资料来源：2018 年《四川统计年鉴》。

表7　2013～2017年四川城乡居民最低生活保障情况

年份	城镇居民		农村居民	
	最低生活保障人数(人)	人均低保金(元)	最低生活保障及特困救济人数(人)	人均低保及救济金(元)
2013年	1835734	2766	4904820	1141
2014年	1734415	2703	4758090	1117
2015年	1563548	3134	4549463	1297
2016年	1344965	3602	4052623	1742
2017年	1184095	3646	4122184	1768

从环境承载水平来看，城市建设质量明显提高。全省统筹实施城市基础设施建设“补短板”计划，更加注重地上地下统筹，协调推进城市道路、轨道交通、停车设施、地下管线、污水垃圾、城市公厕等设施建设。近五年来，全省城市（县城）市政公用设施建设完成固定资产投资5809亿元，投资总额居全国前列。全省道路长度达16076.96公里，人均城市道路面积达13.72平方米，分别较2010年增加57.7%、13%；供水普及率和燃气普及率均达到90%以上；建成地下综合管廊50.6公里，在建333.8公里；成都市轨道交通加速成网，开通运营6条线路共计179公里，在建项目12个共计388公里，绵阳等6个城市完成了城市轨道交通线网规划；新增城市（县城）污水处理厂34座、排水管网9145公里，城市生活污水处理率比2010年提高13.17个百分点；新增城市（县城）生活垃圾无害化处理厂（场）45座，生活垃圾处理率提高6.59个百分点；海绵城市建设有序推进；一大批市政公用设施投入运行，运营管理规范有序，人均公园绿地面积达到12.48平方米，城市建成区绿化覆盖率达到40%，城市综合承载能力明显增强。

表8　2010、2014、2016和2017年四川省城镇基础设施情况对比

年份	供水普及率(%)	燃气普及率(%)	人均城市道路面积(平方米)	道路长度(公里)
2010	90.80	84.39	12.14	10192.00
2014	91.12	90.89	13.32	12488.00
2016	93.07	91.78	13.73	14835.00
2017	94.91	91.22	13.72	16076.96

表 9　2010、2014、2016 和 2017 年四川省城镇环境质量相关指标

年份	人均公园绿地面积（平方米）	建成区绿化覆盖率（%）	污水处理率（%）	生活垃圾处理率（%）	人均日生活用水量（升）
2010	10. 19	37. 51	78. 32	92. 66	216. 00
2014	11. 26	38. 21	85. 36	97. 24	192. 00
2016	12. 47	39. 90	89. 66	99. 69	214. 64
2017	12. 48	40. 00	91. 49	99. 25	202. 05

数据来源：2011、2015、2017 和 2018 年《四川统计年鉴》。

二　“绿色城镇化”面临挑战

伴随着我国经济由高速增长阶段转向高质量发展阶段，城镇化也由追求 GDP 的“灰色城镇化”转向以人为本的“绿色城镇化”。四川作为传统农业大省，进行新一轮的“绿色城镇化”还面临以下挑战。

（一）“半城镇化”问题依然存在

尽管从常住人口城镇化率来看，四川取得了较大成就，但从户籍人口城镇化率来看，四川城镇化依然存在问题，常住人口城镇化远快于户籍人口城镇化。2017 年四川常住人口城镇化率达到 50. 79%，而户籍人口城镇化率仅为 34. 2%，二者约相差 17 个百分点（见图6）。这部分生活在城市却没有市民身份的农民在劳动报酬、子女教育和社会保障等方面还不能享有完全同等化的服务。

（二）土地的城镇化与人口城镇化不协调

城镇化的发展离不开城市的建设，2010 ~ 2017 年，全省城镇建成区面积增加了 0. 74 倍，年均增长 8. 3%，而城镇人口仅增加了 0. 30 倍，年均增长速度只有 3. 9%（见表 10），城市建设发展的速度要明显快于农业转移人口市民化的速度，土地的城镇化要明显快于人口的城镇化。

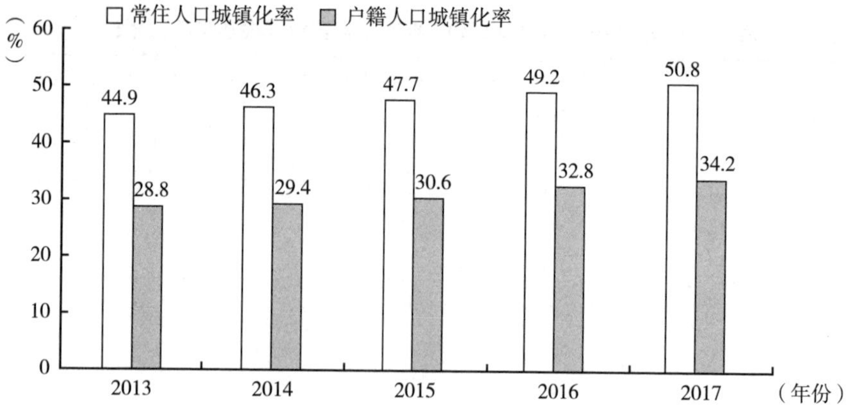

图 6　2013～2017 年四川人口城镇化率和户籍城镇化率

表 10　2010～2017 年四川省城市建成区和人口变动情况

年份	城市建成区		城市人口	
	面积（平方公里）	增速（%）	总数（万人）	增速（%）
2010	1629.73	—	3232.88	—
2011	1788.13	9.7	3364.90	4.1
2012	1901.72	6.4	3513.06	4.4
2013	2058.11	8.2	3640.04	3.6
2014	2216.56	7.7	3768.82	3.5
2015	2281.64	2.9	3913.31	3.8
2016	2615.59	14.6	4064.90	3.8
2017	2832.25	8.3	4217.42	3.9

数据来源：2011～2018 年《四川统计年鉴》。

（三）区域发展不平衡现象依然突出

区域发展不平衡一直是四川面临的主要问题，也是制约城镇化发展的顽疾。作为首位城市的成都市，2017 年经济总量达到 1.39 万亿元，占全省经济总量的 1/3，在副省级城市中排名全国第三、西部第一，而全省排名第二的绵阳市经济总量仅为成都市的 15%，城市之间的经济体量差距悬殊，尚未形成梯度承接的良好局面。五大经济区之间的差距也较大，成都平原经济区八市以占全省17.8%的面积，承载了全省45.8%的人口，贡献了60.6%的经济总量；而位于川西北生态示范区和攀西经济区的三州，面积占全省的60.3%，人口占8.4%，经济总量占5.3%。

三 “一干多支、五区协同”战略推动区域协调发展

中共四川省委十一届三次全会提出构建“一干多支、五区协同”的区域发展新格局，主要内容包括做强“主干”，支持成都加快建设全面体现新发展理念的国家中心城市；发展“多支”，打造各具特色的区域经济板块，推动环成都经济圈、川南经济区、川东北经济区、攀西经济区竞相发展，形成四川区域发展多个支点支撑的局面；大力促进“五区协同”发展，推动成都平原经济区、川南经济区、川东北经济区、攀西经济区、川西北生态示范区协同发展，推动成都与环成都经济圈协同发展，推动甘孜藏族自治州、阿坝藏族羌族自治州、凉山彝族自治州与内地协同发展，推动区域内各市（州）之间协同发展。[①]

（一）“一干多支、五区协同”战略提出的背景

要贯彻落实党的十九大精神和学习贯彻习近平新时代中国特色社会主义思想及习近平总书记对四川工作系列重要指示精神。党的十八大以来，习近平总书记三次亲临四川视察指导，五次发表重要讲话，对治蜀兴川作出了最明确、全面、精准的定位，为四川改革发展量身定做了“定盘星”。这些构成了习近平新时代中国特色社会主义思想的“四川篇”。四川省委把习近平总书记对四川工作系列重要指示精神落实于实践行动，提出构建“一干多支、五区协同”的区域发展新格局。[②]

① 《中共四川省委十一届三次全会公报》。

② 《中共四川省委关于深入学习贯彻习近平总书记对四川工作系列重要指示精神的决定》（2018年6月30日中国共产党四川省第十一届委员会第三次全体会议通过）。

着力解决四川区域协调发展存在的问题。当前四川存在的主要问题体现在不充分、不平衡，经济总量居全国第六位但人均排位却相对靠后，区域发展不平衡。为着力解决这一问题，并推动经济高质量发展，四川省委提出构建“一干多支、五区协同”的区域发展新格局，以此推动四川区域协调发展，做大做强四川经济。

（二）“一干多支”与多点多极支撑发展战略一脉相承

党的十八大以来，四川省委着眼于推进四川两个跨越发展大局，做出了实施多点多极支撑发展战略的决策部署，取得了显著成效，2017 年，全省经济总量过千亿的市（州）数量由 2012 年的 9 个增加到 16 个。从整体上看，全省综合实力加快提升，但发展不平衡趋势仍未得到根本扭转，成都平原经济区以占全省 17.8% 的面积，贡献了 60.6% 的经济总量。在此背景下，新一届省委提出实施“一干多支”发展战略，构建“一干多支、五区协同”区域发展新格局的战略部署，目的是加大统筹区域发展力度，推进“主干”引领带动、“多支”竞相发展、“干”“支”协同联动，更好实现各区域优势互补、错位发展、同频共振。从内在来看，“一干多支”和多点多极支撑发展战略瞄准的都是发展不平衡不充分的问题，二者是一脉相承的。“一干多支”是多点多极支撑的具体化，多点多极支撑侧重于推动各区域板块竞相发展，做大区域经济总量；“一干多支”则是在做大区域经济总量的基础上，更加注重区域板块间的协同发展，形成各具特色、竞相发展的区域发展新格局。这一发展战略是省委立足四川新时代新使命新要求，是对历届省委、省政府区域发展战略的继承和创新，是对多点多极支撑发展战略的进一步深化和完善。

（三）“一干多支、五区协同”下城镇化发展

“一干多支、五区协同”战略部署为未来四川的空间布局指明了方向：打破行政区域壁垒，建立区域协调发展体制机制。更加注重打造成都“主干”，只有主干做强，引领辐射带动作用才能充分发挥；更加注重培育区域

中心城市，着力打造绵阳、德阳、乐山、宜宾、泸州、南充、达州 7 个区域中心城市，为培育发展全省经济副中心奠定基础、创造条件；更加注重区域板块协同发展，通过打造优势互补、合作共赢的区域发展共同体，加快形成“一干多支、五区协同”区域发展新格局。①

“主干”引领带动。在新的发展格局中，成都作为主干，应紧紧围绕建设全面体现新发展理念的国家中心城市定位，加快建设“五中心一枢纽”，高标准建设天府新区，高起点建设天府国际机场和国际空港新城，增强对国际国内高端战略资源的集聚集成能力，增强对四川省其他区域的引领辐射带动能力。②

“多支”竞相发展。川南经济区、川东北经济区、攀西经济区、三州地区等作为“支点”，应依托自身优势竞相发展。川南经济区拥有得天独厚的长江黄金水道，食品、机械、化工等传统产业基础雄厚，轨道交通、智能终端、通用航空等新兴产业发展空间较大，生产要素比较优势显著，将加快推进区域一体化发展，努力建成南向重要开放门户和川渝滇黔接合部区域经济中心，成为四川省第二经济增长极。川东北经济区作为革命老区和老工业基地，在人口、产业、区域等方面具有鲜明特色，将加快推动振兴发展，建成东向北向出川综合交通枢纽和川渝陕甘结合部区域经济中心。攀西经济区具有丰富的资源，将重点推动转型升级，建成攀西国家战略资源创新开发试验区、现代农业示范基地和国际阳光康养旅游目的地。三州地区将重点推进脱贫攻坚，将生态功能放在首位，发展全域旅游、特色农牧业、清洁能源和生态经济。③

---

① 彭清华：《关于〈中共四川省委关于深入学习贯彻习近平总书记对四川工作系列重要指示精神的决定〉和〈中共四川省委关于全面推动高质量发展的决定〉的说明》，《四川党的建设》，2018 年 7 月 5 日。

② 彭清华：《关于〈中共四川省委关于深入学习贯彻习近平总书记对四川工作系列重要指示精神的决定〉和〈中共四川省委关于全面推动高质量发展的决定〉的说明》，《四川党的建设》，2018 年 7 月 5 日。

③ 彭清华：《关于〈中共四川省委关于深入学习贯彻习近平总书记对四川工作系列重要指示精神的决定〉和〈中共四川省委关于全面推动高质量发展的决定〉的说明》，《四川党的建设》，2018 年 7 月 5 日。

“干”“支”协同联动。“干”的定位就是成都市的发展定位，“支”的定位就是各区域经济板块发展的总体定位，实施“一干多支”发展战略是推动四川经济由大到强高质量发展的必然要求，有利于推动形成合理的区域产业分工格局和现代产业体系。“一干多支”发展战略是在做大区域经济总量的基础上，更加注重区域板块间的协同发展，形成各具特色、错位发展的区域发展新格局。①

大中小城市和小城镇协调发展。将优化四川省城镇化布局，着力打造以成都为核心城市，以绵阳、德阳、乐山为区域中心城市的成都平原城市群；以宜宾、泸州为区域中心城市的川南城市群；以南充、达州为区域中心城市的川东北城市群，推动大中小城市和小城镇协调发展。建立健全区域发展激励机制，鼓励和支持有条件的区域中心城市争创全省经济副中心城市。②

四　乡村振兴战略促进城乡融合发展

党的十九大报告提出实施乡村振兴战略，同时提出要建立健全城乡融合发展体制机制和政策体系，加快推进农业农村现代化。从城乡统筹、城乡一体化到乡村振兴、城乡融合，其政策体系既一脉相承，又体现出中央对“三农”工作的新研判、新思考、新定位。

（一）城乡融合重塑城乡关系

城乡融合既是乡村振兴战略的实现路径也是乡村振兴战略的目标。2018年四川省印发《关于开展城乡融合发展综合改革试点的指导意见》，决定开

① 彭清华：《关于〈中共四川省委关于深入学习贯彻习近平总书记对四川工作系列重要指示精神的决定〉和〈中共四川省委关于全面推动高质量发展的决定〉的说明》，《四川党的建设》，2018年7月5日。

② 彭清华：《关于〈中共四川省委关于深入学习贯彻习近平总书记对四川工作系列重要指示精神的决定〉和〈中共四川省委关于全面推动高质量发展的决定〉的说明》，《四川党的建设》，2018年7月5日。

展城乡融合发展综合改革试点，争取用三年时间，形成乡村振兴的整体战略部署。目前，已确定21个市（州）的30个县（市、区）作为城乡融合发展综合改革试点单位。试点工作将探索通过培育新型职业农民、支持农民工回乡创业、支持科技人员兼职取酬和离岗创业、引进大中专毕业生投身农业生产经营等多种方式，培养现代农业产业经营管理人才和技术骨干人才。成都市制定了《成都市实施乡村振兴推进城乡融合发展2018年行动计划》，明确成都实施乡村振兴，要以实施全域乡村规划提升工程为抓手，对全域乡村的空间形态、产业布局、生态保护、基础设施、公共服务等进行全面规划；要以深入推进农业供给侧结构性改革和实施农业品牌建设工程为抓手，加快构建现代农业产业体系、生产体系和经营体系；要以实施特色镇（街区）建设、川西林盘保护修复、大地景观再造和农村人居环境整治工程为抓手，形成全域旅游新格局。

（二）产城融合是必然选择

产城融合、产城一体是新型城镇化发展的新趋势。产业发展是衡量城镇化水平的重要标尺，四川省对产业园区发展提出新的要求：必须坚持产城一体、互融共促，就业地与居住地统一，推动产业园区从单一生产功能向城市综合功能转型，加快形成以产业发展促进城镇扩张，以城镇综合承载能力支撑产业发展的产城融合。

（三）小城镇建设成为战略重点

在乡村振兴战略下，加快小城镇建设已成为新型城镇化战略的重点，农民教育、就医、购物、休闲等日常活动的80%都在小城镇完成，小城镇迎来发展机遇期。《城镇创新发展报告（2017）》指出，小城镇连接城市和乡村，是促进城乡协调发展最直接最有效的载体，是促进农民就近就地城镇化的重要途径，对实现农业农村现代化、实现城乡融合、推进乡村治理等具有不可替代的作用，对扩内需、促增长、惠民生均有重要战略意义，正在成为当前新型城镇化的战略重点。2017年，四川省出台《中共四川省委、四川省人民政府关于深化拓展“百镇建设行动”培育创建特色镇的意见》（川委发〔2017〕22号）提出：“以特色工业、商贸服务、旅游休闲镇为基础，发展生态宜居、文化创意、科技教育、现代农业等新型产业镇，形成类型多样、充满活力、富有魅力的小城镇发展新格局。深入推进产镇融合发展，促进宜业宜商宜居宜游环境建设，增强小城镇服务能力和综合承载能力。积极支持吸纳人口多、经济实力强的中心镇，向主导产业突出、市政功能完善的小城市发展，努力打造一批商贸小镇、文化小镇、旅游小镇、森林小镇等特色服务业发展示范镇。”

主题报告篇

Theme Reports

B.3

市村图景里的城市：四川的成就和问题

张鸣鸣　丁延武*

摘　要： 特殊的城市管理体制与市场机制的结合，造就了城乡经济利益共同体的发展格局，不仅表现为全体居民收入和消费能力大幅增加，更突出地表现在弱势群体和边缘地区在摆脱贫困、提高教育水平、保障卫生健康以及改善居住条件等方面的巨大成就，城市和非农业部门的发展对相对弱势的农业产业发展贡献同样显著。但是，人的发展不平衡日趋显著，除养老、就医、教育等方面的差距外，与城市居民相比，农村居民在收入、消费和营养摄取等方面的差距在逐步扩大。而城市以

* 张鸣鸣，博士，四川省社会科学院区域经济与城市发展研究所研究员，主要研究方向为城镇化、“三农”问题；丁延武，博士，四川省社会科学院区域经济与城市发展研究所助理研究员，主要研究方向为区域经济、农村经济。

经济利益为导向的成长轨迹并未根本扭转，突出表现在城乡要素流动的诸多制度性障碍尚未取得根本性突破。城乡要素的比价关系朝着不利于农村的方向转变，导致城乡要素交换过程中存在隐形“剪刀差”，多因素叠加作用造成农村生产要素源源不断地流向城市。

关键词： 城乡关系 城乡二元 城镇化

与欧美发达国家城市不同，中国城市具有典型的行政特征。在行政力量和市场力量的双重驱动下，呈现出一种特殊的城乡交融的城市发展格局——“村中之城”。就四川而言，城市行政边界中有大量的行政村、农村人口、农业经济，即便在城市建成区，也仍有为数众多的农村存在（如城中村和未完成拆迁的农村）。过去几十年中国城市的高速发展从实践上表明，“村中之城”的城市发展方式在经济集聚和人口集聚上具有十分显著的效果，在农村为城市贡献了大量的、低廉的生产要素和产品的同时，城市也为农村提供了庞大的就业机会和消费市场，财政支出上的调整也成为近年来新农村建设的重要支撑，城市在发展过程中也有效避免了发达国家和地区普遍存在的“贫民窟”等严重的社会问题。但是，不可否认的是，边际递减效应在“村中之城”的发展模式上同样存在，虽然经济社会整体上实现了帕累托改进，但其中部分部门或人口的福利遭受的损失并未得到公平合理的补偿，在加速工业化阶段，已经或潜在威胁着城市部门长远、健康、有序发展。从这个意义上看，中国城市的可持续发展，不是单纯的“城”的问题，而是包含农村、农业、农民在内的全域可持续发展问题。只有从整体观念看待城市和乡村，将其作为综合系统的平等主体，寻求一条整体发展道路，我们才有可能实现可持续发展。

一　中国市村关系概述

（一）中国城市和农村的四个特征

1. 行政区域划分中的城市

与西方主要发达国家的城市界定不同，中国城市的划分具有中国特色。《国务院批转民政部〈关于调整设市标准报告〉的通知》（国发〔1993〕38号）指出，根据不同人口密度，在满足非农业人口数量和占比、非农业部门经济产值和财政收入水平及其占比、基础设施水平等三个标准的基础上，经各级政府审批后可设立县级市或地级市。城市和镇共同组成我国城市体系。当前，我国城市有直辖市、市、镇，以及未设镇的县城等类别[①]，根据《宪法》对行政区域的划分，各类别城市所处行政层级如图 1 所示。

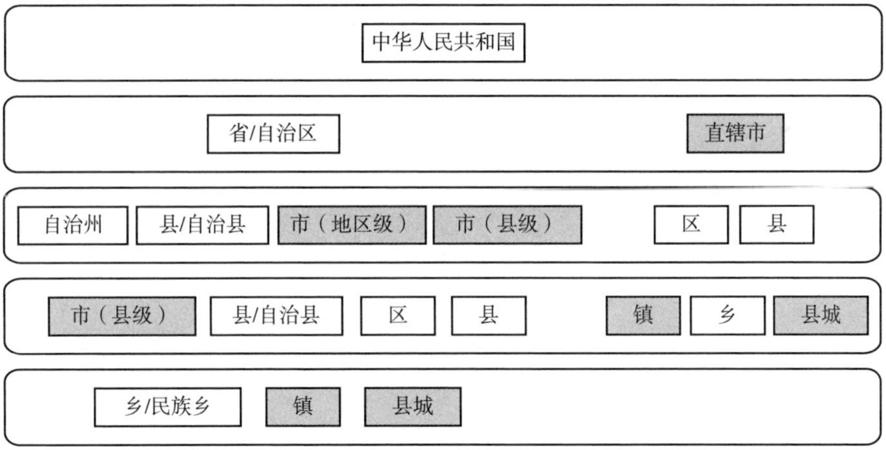

图 1　行政区域划分中的城市体系

说明：根据《宪法》和《城乡规划条例》制作，突出显示为城市，未包括特别行政区。

---

① 《城市规划条例》，1984。

2. 行政主导下的城市空间格局

“行政主导城镇化”[①] 是我国城镇发展的典型特征。改革开放以来，我国实施市管县体制，大中城市周围的农村地区划归城市统一领导。城市建制比县拥有更多的权利，同时由于城市建制必须具备相应的政治管理职能、人口集聚职能和经济发展职能，刺激管理者从农村抽取生产要素用于城市建设，城市空间边界不断向农村扩张，很多地方城市发展的过程实质上演变成将农村不断“变为”城市的过程。与此同时，中心城区或郊区还“插花式”散落一些因历史原因和其他原因留存下来的城中村（或未完成拆迁的农村）。而且，不同于西方建立在市场机制下的城市增长轨迹，我国城市的增长路径呈现出典型的行政特征，由此形成了具有中国特色的城市空间格局。图 2 是我国地级城市的布局示意图。

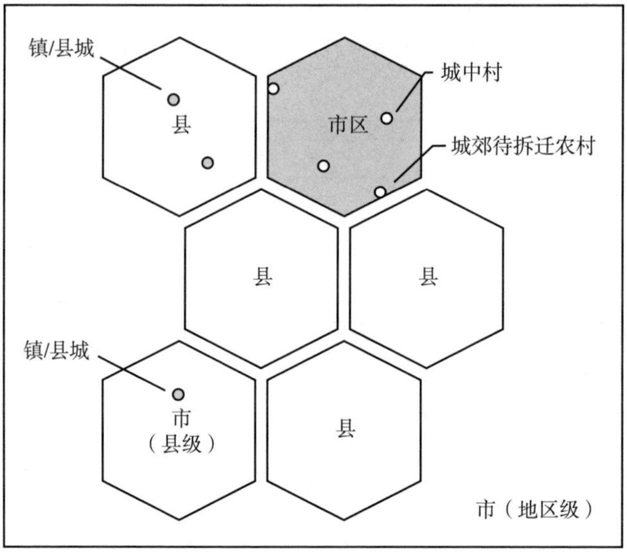

图 2　我国典型的地级城市空间布局

① 周其仁：《城乡中国》（上），中信出版社，2013。在此书中，周其仁教授提出：“我国城镇化的制度基础，包括三大支柱（城市土地属于国家所有、经由行政审批设立城市，以及唯有国有土地才可合法出让）和一把利器（征地权），总的特征是高度的行政主导或政府主导。”

3. 市民与非市民共同组成的城市居民

在户籍等相关人口迁移制度的约束以及市场机制对生产力配置的双重驱动下，大量非市民化人口与市民一起，成为城市的主要居民。值得注意的是，在当前阶段，因为与人相关的部分福利与户籍密切相关，户口在城乡居民身份界定中仍然占据主体地位。此外，社会层面的身份认同，如农民工、回迁农民、城中村农民等也构成了城市里这种非市民与市民共生共融的人口分布格局。[①] 仅就前者来看，城镇化是最具代表性的指标。以四川省为例，2017 年 18 个地级市城镇化率在 30. 56% 和 71. 85% 之间，16 个县级市的城镇化率则在 40. 16% 和 58. 97% 之间，户籍人口城镇化率一般会低于前者 10 个百分点以上。这表明，在城市区划范围内有大量在农村居住的居民，同时说明，即便在传统意义的城市范围内也有大量非市民化的居民。

4. 人口稠密的农村地区

2017 年我国有 5. 8 亿乡村常住人口，主要分布在 1483 个县和自治县，县均 38. 9 万人，其中人口超过百万的县达到 128 个。四川地级市中，2017 年末平均每个行政村常住人口超过 1000 人的城市有八个，成都、泸州、眉山等城市村均常住人口超过 1500 人，农村人口稠密的现象在百万人口大县中表现得尤为突出。更加值得注意的是，人口稠密地区的非农就业人员占比高于城镇化率，且大多数工业化水平不低于城镇化水平（见表 1），表明这些地方虽然在名义上仍为农村地区，但已经具备成为城市的条件。

表 1　2017 年四川省常住人口过百万的县的相关指标

	年末常住人口（百万）	城镇化率（%）	非农就业率（%）	工业化率（%）
中江县	107. 61	39. 60	61. 43	37. 44
三台县	105. 57	37. 53	63. 16	27. 60
资中县	120. 91	38. 42	64. 80	38. 24

① 陈映房：《城市中国的逻辑》，生活·读书·新知三联书店，2012。

续表

	年末常住人口（百万）	城镇化率（%）	非农就业率（%）	工业化率（%）
仁寿县	119.42	36.57	58.26	43.03
宣汉县	103.84	39.40	56.71	39.66
渠　县	114.41	37.30	65.32	33.57
安岳县	112.41	34.94	42.12	39.64

资料来源：2018 年《四川统计年鉴》。

（二）市村关系从制度性分隔到共同利益体系的变化

当前中国城市和乡村呈现出一种复杂的对立统一关系。表面上看，户籍、土地等相关制度以及行政管理体制将二者分割成了相对独立的空间单位，但 40 年的改革开放历程，市场机制迸发出了惊人的力量，使城市和农村内在地凝结在一起，形成一个完整的利益共同体。

1. 城市和乡村的制度性分隔

土地制度。尽管农村隶属于城市管理，但二者因土地差别化管理制度而形成了截然不同的要素性质，从而产生巨大的生产方式和经济收益差距。2014 年我国城市建设用地面积 49982.74 平方公里，比上年新增 2874.24 平方公里，而当年征用土地面积则为 1475.88 平方公里。2005 年到 2014 年的十年间，我国新增城市建设用地面积 20345.91 平方公里，征用土地面积 15677.5 平方公里，前者是后者的 1.3 倍。① 可以判断，新增的国有建设用地主要用于城市发展，县及以下的农村地区获取非农发展用地十分有限。根据一项在四川 21 个重点镇开展的调查，部分镇的非农产业发展能力比较强、潜力很大，已经成为就地就近转移就业的重要载体，其中有八个镇非农产业增加值比重达 80% 以上，有 12 个镇非农产业就业人数占镇全域常住人口比重达 30% 以上；超过 85% 的镇常住人口达一万人以上，其中有 5 个镇常住

① 国家统计局编《中国统计年鉴 2015》，2016。

人口达到5万人以上。[①] 然而作为列入省上三年计划大力发展的重点镇，每年能够得到的建设用地指标仅为60亩（非计划单列），而且落实土地指标的过程也较为漫长。在塔式行政级别中，在稀缺资源的获取上越下一级政府越处于劣势，土地指标的欠缺直接导致其基础建设、招商引资、集聚人口等方面能力的欠缺。另外，随着城市的快速发展，城市周边的农村成为城市空间拓展的重要承接地，城市通过征收周边农村的耕地获取扩展空间，而当地的农民依然留在原居住地，并保留一部分宅基地。由此，村庄进入了城市，形成城中村。城市的土地属于国家所有，农村的土地属于农村集体所有，在城中村形成土地的二元所有制结构。村民通过土地租金的增值使其利益最大化，进一步加剧城中村现象。从地域空间上讲，城中村属于城市的范畴，但从社会性质看，其仍保留了传统农村的因素。

户籍制度。在2014年取消农业与非农业户口之前，城市、农村户籍制度壁垒森严，城乡二元化社会管理特征明显。进入农村人口大量流动的时代，户籍制度导致大量人口人户分离，大量农民工工作和生活在城市，但没有城市户籍，不能与城市居民平等享受城市公共服务，他们不定居，呈现“候鸟式”迁徙状态，奔波于城乡之间，流动于各个城市，并未真正融入城市。由此产生了留守儿童、留守老人、农业劳动力老龄化、空心村等大量社会问题。

行政管理体制。随着中国经济在整体上的快速发展，一些县、乡甚至行政村经济和人口大规模积聚，已经具有了城市规模、城市形象、城市功能和城市实力，已经是实际意义上的城市。但由于处于行政等级的最基层，公共资源的配置与行政级别相挂钩，其不能享受与经济和人口规模相对应的资源配置地位。乡镇政府还是以管理和服务农村为主，城市管理职能还远远不够，在社会管理和服务上仍然处于较为滞后的状态。

2. 城市和乡村的共同利益体系

中国逐步深化改革、扩大开放的过程实质上是城市和乡村日趋融合的过

① 首批“百镇建设试点行动”评估课题组编《首批“百镇建设试点行动”评估报告》，四川省社会科学院，2015年6月。

程，时至今日，城市和乡村在经济上已经形成互利互惠、互相依赖的利益共同体。

农产品稳定供给保障城市食品安全，工业品量质齐增提升农村居民生活质量。粮食等主要农产品数量和质量安全是城镇化和工业化不可动摇的底线，是城市保持稳定发展的基础。我国粮食总产量从 1982 年的 3.54 亿吨增长到2017 年的6.18 亿吨，粮食自给率超过90%，其中玉米、小麦和水稻三大主粮自给率达到95%，猪肉、禽蛋、蔬菜等农产品供给保持数量和价格的稳定。

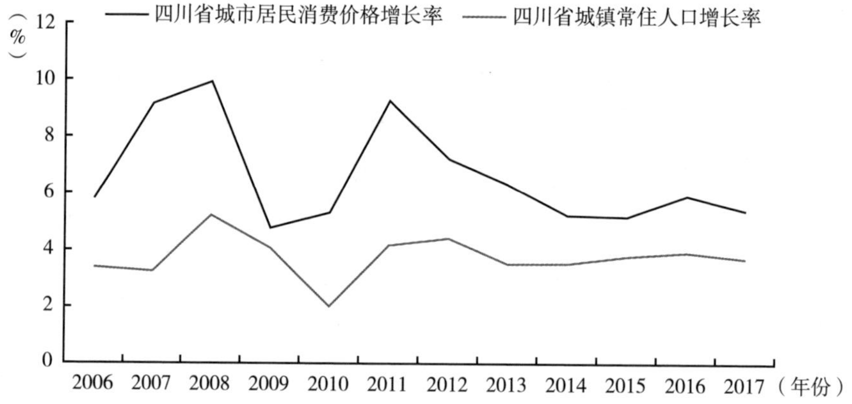

图3　2006～2017 年四川省城镇人口变化与物价水平变化趋势

与此同时，农村也成为拉动工业品内需的重要力量。与 1978 年相比，农村居民在耐用消费品需求上增幅巨大，其中家用汽车、彩色电视机、计算机等项目呈现出爆发式增长。尤其引人关注的是，在互联网大潮的引领下，农村地区成为电子商务重要的增长点，2017 年农村网民达 2.09 亿人，同比增长 4%；实现网络零售额 12448.8 亿元，同比增长 39.1%。[①] 表 2 显示，农村居民拥有的耐用消费品呈现出大幅增长，部分产品如汽车、电冰箱、洗衣机、电视、手机等都呈现出了指数级增长。

① 电子商务研究中心发布《2017 年度中国农村电商发展报告》，2018 年 5 月 29 日。

表2　四川省农村居民平均每百户年末耐用消费品拥有量比较

	单位	1995年	2005年	2017年
家用汽车	（辆）	—	—	13.39
摩托车	（辆）	1.71	24.85	49.52
电动助力车	（台）	—	—	28.46
洗衣机	（台）	6.67	40.85	89.93
电冰箱（柜）	（台）	0.98	12.33	96.16
微波炉	（台）	—	—	12.55
彩色电视机	（台）	5.95	81.80	117.08
#接入有线电视	（台）	—	—	42.74
空调	（台）	—	—	40.26
热水器	（台）	—	—	65.84
#太阳能热水器	（台）	—	—	29.03
洗碗机	（台）	—	—	0.41
排油烟机	（台）	—	—	11.24
固定电话	（部）	—	52.98	11.64
移动电话	（部）	—	53.95	241.99
#接入互联网	（部）	—	—	74.78
计算机	（台）	—	—	17.74
#接入互联网	（台）	—	—	11.02
照相机	（台）	0.47	—	2.94
中高档乐器	（架）	—	—	0.65
健身器材	（台）	—	—	0.88

资料来源：2000、2006、2018年《四川统计年鉴》。

工资性收入成为农村居民收入增长的主要贡献。2016年我国农村居民人均工资性收入5498元，占可支配收入的40.9%，分别是1978年和2000年的56.9倍和7.2倍。三十多年来，工资性收入的增长对农村居民家庭收入增长的贡献率达到38.2%。更为重要的是，农民在非农业部门和城市就业所得的劳务收入成为农村收入的重要组成部分。2017年四川农民工劳务收入达到4144.2亿元，几乎与当年第一产业产值相当（见图4）。

城市为农业效率提升提供动力支持。一方面，农业投资持续增长，2017年国家财政农林水事务支出达到19088.99亿元，占一般公共预算支出的9.4%；农林牧渔业的全社会固定资产投资达到26707.99亿元。更为重要的

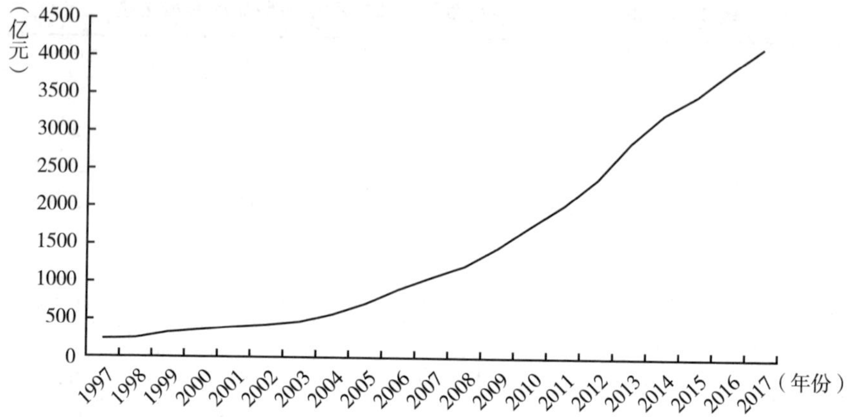

图4　1997～2017年四川省农民工劳务收入情况

资料来源：四川省人力资源和社会保障厅。

是，城市周边地区的农业经济效益和生产效率明显高于远离城市的农村地区，分别计算四川省区、市、县的亩均耕地的农林牧渔业增加值，其中位数分别为0.47万元、0.52万元和0.37万元，也可在一定程度上说明城市对农业经济的带动作用。

宏观政策提供强力保障。城市的健康持续发展，不是一个单纯的“城”的问题，而是包含农村、农业、农民在内的全域发展问题。在快速推进城镇化进程中对城乡关系的探索经历了从统筹城乡到城乡一体化再到城乡融合发展的阶段演变。2002年11月，党的十六大报告首次提出统筹城乡经济社会发展，2003年10月党的十六届三中全会将统筹城乡发展放在“五个统筹”之首，强调缩小城乡差距，主要是城乡公共资源均衡分配以及公共政策差距的缩小。2007年党的十七大报告首次提出“城乡经济社会一体化”，强调的是城乡居民基本权益平等化、城乡公共服务均等化、城乡居民收入均衡化、城乡要素配置合理化，以及城乡产业发展融合。2017年党的十九大报告提出实施乡村振兴战略，要建立健全城乡融合发展体制机制和政策体系，推动城乡要素自由流动、平等交换，推动新型工业化、信息化、城镇化、农业现代化同步发展，加快形成工农互促、城乡互补、全面融合、共同繁荣的新型工农城乡关系。

二　四川市村发展的成就

（一）居民福利大幅增进，弱势群体能力整体增强

1. 摆脱贫困

1978 年到 2010 年，中国成功地使 6.6 亿人口摆脱贫困，在减贫方面取得了巨大的飞跃。[①] 四川有大量的革命老区、民族地区和贫困山区，贫困人口多、贫困程度深、贫困成因复杂，在减少贫困人口、防止返贫等方面面临更多挑战，也正因此，四川在减贫脱贫上的成就显得更为珍贵。脱贫标准从 2000 年的 1196 元升为 2017 年的 3300 元，四川的贫困人口则从 2000 年的 1041 万人减少为 163.7 万人，贫困发生率从 15.2% 降为 2.7%。

2. 基本教育和卫生服务水平提高

2010 年到 2015 年，四川省学前三年毛入园率从 62.5% 提高到 76.9%，九年义务教育巩固率从 90.7% 提高到 93.7%，高中阶段教育毛入学率从 76% 提高到 89.2%，高等教育毛入学率从 25% 提高到 34.3%，前三项指标均高于全国水平，表明四川在提高基础教育覆盖度和质量方面成效显著。

四川省人均预期寿命从 2010 年的 74.8 岁提高到 2016 年的 76.7 岁。2010～2017 年，孕产妇死亡率从 39.66/10 万下降到 18.63/10 万，婴儿死亡率从 12.02‰下降到 5.58‰，5 岁以下儿童死亡率从 16.93‰下降到 7.62‰。尽管城乡之间各项指标依然有较大差距，但近年来农村地区健康进步水平显著快于城市地区。2012～2016 年，全省监测地区农村孕产妇死亡率从 36.76/10 万下降到 22.49/10 万，婴儿死亡率从 12.08‰下降为 6.42‰，5 岁以下儿童死亡率从 16.03‰下降为 8.96‰。[②]

3. 就业和农村返乡创业亮点突出

四川拥有八千多万常住人口、超过六千万劳动力，实现劳动力稳定就业

① 联合国开发计划署编《2016 中国人类发展报告》。

② 《四川省卫生和计划生育统计年鉴》，2016。

并获取合理劳动报酬是居民福利增进的关键环节。1978年四川省有就业人员3087万人，2017年有就业人员4872万人，年均增加45万就业岗位。与此同时，就业人员平均工资水平同样实现稳定增长，2017年各行业平均工资为58671元，相比1978年，即便是在传统行业如农业和采矿业，工资涨幅也接近70倍；新兴行业特别是与人民生活质量息息相关的行业，如卫生和社会工作、金融、电力等能源供应和教育等行业，工资增长超过130倍。这从另一层面反映出人民物质生活水平增加后对服务业需求的增加。

另一个值得关注的是，城市的发展对于农村人力资本的积累产生了至关重要的作用。四川常年向外转移输出就业人数达2400多万人，除前述外出务工对农村家庭收入的贡献外，城市和非农就业对农村人力资本在生产和市场知识、管理和信息整合能力等方面的积累功不可没。近年来，在“双创”政策激励下，四川外出务工人员返乡创业数量和质量屡创新高。仅2017年，全省新增返乡创业农民工5.24万人，新增返乡创办企业1.7万个，实现总产值115.8亿元，吸纳就业21.2万人，其中有一定规模的809名创业者带动近八万人就业，平均一人带动近100人就业。尤其值得注意的是，返乡创业人员以中青年为主，其中，36～45岁的占37.82%，46～55岁的占32.51%，25～35岁的占25.22%，这对于区域性人的进步特别是农村地区经济社会发展无疑具有十分积极的影响。

4. 普及农村信息和数字服务

中国已经进入信息时代，宽带、计算机、智能手机等硬件设施和大数据、云计算等软件建设在人类发展方面发挥着难以估量的价值。在加快全省信息化建设的同时，四川省特别注重农村地区和农民的信息获取能力提升。截至2017年12月，全省实现4G网络县城全覆盖、乡镇基本全覆盖；行政村通宽带比例达到96.9%，比2015年增加6.9%。从2011年开始，由中共四川省委农工委指导和协调，新华社四川分社和中国移动四川公司共建“新农通”三农综合信息服务平台，以农民买得起、用得起、在农村已经基本普及的手机为传播载体，通过手机短信等方式，将农业政策、农产品市场、农业科技、灾害预警、外出务工以及农村教育、卫生、医疗等“三农”

实用信息发到农民手上。之后又紧随智能手机普及的浪潮，在农村地区探索推广相关应用。2016 年在 120 个县为 1.2 万名农技人员、11 万户农户普及应用“农技宝”，为 400 户农户、6000 余名农技员普及应用“E 农通”，全省参与的农技人员达 80% 以上，加入的农户达 20% 以上。

5. 改善困难群体居住条件

过去五年间，改善城乡居住条件，关注困难群体居住质量是四川社会发展的重中之重。截至 2015 年底，四川省保障性安居工程建设总数达 241.87 万套/万户，其中建设保障性住房 92.98 万套，改造各类危旧房棚户区 128.99 万户，发放保障性住房租赁补贴 19.9 万户，按 2014 年底户数测算保障性安居工程覆盖面达到 20.75%。2013 年 3 月，四川省在全国率先实施“农民工住房保障行动”，每年新建公租房的 30% 定向供给农民工。截至 2017 年，全省共向农民工提供公共租赁住房近 7 万套，20 多万农民工在城市得到基本住房保障。

表 3　城镇居民家庭低收入户住房及设施变化情况

	2017 年	2010 年	2005 年
人均自有现住房面积（平方米）	31.79	23.56	24.32
独用自来水（%）	91.24*	93.01	95.54
本住户独用厕所（%）	96.09	86.42	84.23
无洗澡设施（%）	6.87	22.91	32.32
无取暖设备（%）	49.89	69.81	80.70

*2017 年统计标准变更为“管道供水入户”。

资料来源：2006、2011、2018 年《四川统计年鉴》。

（二）物质文明建设成效卓著，城镇化推动农村发展

1. 减少农村人口，促进农村土地规模经营

城镇化的不断发展，带来了农村人口结构、社会结构的重大变化，四川农村人口出现加快减少的基本态势。从城乡常住人口看，2017 年四川农村人口为 4085 万人，比 2012 年减少 452 万人，比 2000 年减少 1951 万人。从

三次产业就业人员构成看，2017 年四川第一产业就业人员占比为 36.8%，比 2012 年降低 4.7 个百分点。虽然农村人口和农业就业人员的不断减少，不可避免地带来了农村空心化、农业老龄化等现实问题，但同时也必须看到，农村人口的持续减少也为推进土地规模经营、培育新型农业经营主体和构建新型农业经营体系创造了现实可能性。

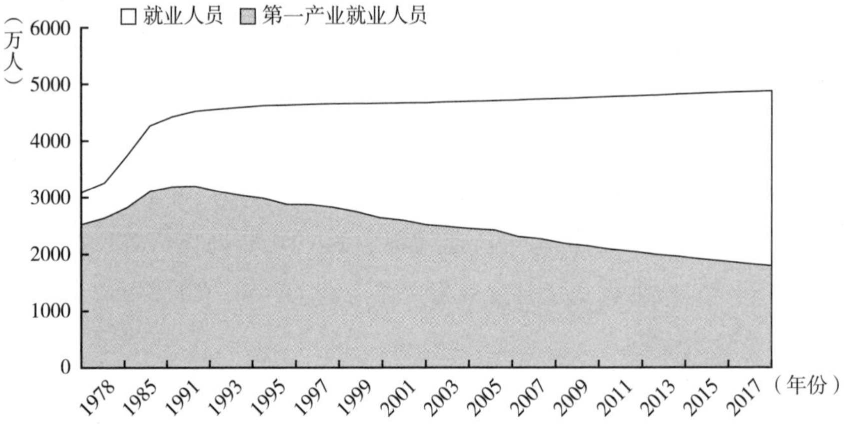

图 5　1978～2017 年四川省就业人员及第一产业就业人员变化情况

在农村土地产权关系不断明晰的基础上，四川农村土地流转呈现逐年递增之势，农业适度规模经营水平不断提高。截至 2016 年底，四川全省家庭承包耕地流转总面积达 2136.36 万亩，耕地流转率达 36.7%。其中，30 亩以上流转面积 1327.4 万亩，占全省耕地面积的 22.8%。同时，农村产权交易市场体系不断完善，至 2016 年末，全省已建立市级农村产权交易平台 11 个、县级平台 152 个、乡镇农村产权交易站 1855 个，全省各级平台共完成农村产权流转交易 21.3 万多宗，实现流转交易金额 679.24 亿元。

土地流转促进了新型农业经营主体的培育和新型农业经营体系的建立。农村土地加速向农民合作社、农业企业、家庭农村等新型经营主体流转，流向家庭农场的占大头，面积达 929.0 万亩，占流转总面积的 47.1%；流向农业企业和农民合作社的面积为 345.0 万亩和 421.0 万亩，分别占流转总面积的 17.5% 和 21.4%。根据四川省第三次全国农业普查数据，截至 2016

年，全省有农业经营单位10.09万个，在工商部门注册的农民合作社总数达7.40万个，农业普查登记的以农业生产经营或服务为主的农民合作社达3.71万个。全省有农业经营户1666.12万户，其中，规模农业经营户13.51万户；有农业生产经营人员2429.13万人。当前，四川国家级农业科技园区达到9个，有国家现代农业示范区13个，数量居全国前列、西部第一。

2. 提供农业发展工业品，实现农业产业升级

伴随城镇化、工业化和农业劳动力减少趋势的不断发展，机械替代人工已经成为不可逆转的发展趋势，依靠机械化、智能化从根本上解决“谁来种地”的问题，运用现代机械、现代传感、物联网、信息化等技术，为农业装上“千里眼”“顺风耳”和“大脑”，古老的传统农业正在发生产业面貌、生产方式的巨大变化。

农机化水平不断提高。2016年末，全省主要农作物耕种收综合机械化水平达到55%，全省完成机耕7094万亩、机播（插）1302万亩、机收3302万亩；全省农业机械总动力达到4267.32万千瓦，有农用大中型拖拉机13.48万台、农用小型拖拉机10.06万台、农用排灌动力机械102.97万台。其中，以农机合作社为重点的服务主体获得了快速发展。2016年，全省农机合作社达到1267个，入社成员、服务农户分别达6.3万人（户）、199.66万户。依托农机购机补贴政策及推进全程机械化行动，四川省农机合作社拥有各类农机装备6.88万台（套），农机合作社入社经营土地面积达131万亩，流转土地面积500亩以上的农机合作社有263个，流转5000亩以上的有19个。农机合作社通过代耕代种、全程化服务、跨区作业等形式，全年作业面积达1047万亩，其中水稻机插秧、油菜机播、粮食烘干作业量分别达到102万亩、30万亩、51.7万吨。

农业信息化快速渗透。信息化时代，“互联网+”所具备的强大的资源整合能力，给予了传统农业新的生命力。“互联网+农业”将农业技术推广、生产、销售、品牌建设、食品安全等整条产业链串联起来，形成市场主体、消费者与农户的封闭环，变松散的外部产业链为紧密的内部生态链，既延长了产业链，带动了上下游产业有机融合，又紧密了利益链，使产业各主

体共享利益、共担风险。截至 2017 年末，四川共建国家级电子商务进农村综合示范县 62 个，居全国之首。

3. 消费需求变化，倒逼农村产业结构优化

当前，存在农产品消费需求从数量消费向数量消费与质量消费并重、从单一产品消费向产品消费与服务消费并重两大重要变化，这种消费需求升级已成为农业产业结构优化的重要机遇和驱动力。

一方面，农业标准化体系加快完善。截至 2016 年，四川累计制订、修订省级农业地方标准 1093 项，现行有效的 871 项，区域性地方标准 911 项，基本覆盖农业产前、产中、产后全过程，全省重点优势农业产业基本实现“有标可依”。全省建成国家农业标准化示范县 23 个；创建部省级畜禽标准化规模养殖场 906 个、部级水产健康养殖示范场 234 个；建成绿色食品原料基地 1834 万亩、有机农产品原料基地 167 万亩；认定无公害农产品产地 5715.6 万亩、无公害畜产品基地 695 个、无公害水产品基地 311 个；认证登记“三品一标”农产品 5467 个（其中无公害农产品 3893 个、绿色食品 1310 个、有机农产品 110 个、地理标志农产品 154 个），居全国前列、西部第一。大力推广绿色防控和统防统治，开展“农药减量增效”和“化肥使用量零增长”行动，主要农作物绿色防控技术覆盖率达 25.8%，专业化统防统治覆盖率达 36%，农药利用率达 38.2%，化肥使用量增长率控制在 0.7% 以内。

农业业态呈现融合发展态势。农村三次产业融合发展是指以农业为基本依托，以新型经营主体为引领，以利益联结为纽带，通过产业联动、要素集聚、技术渗透、体制创新等方式，将资本、技术以及资源要素进行跨界集约化配置，使农业生产、农产品加工和销售、餐饮、休闲以及其他服务业有机地整合在一起，使得农村三次产业之间紧密相连、协同发展，最终实现农业产业链延伸、产业范围扩展和农民增收。近年来，四川立足一产，依托生态、健康等理念，挖掘农业在生态休闲、旅游观光、农耕文化、科技教育等方面的价值，引导各类生产经营主体创新经营方式和资源利用方式，发展生态循环农业、文化农业、休闲农业，带动特色农产品生产、加工的发展，拓展农业发展的领域和空间。四川省现有全国休闲农业与乡村旅游示范县 13

个、示范点24个，2017年四川实现乡村旅游收入2283亿元，约占全省旅游总收入的25.6%。

表4 1998～2017年四川省主要农作物产量结构变化情况

单位：%

年份	粮食	油料	蔬菜及食用菌	水果	水产品
1998	60.67	2.45	31.59	4.58	0.71
1999	60.08	2.48	31.81	4.87	0.76
2000	55.35	2.99	35.87	4.99	0.80
2001	50.13	2.97	40.03	5.94	0.94
2002	49.23	3.03	40.36	6.40	0.97
2003	48.37	3.30	40.11	7.06	1.16
2004	49.30	3.35	38.89	7.19	1.28
2005	48.83	3.33	38.88	7.55	1.41
2006	42.74	3.25	44.40	8.00	1.62
2007	43.42	3.28	43.07	8.49	1.74
2008	43.41	3.46	42.55	8.78	1.80
2009	42.75	3.50	43.18	9.23	1.34
2010	41.98	3.50	43.74	9.42	1.37
2011	41.03	3.47	44.54	9.57	1.40
2012	39.98	3.46	45.39	9.74	1.43
2013	39.60	3.40	45.72	9.82	1.47
2014	38.52	3.43	46.44	10.10	1.51
2015	37.98	3.39	46.79	10.31	1.53
2016	37.41	3.37	47.14	10.52	1.56
2017	37.69	3.87	45.93	10.89	1.63

资料来源：2018年《四川统计年鉴》。

三 四川市村发展中存在的主要问题

（一）城乡居民生活水平绝对差持续扩大

改革开放之后，四川的经济发展始终伴随着城乡二元经济结构的演化。

以城乡居民收入差距作为二元经济结构的测度指标，1978 年至今的不同时期，全省城乡发展相对差距呈波动态势，绝对差距则持续扩大。如图 6 所示，1978 年至 2017 年，全省城乡居民可支配收入①均出现持续增长。城乡居民收入比在 20 世纪 80～90 年代大幅度扩大后进入波动发展阶段，2010 年前后开始出现缩小趋势，城乡二元结构问题有所缓解。但是，城乡居民收入绝对差距则呈现持续扩大趋势，由 1978 年的 211.25 元扩大至 2017 年的 18499.95 元（按不变价格计算为 2901.77 元）。数据表明，在时序意义上，四川的二元结构反差程度出现了相对弱化趋势，城乡二元经济结构出现在波动中逐步转化的积极信号。但是城乡发展的绝对差异仍在扩大，二元经济结构仍是亟待解决的结构性问题。通过 2017 年城乡居民收入结构的对比，可以看出，城乡居民收入来源中，差距最显著的为财产性收入，而财产收入具有累积效应和马太效应，如果财产收入差距未能得到有效抑制，城乡经济差异演变趋势仍是不稳定的。

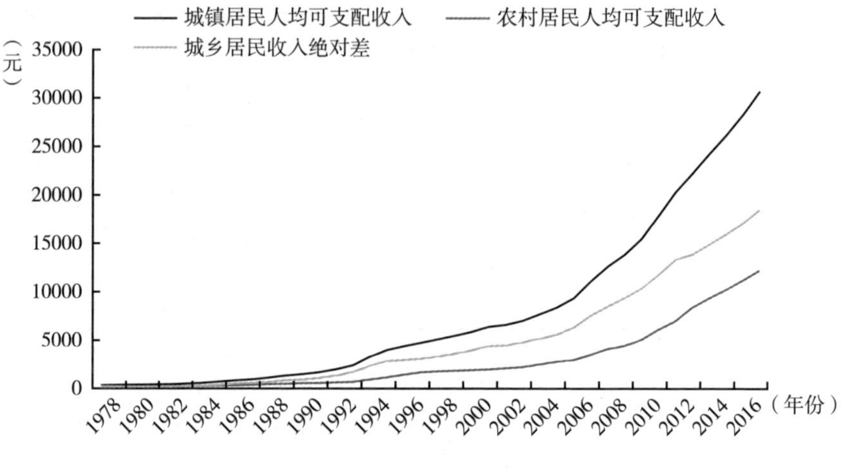

图 6　1978～2017 年四川省城乡居民人均可支配收入

说明：2013 年前为人均纯收入，2013 年后为人均可支配收入。

① 2013 年前农村居民按纯收入口径核算，下同。

更为显著的差距扩大体现在城乡居民生活消费支出方面。2017 年，四川省城镇和农村居民人均消费支出分别为 21991 元和 11397 元，后者为前者的 51.8%，二者绝对差达到 10594 元；2000 年，四川省城镇和农村居民人均消费支出分别为 5236.01 元和 1745.02 元，后者为前者的 33.3%，二者绝对差为 3490.99 元；1978 年，四川省城镇和农村居民人均消费支出分别为 360.73 元和 124.42 元，后者为前者的 34.5%，二者绝对差为 236.31 元。即便扣除通货膨胀因素，城乡居民消费支出方面绝对差的扩大也是十分惊人的。如图 7，食品烟酒支出是四川省城乡居民人均生活消费支出绝对差距最大的方面，且从 1995 年至今差距仍然持续扩大。

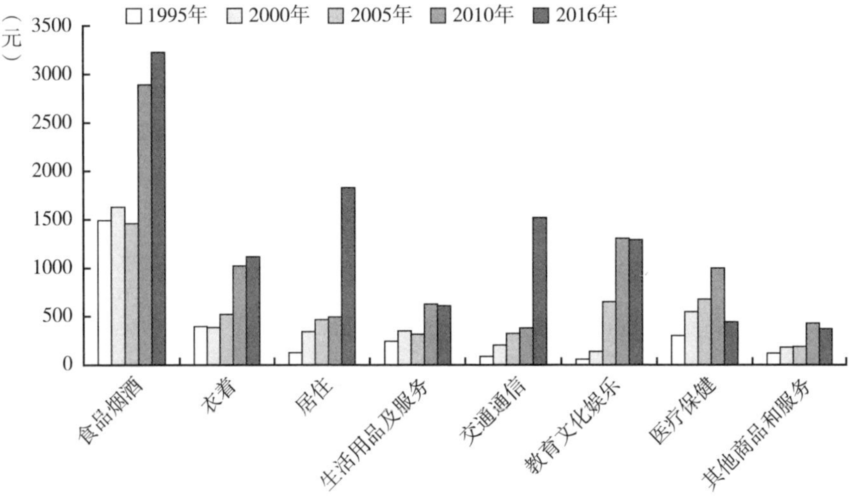

图 7　四川省城乡居民人均生活消费支出绝对差

进一步分析可见，除粮食、动物油、食糖等少数项目外，农村居民的主要食品消费量均低于城镇居民，奶及奶制品、水产品、鲜瓜果、蛋类及蛋制品、植物油和豆类等消费量远低于或低于《中国食物与营养发展纲要（2014～2020 年）》中提出的 2020 年目标。①

① 根据《国务院办公厅关于印发中国食物与营养发展纲要（2014～2020 年）的通知》（国办发〔2014〕3 号），到 2020 年，全国人均全年口粮消费 135 公斤、食用植物油 12 公斤、豆类 13 公斤、肉类 29 公斤、蛋类 16 公斤、奶类 36 公斤、水产品 18 公斤、蔬菜 140 公斤、水果 60 公斤。

表5　2017年四川省城乡居民人均主要食品消费量

单位：公斤

	城镇居民	农村居民	农村居民/城镇居民(%)
粮食	130.67	184.50	141.20
#谷物	117.31	172.06	146.67
薯类	3.57	4.81	134.73
豆类	9.80	7.64	77.96
油脂类	13.19	12.38	93.86
#植物油	12.36	10.93	88.43
动物油	0.83	1.46	175.90
蔬菜和菜制品	139.33	126.84	91.04
#鲜菜	134.58	125.43	93.20
肉类	43.79	38.87	88.76
#猪肉	35.79	36.47	101.90
牛肉	2.67	0.61	22.85
羊肉	0.69	0.40	57.97
禽类	11.93	10.14	85.00
水产品	9.53	6.07	63.69
蛋类及蛋制品	8.91	8.87	99.55
奶及奶制品	16.89	8.49	50.27
干鲜瓜果类	51.20	32.01	62.52
#鲜瓜果	44.73	28.78	64.34
坚果	5.84	3.04	52.05
糖果糕点类	6.09	5.31	87.19
#食糖	1.84	2.13	115.76

资料来源：2018年《四川统计年鉴》。

（二）城市成长过程中经济利益最大化取向未根本扭转

进入新千年以来，在西部大开发战略和社会主义新农村建设政策的双重叠加作用下，四川省城乡二元结构得到有效改善。乡镇和建制村通硬化路率分别达到97%和92%，农村的教育、卫生、文化以及社会保障都有了长足进步，82.28%的行政村有了村文化活动室。

虽然城乡之间出现融合发展趋势，但要素由农村向城市单向流动的态势并未发生显著变化。从劳动力流动来看，2017 年全省超过 60% 的农村家庭有成员进城务工；从资金流动看，2017 年全省固定资产投资总额 32097.25 亿元，而投入农林牧渔业的资金仅为 1565.86 亿元；从土地流动来看，2017 年全省农村耕地流转率达 36.7%，但是集体经营性建设用地入市仍限于成都市郫都区和泸州市泸县，宅基地退出等改革也仅限于部分试验区，其他地区集体建设用地入市通道仍未打通，城乡一体的土地交易市场建设仍面临政策制约。

事实上，城乡间要素流动的制度性阻碍并未获得根本改观。近年来四川省推行了一系列以市场化为导向的改革措施，初步建立了城乡要素市场经济体系。为消除城乡劳动力流动的阻碍，全面放开了大中城市、小城镇的落户限制并推行流动人口居住证制度，将符合条件的城乡居民纳入制度保障范围；基本养老、医疗保险关系在城乡间、地区间实现转移接续的格局正在实现，这些改革措施有力地推进了城乡一体的劳动力市场的建设。为加快城乡间资本要素流动，特别是促进城市资本进入乡村，四川省以农村产权制度改革为基础、以农村金融服务体制改革为突破，通过农村产权抵押融资改革、农村投融资体制改革等引导和促进资本自发流向乡村。但是，农村要素市场发育滞后，制约了农村资源要素的优化配置与合理流动。已经形成的城乡差距使城市对要素产生明显的虹吸效应，同时，市场扭曲导致的农村各要素的稀缺性无法通过合理的市场价格表达，城乡要素的比价关系朝着不利于农村的方向转变，导致城乡要素交换过程中存在隐形“剪刀差”，多因素叠加作用造成农村生产要素源源不断地流向城市。

B.4

面向城市的乡村：价值、风险和期待

高杰　吴振明　刘伟　王芳*

摘　要：　在四川省城市化进程中，乡村为城市发展提供了不可或缺的自然生态保障、要素保障和市场保障，为城市发展做出了重要贡献。但是，随着城市经济社会的快速发展，新城乡二元结构问题逐渐显现，引发了一系列社会问题，给城市可持续发展带来了诸多风险。在新阶段，四川省必须调整城乡发展战略，从市民发展去标签化、要素流动去行政化、空间建设去攀比化、城乡文明去边界化、环境安全去差异化五个方面构建城乡价值共同体。

关键词：　城乡关系　乡村价值　城乡价值共同体

城市与乡村共同发展是城市可持续发展的核心内容和关键保障。长期以来，我国的乡村为城市发展提供了不可或缺的自然生态保障、发展要素保障和市场保障，确保了城市能够获得稳定的农产品、水源、空气等资源，同时弥补了城市缺乏自然景观、生活方式趋同等不足，使城市能够呈现多元化、个性化的魅力。但是，在城市化进程中，中国面临着不同于西方的“城市

* 高杰，博士，四川省社会科学院农村发展研究所副研究员，主要研究方向为“三农”问题、区域经济；吴振明，博士，四川省社会科学院区域经济与城市发展研究所助理研究员，主要研究方向为区域经济；刘伟，四川省社会科学院社会学研究所副研究员，主要研究方向为乡村治理和民族问题；王芳，博士，四川省社会科学院区域经济与城市发展研究所副研究员，主要研究方向为工业经济。

病”，主要表现为城市同构化、城市重复建设、社会分歧加大、雾霾等环境问题频现等。从根源上看，这些“城市病”是长期以来由行政主导的“重城轻乡”的城市发展模式累积而成的。在新的发展阶段，必须树立起城市与乡村平等的发展理念，形成以全体居民福利最大化为目标的城市可持续发展模式，建立并完善城市价值共同体。建立城市价值共同体需要五个关键领域的改革：形成公平正义的社会认同体系，发挥市场机制的决定性作用，充分强调政府在战略制定和公共建设方面的主导作用，推动立足本土传统、引入现代文明的社会建设，明确生态安全底线。

一　多元支持：四川城市发展过程中的乡村价值

发展经济学认为，发展中国家实现工业化目标必须首先完成初始积累，以跨越发展“门槛”，进入持续工业化路径之中。新中国成立之初，为改变近代以来贫困落后的状态，实现国民经济的快速恢复和发展，中央确立了优先发展重工业的战略思路。改革开放以来，经济发展重心转移到城市，为了保证城市和工业的快速发展，农业农村承担起低价提供农产品和生产要素以迅速完成产业发展初始积累的使命。这一过程包括了两个阶段：改革开放之前，主要通过计划手段实现农业剩余向工业转移；改革开放之后，随着市场经济的确立，城市通过“回波效应”以及制度优势吸附了大量农村资源。在行政手段和市场机制的共同作用下，乡村积累以产品和要素两类“剪刀差”的形式向城市持续流出，为城市大规模、高速度发展提供了重要支撑。

（一）两类“剪刀差”推动城市大规模、高速度增长

1. 工农产品价格“剪刀差”

四川率先实行了家庭联产承包责任制和农产品流通领域改革，有效释放了农民生产积极性，极大地提高了农业劳动生产率和农产品产量。加之农产品流动体制改革的不断推进，农业总产值和农民收入水平得到提升。但是，一直到2001年国务院召开全国粮食工作会议，我国由行政权力决定的工农产

品价格“剪刀差”才逐渐消除。从变化趋势来看，1978～2000年，全省工农产品价格“剪刀差”指数[①]保持在1以下，城乡产品价格“剪刀差”总体收缩，但仍呈现波动态势；1979～1988年，四川省加快推进农产品流动领域改革，农产品价格逐步放开，工农产品价格“剪刀差”指数持续降低；1988～2000年，四川省进入全面确立市场经济体制时期，改革重点由农村转入城市，为分散城市和工业领域改革的成本，同时应对分税制改革之后地方的财政压力，全省农业农村税费负担加重，农产品收购价格增幅趋缓，“剪刀差”持续扩大。

工农产品价格“剪刀差”是不完全市场化条件下农村支持城市发展的重要方式。通过产品“剪刀差”将农业剩余转移至城市工业，为工业化启动与加快推进过程提供了重要的资本要素。据估算，自中华人民共和国成立至20世纪90年代，全国以产品“剪刀差”形式转移的农业剩余约为6000亿至8000亿元。作为自然条件恶劣、发展基础尤为薄弱的西部省份，四川省推进工业化和城市化面临的资本稀缺问题更加突出，更需要通过农业税费、价格“剪刀差”等方式汲取农村剩余，为城市集聚资金。

图1　1979～2000年四川工农产品价格“剪刀差”指数变动趋势

资料来源：1980～2001年《四川统计年鉴》。

① 工农产品比价“剪刀差”计算公式为：（农村工业品零售价格指数÷农副产品收购价格指数－1）×100%。

2. 城乡要素价格“剪刀差”

随着市场化改革的全面推进，四川城乡商品市场体系不断健全，工农商品价格“剪刀差”逐渐消失，城乡融合发展趋势逐渐显现。但是，城乡要素市场仍呈现分割状态，要素双向自由流动不畅导致的价格扭曲造就了市场经济条件下的城乡隐形“剪刀差”，劳动力、土地和资本在城市与乡村之间的价格差异成为农村支持城市发展的重要方式。

（1）土地要素价格“剪刀差”

工业化的快速发展往往伴随着城市规模的扩大，在土地资源和国家粮食安全目标两大约束条件下，土地要素成为工业和城市发展过程中最为稀缺的要素。在以征地为主要方式的政府垄断土地市场供给阶段，被征地农民仅获得土地的补偿性收入。虽然各地补偿政策有所差异，尤其是成都等大城市给予农民的征地补偿标准较高，但总体而言，农民获得的补偿收入远低于土地性质转变后的市场价格。如2004～2014年，全省征用耕地约98.4万亩，按照15万元/亩的最高平均补偿标准计算，农村集体和农民共计获得1476亿元，根据同期全省城市平均基准地价约100万元/亩估算，征用耕地资产总价格达到9840亿元。这意味着，乡村为城市发展提供了约千亿元的土地资产，而仅获得15%左右的补偿。近年来，随着农村集体土地产权制度改革的推进，城乡土地二元权利体系和市场体系的状况有所扭转，但总体而言，城乡土地权利差异所带来的要素市场价格差异一直存在，并成为农村支持城市发展的重要方式。

（2）城乡劳动力价格“剪刀差”

作为人口大省和农业大省，早在改革开放之初，四川农村劳动力就开始向省内外非农领域流动，为国民经济发展和城市建设做出了重要贡献。与城市劳动力相比，进城务工人员的工资往往低于具有城镇户籍的劳动力。近年来，随着劳动力市场的不断完善和政策性阻碍的不断减少，城乡劳动力名义工资趋于一致，城乡劳动力要素价格“剪刀差”更多地体现为劳动者所享有的社会公共福利差异。从全省进城务工人员总体情况看，部分家庭成员暂时性离乡的“半城市化”迁徙仍是大部分农村家庭的理性决策，大部分农

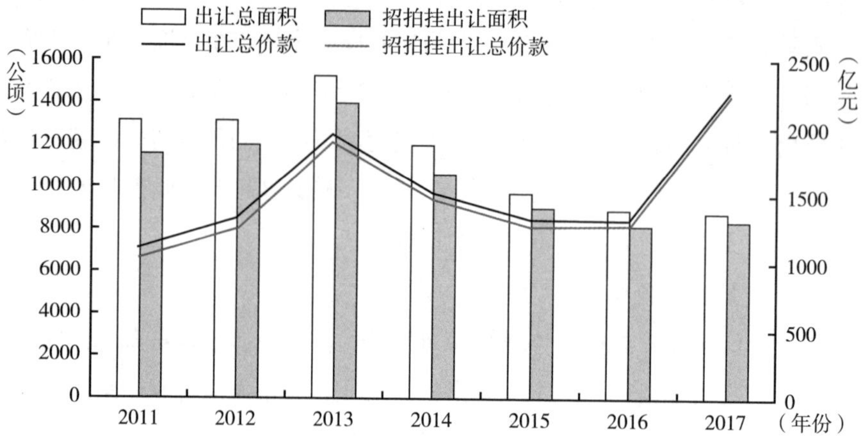

图2　2011～2017年四川省国有建设用地出让面积及出让价

资料来源：《2017 四川省国土资源公报》。

村劳动者的教育、养老、医疗、住房等成本均由乡村自我承担，其在城市所获得的货币工资仅为劳动力部分价格，社会保障覆盖水平偏低，从各类社会保障参保人数上即可见一斑。此外，农民工无法享受城市最低生活保障、在城市居住质量整体偏低等现象普遍存在。

较低的劳动力价格为城市发展提供了大量廉价劳动力，是城市产业快速发展的重要支撑因素。据伍雪媚等测算，四川省农民工市民化的成本约为6.8万元/人·年，① 如将这一数据视为农村进城务工人员应得而未得的劳动力报酬，按照全省城镇农村劳动力总量1531万人计算，2016年全省乡村劳动力为城市发展做出的贡献超过1万亿元。

（3）乡村资本净流出

资本由农业和农村部门流出为城市发展提供了资金支持，是乡村对城市发展的又一重要贡献。在农村税费改革之前，农村资本以农业税和存贷款差额为主要形式向城市部门流动。随着农村税费改革和财政支农力度的加大，

① 伍雪媚等：《四川省农民工市民化成本模型构建及测算》，《四川农业大学学报》2016年第6期。

表1　四川省社会保障参保情况

单位：万人

年份	职工养老保险（未包括离退休人员）	其中：农民工	失业保险	其中：农民工	城镇职工基本医疗保险	其中：农民工	工伤保险	其中：农民工	生育保险	其中：农民工
2009	782.7	26.7	466.3	26.8	958.5	127.5	515.8	163.9	426.4	16.4
2010	861.9	36.7	469.8	34.0	1037.4	48.3	583.8	186.8	484.2	24.8
2011	998.8	69.3	544.6	63.6	1079.3	79.4	650.8	208.7	601.7	58.2
2012	1073.7	84.7	585.5	69.3	1143.0	85.0	689.4	178.6	654.4	70.6
2013	1124.1	100.2	613.5	66.6	1287.0	87.1	690.1	144.4	689.1	80.4
2014	1191.6	105.0	635.8	70.5	1247.1	85.4	709.7	135.3	730.4	77.7
2015	1250.1	107.9	661.0	80.0	1383.5	89.8	753.2	147.7	670.3	76.2
2016	1379.8	115.1	702.0	87.0	1445.6	93.4	799.1	140.0	713.1	78.9

资料来源：2010～2017年《四川省人力资源和社会保障事业发展统计公报》。

以政策手段强制促使农村资本流向工业和城镇的格局被打破，但在市场机制作用下，农村资本要素仍向城镇部门持续流动。近年来，从决策层到市场再到学术界，高度重视引导社会资本投向农村，但农村资金向城市和非农领域单向流动的格局并未发生根本改变。截至2016年末，四川省县及县以下农村合作金融机构存款余额为8273.32亿元，贷款余额为4461.37亿元，全省银行业县域存贷比为47.09%（见图3）。可以说，连续多年资金由农村流向城市，使城市发展获得了相对充裕的资本要素，成为城市经济增长不可或缺的资本支撑。

更为重要的是，根据我国土地制度安排，在经过土地出让等一系列手续后，国有建设用地的另一个重要功能是地方建设融资抵押物。大多数市县成立了各种各样的城市建设投资公司，主要以国有建设用地为抵押物，按照土地评估价值从金融机构获得土地抵押贷款，用于城市的基础设施和公益性项目建设。由此，地方政府通过征收（或增减挂钩）获得国有土地建设用地，再通过地方融资平台运作，从银行获得土地抵押贷款用于城市建设。据国土资源部统计公报，截至2014年底，84个重点城市处于抵押状态的土地面积

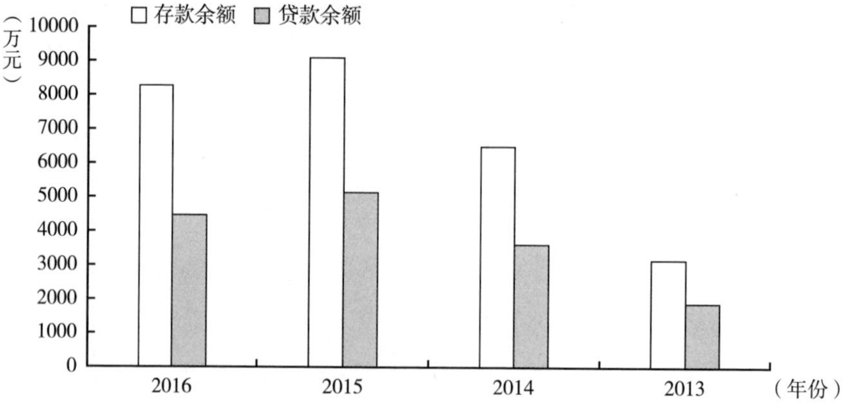

图3　2013~2016年四川省县及县以下农村合作金融机构存贷款情况

资料来源：2014~2017年《四川省农业农村经济基本情况》。

为45.10万公顷、抵押贷款总额9.51万亿元。这笔资金不仅推动了城市产业发展，还为城市基础设施建设和社会福利体系建设提供了必要的资金支持。

（二）两类“稳定器”助力城市高效率、低成本运行

1. 农村是劳动力的“蓄水池”

我国乡村所发挥的劳动力“蓄水池”功能是城市里未出现大规模贫民窟的关键因素，是城市稳定发展的重要保障。对于外出务工的农村劳动者而言，保留在农村的承包地和宅基地、房屋为其提供了基本的生产生活保障，使其能够随时退出城市劳动力市场，返回乡村，从而避免了失业劳动力长期滞留城市引发的社会问题。作为农村劳动力输出大省和城市发展速度最快的省份之一，四川乡村的劳动力“蓄水池”功能尤为显著。全省农村转移输出劳动力变化率与经济周期高度契合，如2008年全球金融危机时期，全省近100万农民工返乡，其中94.2%的返乡农民工有耕地，而到2009年底金融危机影响弱化后，农村劳动力转移输出总量迅速增加155.3万人（见图4）。

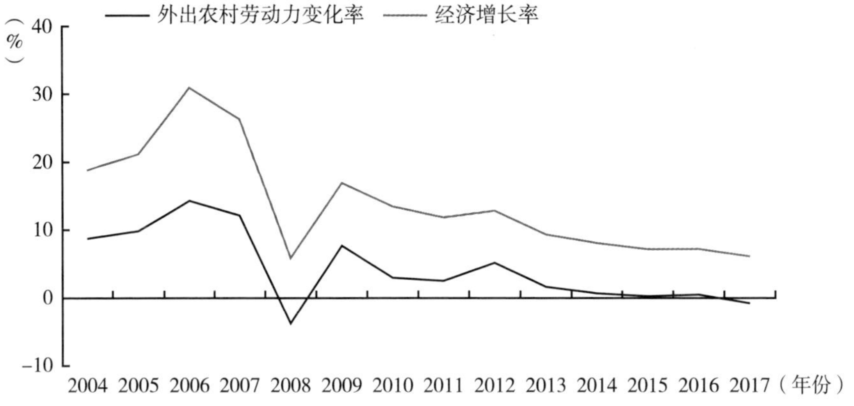

图4　2004～2017年四川省外出劳动力变化率与全国经济增长率趋势

资料来源：《四川省人力资源和社会保障事业发展统计公报》。

2. 城中村是住房困难群体的“避风港”

城中村——城市里的农村——是中国特殊城镇管理体制下形成的特有城市形态，其土地性质和权属安排、行政管理体制、所有者的户籍身份等与农村相同，基础设施、公共服务和社会管理水平大多与市政要求存有较大差距。由于其空间建筑形态、人口密集水平、生产生活方式趋近于城市，但其居住成本大幅低于同等水平的城市地区，因此成为城市中低收入群体的居住良港。

虽然四川省在将公共租赁住房覆盖外来务工群体方面进行了卓有成效的探索，且公租房月租金已经与此类住房齐平，即使能够极大程度地改善居住条件，却因家具和水电等支出以及往往缺乏低廉的生活消费（如餐饮理发等），难以满足农民工最大可能降低生活成本的意愿，难以成为农民工的主要选择。目前仍有大量外来务工人员居住在城中村、城郊接合部等低于最低舒适和卫生标准的住房中。与此同时，大规模的城中村改造、城市更新项目、危旧房改造项目等在事实上造成农民工可选择的居住空间受到挤压。鉴于此，成都市开始探索城中村规范化租住政策，以保障农民工等特殊群体的居住权。与过去对城中村进行改造、升级或更新时，将城中村居民迁出的做法不同，已有部分地方政府对城中村弥补政府公共租赁住房供给不足、解决低收入群体住房需求等的重要作用有了重新认识，并探索将城中村规范化管理。

（三）两类“原生态”增进城市多样化、个性化魅力

1. 蓄积生态资源——城市“自然屏障”

从生态供给角度看，乡村为城市发展提供了必要的生态资源、生态产品、生态涵养等“自然屏障”。

生态资源。大量乡村地区蕴含了丰富的土地、矿产、水利、生物、人文、景观、气候等自然资源，尤其是田园、林地、水系、湿地等生态资源，为城市发展提供了重要的生态产品和生态景观。差异化的地形地貌、纵横的水系分布、多样的生态景观、丰富多样的农业资源，构成了城市腹地重要的生态环境系统。多年来，国家布局了大量的天然林保护、退耕还林还草等重点生态工程，为城乡发展增加了丰富的生态资源，筑就了天然的生态安全屏障。

生态产品。满足城市居民日益增长的生态环境需求离不开乡村生态产品供给能力的强化。乡村不仅为城市提供如绿色、有机、无公害农产品等物质形态的生态产品，还提供耕事文化体验、生态居住、休闲养生等服务形态的生态产品。生态产品的供给对于以工商业为主体、以人口大规模集聚为特征的现代城市发展具有关键作用，不仅满足了城市生产生活的基本需求，还为城市居民生活方式提供了更加多样的选择，满足了工业化后期居民对自然生态产品的需求，使城市具备了工业化生产之外的多元功能。

生态涵养。根据《国家主体功能区规划（2014～2020年）》，限制开发区的农产品主产区与重点生态功能区主要涵盖大量的农村地区，禁止开发区域极少量的人口涉及的依然是农村人口。也就是说，农村地区承载了大量的生态资源，承担了生态涵养和生态保育的功能，在保护自然资源、维护生物

多样性、抵御自然灾害与适应气候变化等方面，为城市发展提供了重要的生命屏障。

2. 幸福美丽新村——城市“后花园”

布局在城市周边的具有田园风光、生态宜居的美丽乡村，构成了城市“后花园”，在美化城市景观的同时也丰富了城市的生活方式，为城市人口提供了更加多样的休闲度假产品。四川在全国较早开始探索美丽乡村模式，形成了较多享誉全国的各具特色的美丽乡村。截至 2016 年末，四川省已累计建成新村聚居点 3.37 万个，完成幸福美丽新村建设的行政村达到 16311 个，这些乡村的建设和发展也使四川省各个城市呈现出不同的景观特质和生活方式。

以成都市为例，在城市规模不断扩大、城市建设迅速推进的同时，成都市在郊县乡村启动了以“小组微生”为主要方式的乡村建设工程。随着乡村建设的推进，成都市城市发展也逐渐呈现出美丽宜居公园城市的雏形，形成了城乡功能互补、融合发展的新态势。在全省其他区域，以区域地理特征和经济功能为基础的幸福美丽新村建设也同样凸显了乡村对城市形态、城市功能的补充和延伸功能，使全省不同地区的城市发展呈现出显著的地域特质和独特的城市魅力。

二　“新城乡二元结构”：四川城镇化发展的风险和挑战

当前，从中央到地方，高度重视城乡二元结构在宏观经济、公平正义、生态保护等方面的影响，从社会主义新农村建设到统筹城乡发展，从新型城镇化到乡村振兴，无一不体现政策层面为消除城乡二元结构所做的努力。然而，需要引起高度重视的是，进入新的发展阶段，在全球化和信息化成为新经济、新社会的主题，“人才战争”“信息战争”这些词频频出现在各类媒体上的今天，需警惕作为中国城市有机组成的农村被遗忘，而成为城市可持续发展的潜在风险。

（一）人才“二元化”

在当今中国，农村是落后的代名词，城市则是现代的象征，从农村进入城市是多数农村人的愿望。自 20 世纪 90 年代我国启动城镇化以来，城镇化率从 1995 年的不足 30% 提升至 2017 年的超过 58%，平均每年有超过 1000 万人从农村进入城市。在这一过程中，几乎没有城市居民转变为农村居民：一是按照我国现行的户籍制度，没有办法实现转变；二是在城市各项收益全面优于农村的条件下，没有进行逆向流动的意愿。

与非农行业相比，农业是弱质产业，但是由于人才的单向流动，中国农业还是“弱智”产业。一是农业的长周期、低收益属性，无法吸引优秀人才进入农业，即使愿意从事农业生产，也会因为长期的低收益而离开农业，从我国的现实来看，只有在其他行业不具备任何优势的人员才长期从事农业生产。二是对农业的歧视心理长期未得到改变，中国有“学而优则仕”的传统，认为优秀的人才不应该从事农业生产，因此将脱离农业生产比喻为“跃龙门”，加剧了人才远离农业的现象。

（二）信息“二元化”

近二十年，城市因为互联网的普及和应用，生产率得到大幅度提升，城市居民充分享受了互联网带来的发展成果。而我国农村，由于互联网服务可及性和对互联网使用两方面的差距，无法分享互联网所带来的进步和收益。众多学者的研究证实了互联网对城乡差距的影响，“数字鸿沟”正在强化二元结构。根据《第 41 次中国互联网络发展状况统计报告》，截至 2017 年，我国农村网民总规模达 2.09 亿人，城市网民总规模达 5.63 亿；城市互联网普及率为 71.0%，而农村为 35.4%。从四川省来看，根据《2016 年四川省互联网发展状况报告》，2016 年四川省农村网民规模为 1203 万，农村地区互联网普及率为 28%，低于同期全国平均水平。

（三）农村“弱质化”

在我国城镇化发展初期，曾有学者将大量剩余劳动力滞留在农村造成农业生产效率低下而表现出来的农村发展困境，概括为“农村病”。新时期，城乡二元结构在农村有新的表现形式，也可以为目前农村的内部分化提供部分解释。

一是农民“非农化”。大部分农民都有除农业生产之外的“兼职”，农闲时节在本地或外出务工。或者有的是兼职做农民，除了农村户籍和拥有土地承包经营权外，已经完全在城市工作和生活。由于农民从事工作的多样化，与以前全部从事农业生产相比，收入水平的差距显著扩大。

二是农业“老龄化”。目前在农村主要从事农业生产的人群年龄在50~60岁，根据第六次人口普查数据，2010年我国农业劳动力中45岁以上的比重达到了47.1%，比1990年增加了24.4个百分点。目前距上次人口普查已经过去多年，这一现象想必会更加显著。农业“老龄化”现象反映了我国农业收益率低下的事实，而“老龄化”的农业，在新技术推广使用、扩大生产规模、更新生产模式等方面都将缺乏活力，进一步造成农业生产率提升困难。很显然，当农村居民单一从事农业生产，收入水平会与有“兼业”的农村居民形成较大差距，这也是引起农村矛盾的重要原因。

三是农村“空心化”。农村“空心化”不仅表现为村民离开村落进入城镇，造成一些村庄人口大幅度减少，更表现为农村产业的“空心化”和公共服务的“空心化”。多数农村未培育出支撑农村发展和提高农民收入的产业，这才是农村“空心化”的本质，人口“空心化”只是产业“空心化”的表象。公共服务的空心化表现为农村基础设施不完善，医疗、教育可及性差等方面，目前地方政府与村民在公共服务方面陷入了恶性循环：村民因公共服务不完善而离开村庄，地方政府因村庄人数太少而对改善公共服务缺乏积极性。

（四）环境“二元化”

对农村环境污染问题的关注始于20世纪90年代，直至目前，农村环境治理仍然是困扰城乡发展的难题。观察和分析农村环境污染可以发现，其来源主要有以下几个方面。

一是农业生产技术变革。进入20世纪90年代，我国农业生产技术加快现代化，主要体现在化肥、农药的大规模使用，但是在使用方式上又以粗放式为主。根据环境保护部发布的数据，2017年我国化肥利用率为37.8%，亩均化肥用量为21.9千克，而世界平均水平为亩均8千克；农药利用率为38.8%，而发达国家为50%～60%。化肥和农药取代了我国传统农业对人畜粪便、秸秆的利用，破坏了形成了数千年的生态循环，农业废弃物从资源成了垃圾。在新的养殖技术下，大规模、集中式畜禽养殖在农村兴起，产生的废弃物远远超过了农村生态系统的自净能力，但是农村对农业废弃物的处置既缺少设施，也缺少组织，基本上任其“自生自灭”，成为农村环境污染的重要来源。另外，在农业生产新技术推广过程中，会使用大量的塑料制品，如农用薄膜。国家统计局数据显示，2014年我国农业塑料薄膜使用量接近260万吨、地膜使用量接近150万吨，大部分农用塑料制品使用后都弃置成为固体废物，得不到有效回收和再利用，对环境造成污染。

二是农村生活方式改变。我国传统的农村生活方式遵循了生态循环的理念，依靠生态系统的自净能力而不会对环境造成污染，没有专门处理生活垃圾和生活污水的传统。但是，随着生活水平的提高，农村生活垃圾和生活污水数量大幅度增加、不可降解垃圾比重提高，远远超过了环境的自净能力。另外，农村生活垃圾和生活污水的处理远远滞后于农村生活方式的改变，直到目前，大部分农村的生活垃圾和生活污水仍然得不到有效处理。

三是城市和工业污染蔓延。随着城市人口规模的增长，尤其是小城镇规模的扩大，城市垃圾和污水数量也快速增长。填埋仍然是当前城市垃圾处理的重要方式，而垃圾填埋场大多位于城乡接合部的农村，城市污染物也因此从城市转移至农村。在一些小城镇，垃圾处理能力赶不上人口和垃圾的增长，而将垃圾运到农村地区填埋甚至随意堆放，造成严重的二次污染。按照国家统计局的数据，2014 年全国城市垃圾清运量为 17860.2 万吨，无害化处理 16393.7 万吨，意味着有近 1500 万吨垃圾未得到有效处置。

部分城镇污水处理设施不完善，未经处理的污水直接排放至河流、湖泊，随着水流将污染扩散至农村。2014 年我国城市污水排放超过 445 亿立方米，污水厂处理能力为 380 亿立方米，处理缺口为 65 亿立方米。工业污染也是农村污染的重要来源，由于农村地区监管缺失，部分农村工厂直接排放未经处理的废水、废气。同时，一些高污染企业也到农村寻求“庇护”，随着工厂从城市转移至农村，污染也扩散至农村，而农村环保设施的缺乏，会造成比在城市更为严重的环境污染问题。

三　城乡价值共同体：四川城市可持续发展的前景

鉴于当前发展阶段中城市里存量矛盾和增量问题的复杂性，建立城市价值共同体需要五个关键领域的变革。第一，关注每一个人的发展，摒弃结构性人口管理方式，消除居民生活质量差距中的非经济因素，形成公平正义的社会认同体系。第二，发挥市场机制的决定性作用，替代要素配置中的行政行为，提高价格反馈机制的准确性，避免土地和资源浪费，激发环境治理的内生需求。第三，充分强调政府在战略制定和公共建设方面的主导作用，防止盲目无序的城市竞争，警惕超越发展阶段的攀比式建设。第四，推动立足本土传统、引入现代文明的社会建设，降低协调成本，形成长期合作的社会网络和诚信的社会基石。第五，明确生态安全底线，以法律和制度构筑资源环境空间框架，强调城市环境的自我管理，禁止资源环境成本甚至危机转嫁。

（一）四川构建城乡价值共同体的重点突破

1. 市民发展去标签化

摒弃以产业划分身份的思维方式，形成差异化、多层次的人口结构。以这种区分作为城市对人口进行结构性管理的主要依据，成为社会分歧加剧的重要原因，从长远看不利于形成开放、包容和差异化发展的城市形态，导致城市竞争力下降。应当认识到，城市化源于人口主动向城市流动而非被动选择，城市竞争力的源泉在于城市的经济效率和社会文化的吸引力而非禁锢水平，换句话说，城市的生命力在于其社会性，其面向的是所有人而非特定人群。

2. 要素流动去行政化

几十年城镇化发展道路造就了中国特色的土地经营管理制度，地方政府开发土地、出让土地、管理土地，同时建立了土地要素、金融资本和政府债务高度契合的土地财政，成为城市基础设施和市政建设的重要资金来源，为城市建设做出积极贡献。然而，一方面，政府经营土地客观上导致了收入分配不公以及地方债居高不下等现象；另一方面，巨大的利差也成为我国耕地保护制度难以切实执行的关键诱因，土地浪费、低效化利用等现象在各地不同程度存在。在土地开发成本持续高企、政府经营土地弊端凸显甚至风险深埋的现实背景下，土地要素去行政化正逢其时——使市场在资源配置中起决定性作用和更好发挥政府作用。赋予农民更多财产权利，推进城乡要素平等交换和公共资源均衡配置，落实农村土地确权颁证，所有权和承包权、经营权“三权分置”，农村集体经营性建设用地入市，农民宅基地制度改革等政策措施，重点是鼓励城中村、城郊接合部以及县城和集镇范围内农村集体土地通过规范管理实现市场化运营。与此同时，强化政府在政策制定、规划管理和土地用途管制方面的行政职能，将经营行为从地方行政中剥离出去。

3. 空间建设去攀比化

中国的城乡二元体制，造就了城乡之间外在形态上的时空差异，即从外在形态上看，城市与乡村似乎处在两个时代：城市现代化与农村前现代化。但除此之外，中国的城乡二元体制，更加集中表现在城乡居民责、权、利的不平等。农村居民比城市居民承担更多的义务，却享受更少的权利，在过去的一段时期，这种权利义务关系在某种意义上被制度化和固定化了。城乡权利义务关系处理欠妥的直接后果是群众基础的削弱，而城乡关系处理稳妥的有效途径是还权、增能、归位。全域城市对乡村发展的关照，当首先立足乡村，构建起以村民为发展能动主体的乡村规划意识与行动意识，当以乡村居民发展为根本，构建社会“五位一体”协调发展的现代化乡村社会结构。我们主张，城市对乡村的反馈机制，不能仅为“资本下乡”与“外来营造”，而应当还权于村、还权于民、权责归位。城市对乡村的反馈机制，当更聚焦对村民发展主体的最大化赋能与最充分激活。

4. 城乡文明去边界化

形成与城市现代文明平等对话的乡村现代文明，是在整体城市视阈下，城市供给并指导乡村，同时形成具有现代性审美的乡村文明的时代使命。乡村文明当在属性与功能方面呈现三大维度。第一，时间维度，融贯古今，兼具传统性与现代性。理想的乡村文化当既富有历史传承性，对优秀的传统文化有效吸纳，又承载乡村现代性，能有序引导乡村社会走向现代文明，这需要从城市文明的发展与变迁脉络中找到经验。第二，空间维度，融通城乡，兼容乡村性与城市性。理想的乡村文化当既体现现代乡村社会的内生文脉，又同城市现代文明互融互通，是城乡居民共同拥有的文化资源，为城乡居民共同认同、共同享受。第三，哲学维度，融达世界，兼具本土性与世界性。理想的乡村文化当既表现为根植于华夏土壤中的本土文化根基，又跻身世界现代文明之列，为人类命运共同体之文化纽带贡献中国的本土力量。三个维度的达成，可看作乡村文明达成的理想类型。

5. 环境安全去差异化

城市发展布局、产业布局要与环境空间格局相匹配，应强化控制城市发展边界、合理布局产业空间、维护生态安全系统等空间管治，城市连片开发不能蚕食生态与农业空间，而要构建城乡一体的环境安全保障体系。环境底线需要制度化、法制化，用最严格的制度来落实，用规范的法律来保障。加强环境风险防控，健全资源环境要素监测网络体系，建立资源环境承载力预警机制，对资源消耗和环境容量接近或超过承载能力的地区及时采取区域限批等限制性措施。对环境污染、破坏生态“零容忍”，坚持最严格的环境执法，持续增强环境执法合力。

（二）四川构建城乡价值共同体的政策选择

1. 蓄积经济能量

填补乡村人才短板。构建农村实用人才培养的多元载体，激活农村地区创业创新潜力，改变人才从乡村到城市、从小城市向大城市单向流动的局面，形成人才在城市和乡村之间双向自由流动的良好发展趋势。

首先，培养乡村实用人才。建立农村实用人才培训基地或“农民夜校”，以培养农村实用人才为主，邀请专业技术人员和“土专家”“土秀才”采取网络、现场授课等多种形式，对农村实用人才进行培训，全面提高农村实用人才的科学文化素质、生产劳动技能和适应市场经济的能力。进一步与农业科技院校建立长期合作关系，可以定期邀请专家、教授到田间地头传授农业知识、指导农业生产，也可以组织农村实用人才分批次参加专业培训班或赴先进地区参观学习。

其次，创新人才管理机制，科学管理乡村人才。分类建立人才信息库，把农村一些“土专家”、经济能人、退伍军人、有一技之长的外出务工人员作为农村实用人才重点培养对象，分门别类登记造册，建立乡镇实用人才动态储备库，实行统一管理。将农村实用人才管理作为村级党组织的一项重要工作，纳入对村党组织工作的考核范围，形成长效管理机制。

最后，建设乡村管理人才队伍建设通道，坚持多渠道充分发挥农村实用人才的“传、帮、带”作用。充分发挥优秀农村实用人才的骨干带头作用，通过思想宣讲、技术传授等方式，对广大农民群众进行技术指导和思想引导，对农村贫困户进行一对一重点帮扶，全面提高贫困户的致富能力，带动农民实现共同致富。全面推行优秀农村实用人才奖励机制，对带动能力强、致富能力强、表现突出的优秀农村实用人才，给予适当的物质和精神奖励，充分激发人才的主动性和创造性。

强化乡村电商优势。全面打通农村和城市双向流通渠道，构建县、乡、村三级电商服务体系，推动整个农村地区的生产、流通和消费真正迈入“互联网+”时代的快车道。

一是提高农村物流快递服务效率。紧抓国家“快递向西向下”政策机遇，加快农村地区快递枢纽的建设和改造进程，鼓励第三方物流和商贸流通企业参与农村快递业务，鼓励城乡间、乡镇与村庄间的快递实行集中运输，强化县、乡、村三级电商服务体系建设，实现“乡乡有网点，村村通快递”。

二是提高乡村网点民生服务水平。鼓励电商平台与乡村实体商业网点融合发展，支持电商网点在业务量较小的乡镇和村社建立合作关系。推动乡村电商服务网点与农村就业扶贫驿站、农家店、农村快递服务点、农村综合服务社、惠农金融服务室等建立合作网点，打造乡村电商综合服务平台。强化乡村网点规范化管理，鼓励有条件的网点配置 PDA 终端，进行信息化系统统一管理，确保电商平台的服务质量和快递邮寄渠道的安全性。

三是培育农产品电商服务。强化乡村电商、服务网点与重点农产品生产基地的有效对接，推动电商平台与农业种植户、农业企业、农产品深加工基地的合作，支持优质乡村旅游产品在线营销。

四是壮大农村电商经营主体。充分发挥四川省电子商务行业协会的桥梁纽带作用，积极引进国内外知名电商企业在四川省搭建平台，促进“电子商务进农村”，拓展农村电商业务。加强农村电商示范和试点工程建设，培育行业龙头企业，引导更多新型农业经营主体拓展电商业务，推进农村电商“特色馆”“旗舰店”建设。通过培训、讲座等形式培养农村电商人才，支持新型职业农民培育、农村实用人才带头人培训等项目。举办农村电商人才创业大赛，全面提升从业人员业务素质。①

2. 优化城市体系

提升成都在国家城市体系中的层级地位。当前成都的人口与经济规模都远远高于省内其他城市，其城市发展也面临着交通拥堵、环境压力大、人口过多、特色缺失等问题。作为我国西部大开发的一个重要支撑城市，成都应全面提升在国家城市体系的层级地位，以增强在全国乃至全球城市中的竞争力与影响力。首先，成都应通过产业升级来推进其内涵式的城市化进程，以

① 《关于推进“快递向西向下”服务拓展工程的指导意见》（国邮发〔2015〕107 号）。

其深厚的文化底蕴为根基，大力发展文化、旅游、创意等现代服务业以及电子信息技术等高端制造业和生产性服务业。其次，应加强基础设施及民生工程建设，提高其城市承载力。最后，适度控制成都中心城区人口规模，使其对周边区域的集聚效应和扩散效应达到平衡。

扩大区域中心城市规模。四川城市层级体系存在明显的断层现象，大部分城市的规模体量还比较小，城市体系中缺乏经济总量3000亿~5000亿元的城市。因此，要继续以城市群建设为重心，大力培育区域经济增长极，打造高层级的大城市或者经济副中心，使其成为城市群中具有较强推动力的核心城市。

提升中小城市和小城镇层级和发展质量。发展不平衡不充分是制约四川发展的主要因素，当前四川中小城市和小城镇普遍存在规划建设水平不高、公共服务水平低、整体实力偏弱、城镇建设和产业发展同质化现象严重等问题，产业和人口集聚能力不强。针对中小城市的特点，深度挖掘其内涵特色，选择适当的发展模式，使其成为连接大城市和美丽乡村的桥梁和纽带，促进城乡融合发展和要素资源自由流动。

加快建设新型农村社区。新型农村社区既不等同于村庄的简单翻新，也不是农村人口的集聚而居，而是盘活农村资源、推动公共服务和基础设施增量供给，进而增进农民福祉，使农村居民分享城市化和工业化成果的重要载体。四川应立足资源禀赋差异，充分考虑农户心理需求，分阶段、按梯次建设不同类型、不同规模的村庄形态；注重展现优美地理景观，突出人居建筑与自然环境的协调融合；尊重小农户的生活习惯和生产方式，兼顾公共活动空间的合理性和住宅整体的功能性，保留并发扬传统文化和乡土知识，应用并融合现代技术和工业文明。

3. 提升治理水平

探索集体土地“同产同权”。深化集体土地制度改革，以物的充分有效利用为理念，建立产权明晰、规则明确、信息透明、交易公平、国家宏观调控和市场自由竞争相结合的农村土地使用权出让和经营权流转市场，构建高效率的资源管理方式，形成国家、集体和个体共有共享的利益共同体。

一是要完善农村土地登记制度，将土地登记建立在现实需求基础上，建立以政府监管、执法引导、农民自觉登记为主，市场科学评估协同的土地登记制度。

二是以土地财产价值形态的支配和利用为出发点，将土地承包权明确为使用权、生产权、收益权等用益物权，将其从集体经济组织成员权中剥离，参照城市土地使用权出让和房地产转让相关法律规定，按照既定规则，将土地承包权在一定年限内出让或转让给土地使用者，土地使用者应向集体和原承包权人支付土地承包权出让或转让金，并依法缴纳相关税费。

三是探索农村土地资本化和股权化的实现路径。

四是完善土地用途管制制度并依法严格执行。针对实践中低水平规划、规划虚置、随意修编、执法困难等问题，应进一步完善土地利用总体规划编制方式，在充分尊重地方资源禀赋和农民意愿的基础上，推动土地利用规划、城镇总体规划、经济社会发展规划、控制性详细规划和专项规划等多规合一，健全乡镇规划建设管理机构配置，严格监督。

有序推进城市更新。城市的发展需要与时俱进，适时将城市中不适应现代化城市社会生活需求的地方做必要的、有计划的改建和改造，是增强城市生命力和实现可持续发展的必要手段。一方面，注重有序的硬环境更新。城市硬环境更新包括对城市建成区旧工业区、旧商业区、旧住宅区、城中村及旧屋村等进行综合整治、功能改变或者拆除重建。对城市硬件的更新，应以提升城市形象，改善人民居住生活环境为目标，同时要摒弃破坏性的拆迁重建，而应注重遗址、特色等保护。另一方面，强化软环境更新。城市软环境的更新包括对各种生态环境、文化环境、产业结构、功能业态、社会心理等进行延续与更新。这种更新伴随着城市的发展，推动城市不断转型升级，因此更能体现城市的与时俱进。

4. 凝聚生态共识

着力解决突出环境问题。乡村地区是四川城市可持续发展的重点区域和薄弱部位，应针对乡村地区突出的面源污染、生态环境退化、生态产品供给能力不足等问题，建立健全支持农业农村绿色发展的政策体系，加强农业产业、科技、人才、财税、金融等政策的有效衔接。坚持城乡环境协同保护和治理，加大城乡基础设施建设力度，不断提高城乡综合承载能力，积极改善城市人居环境，进一步打造美丽中国“四川样板”。

凝聚工作合力。城乡环境协同治理是一项宏伟工程，必须凝聚全省人民的智慧和力量。一方面，进一步加强责任到位。从思想上高度重视城乡环境综合治理，将之作为经济社会发展的重要组成部分从全局出发去谋划，真正形成目标明确、各司其职、协作互动、上下齐抓的工作局面。另一方面，强化资金要素保障。统筹使用涉农资金，建立县乡公益事业财政奖补制度，鼓励社会捐资改善乡村公共设施和居住环境，切实提高资金的使用效率。此外，加强城乡精神文明建设。在广大人民群众中大力宣扬“讲文明、树新风、绿色低碳”等良好风气，带动城乡居民提升自身素质，自觉自愿融入城乡环境共建共享活动。

建立长效约束机制。要建立城乡环境综合治理的长效约束机制，进一步完善环境标准、治理规则和制度，开启城乡环境综合整治的新局面。坚持绿色发展理念，制定城乡一体的环境标准；进一步完善和健全城乡规划建设管理规章制度；建立领导责任落实、工作运行机制顺畅、监督考核指标明确、责任追究严谨、经费保障充足的长效机制；坚持标本兼治，进一步强化制度执行，从上到下层层落实，使城乡环境综合整治工作出成果、见实效。

5. 消除知识鸿沟

构建大数据共享平台。按照“顶层化、前置化、市场化”的建设理念，统筹协调顶层架构设计和数据基础平台建设，共同构建城乡大数据共享平台。

首先，全面推进信息资源交换与共享。组织协调大数据建设工作，打破地区和部门数据壁垒，统一数据建设中的软硬件设施，便于各部门信息搜集、备份和存档，真正实现数据资源的共建共享。

其次，加强大数据基础设施建设。全面建设5G、公共无线网络、电子政务网、行业专网和物联网等网络基础设施，扎实推进云计算和数据中心建设①，打

① 孙全兴：《对城乡大数据平台建设的思考》，《网络安全技术与应用》2015年第1期。

造城乡一体化信息平台。

再次，加强人才队伍建设。培养和造就一支集管理和技术于一体的大数据建设专业人才队伍，为大数据共享平台建设提供人才支持。

从次，建立大数据信息高效率利用长效机制。政府应率先开放数据平台，鼓励社会资本参与城乡大数据建设和运营，开展服务型的大数据应用，鼓励大数据企业交换数据，帮助企业和个人充分利用城乡大数据平台。

最后，确保大数据平台信息安全。坚持技术安全和管理制度安全并重，尤其要特别关注大数据技术系统本身的安全性，防止信息被窃取、损坏、篡改、泄露，保障集体和个人的信息安全。

全面推进教育信息化。深入贯彻《教育信息化 2.0 行动计划》，积极推进“互联网 + 教育”发展[①]，努力以信息化为手段扩大优质教育资源覆盖面，全面推动教育变革和创新，构建网络化、数字化、个性化、终身化的教育体系。[②] 通过教育信息化，以较低的成本，将优质教育资源输送到农村及偏远地区，逐步缩小区域、城乡数字差距，大力促进教育公平。首先，全面提升教育基础设施。建设各级教育城域网，实施义务教育阶段教师笔记本电脑配备工程，有效解决教育信息化过程中的装备问题，尤其要为边远地区教育提供便利。其次，加快构建“云 - 网 - 端”架构，建设省级教育数据中心和市、县级区域教育资源公共服务平台，为教育信息化提供便利。再次，加快教师专业培训。面向基层尤其是农村开展教师信息技术应用能力提升工程，组织区县教委负责人、中小学校长到北京、上海等地进行学习。最后，积极探索信息化教学模式。利用大学等资源优势，探索开发新型数字教育资源，在全省中小学进行试点推广。

---

① 《教育信息化 2.0 行动计划》（教技〔2018〕6 号）。

② 刘灵辉、蔡宁芝、王家辉：《信息化技术环境下高校教学中存在的问题与对策研究》，《广西教育学院学报》2018 年第 12 期。

B.5
新市村关系：展望与借鉴

王　倩*

摘　要： 中国城市的可持续发展，不是一个单纯的“城”的问题，而是包含农村、农业、农民在内的全域可持续发展问题。只有从整体观念看待城市和乡村，将其作为综合系统的平等主体，寻求一条整体发展道路，我们才有可能实现可持续发展。本研究报告指出，全域城市可持续发展是一种新的城市可持续发展模式，包括城乡经济、社会、环境要素的融合和一体化管理，具有发展的多维性、融合性、互惠性和开放性等多元特征与多重惠益。在此基础上，探讨了乡村振兴大背景下成都市城市可持续发展的模式与城乡融合的路径。

关键词： 城乡融合　城市可持续　乡村振兴

一　立足城乡共享价值体系的城市可持续发展路径

中国城市的高速发展表明，这一建立在夯实农村基础上的城市发展方式在经济集聚和人口集聚上具有十分显著的效率，在农村为城市贡献了大量的低廉生产要素和产品的同时，城市也为农村提供了庞大的就业机会和消费市场，财政支出上的调整成为近年来新农村建设的重要支撑，同时城

---

* 王倩，经济学博士，四川省社会科学院区域经济与城市发展研究所副研究员，研究方向为区域经济学。

市在发展过程中也有效地避免贫民窟等严重的社会问题。但不可否认的是，边际效应递减在这一发展模式上同样存在，特别是虽然经济社会整体上实现了帕累托改进，但其中部分部门或人口的损失并未得到公平合理的补偿，这种城市发展轨迹已经或潜在威胁着城市以及非农业部门长远、健康、有序发展。

从这个意义上看，中国城市的可持续发展，不是单纯的城市概念，也不是单一的经济要素聚合体，而是建立在城市和乡村价值共同体基础上的可持续发展。

（一）三个基本层面

人类发展层面的共同理念。居住在城市的大多数家庭都与农村有着千丝万缕的社会联系，尤其是出生在乡村地区的家庭成员，更倾向于将出生的乡村地区当作“家”，他们保持着与乡村地区亲属的社会联系。因此，人口城乡迁移中的社会融合是可持续发展的关键一环，是内在整合城乡二元结构的根本。

经济增长层面的分工协作。由于资源禀赋的差异性以及地域分工的不同，城乡之间的资源供给与需求具有较强的互补性。城乡之间资源和市场的联系是农产品商品化、生产多样化和市场空间系统扩展的主要推动力。如乡村地区是人口和劳动力的巨大市场，剩余劳动力向城市转移，既是城市大规模工业化和城镇化的需要，也为农村土地集约利用提供了机遇。同时，城市资本、技术与信息等向乡村转移，也带来了农业现代化与农民增收富裕。也就是说，城乡之间不仅市场互通，而且产业链相连，城乡双向互补式的要素资源流动是其共同利益所在。

环境建设层面的互补共生。我国快速的城镇化发展在一定程度上对农村地区的生态空间及自然景观造成冲击，甚至导致大范围的生态破坏，反过来威胁城市和乡村的生态安全。城市生活和工业污染物向农村地区转移和扩散，农村秸秆焚烧会加剧城市大气污染，传统养殖及面源污染会通过污染江河危害城乡居民健康。

（二）三个全新认识

全新的城市发展理念。在参考借鉴西方发达国家城市可持续发展的理论和模式的同时，应以我国特殊城市发展轨迹和新时代阶段特征为出发点，形成全新的城市可持续发展理念。立足城乡共享的价值体系，以构筑新型城乡关系和新型城乡形态为载体，重点是创新城市发展模式和治理模式，内含城乡经济、社会、环境要素的融合和一体化管理，具有发展的多维性、融合性、互惠性和开放性等多元特征与多重惠益。

全新的城市发展特征。一是可持续发展的全局性，把城市和乡村作为统一的命运共同体，遵循生命系统和社会经济发展的整体性、系统性以及内在规律，统筹考虑城乡建设、发展与治理。二是可持续发展的多维性，城市和乡村不是简单的空间和利益的联系，而是涵盖经济、社会、环境等不同层面诸多主题的整合，是基于质量、动力与效率变革的增长，是基于民生改善和社会公平的共同繁荣和社会进步，是基于资源效率、生态保育、环境友好与制度变革的生态文明进程。三是可持续发展的融合性，不仅是城市和乡村在空间上的形态和景观浑然一体、交相辉映，还是城乡人才、技术、资金、信息的双向流动，以及产业和市场的深度融合，更是人类文明和文化在时间序列上的传承和空间流动上的交互。

全新的城市功能划分。城市是经济、政治、文化中心以及人口、产业集聚地，是生产生活方式绿色变革的主阵地，也是提高资源利用效率、打赢污染防治攻坚战、应对气候变化的主战场。城市可持续发展的广度、深度与效果直接决定我们能否走上“以人为本、四化同步、优化布局、生态文明、文化传承”的新型城镇化道路。农村承载多重功能和多重价值，农业是具有多功能性的现代农业，是资源型、环境友好型农业，是一二三产业深度融合的农业；乡村是生态文明的载体，是精神寄托之所，是文化传承的根与魂。引用 2018 年中央一号文件的表述就是：“让农业成为有奔头的产业，让农民成为有吸引力的职业，让农村成为安居乐业的美丽家园。”

二　城市可持续发展模式——以成都城乡融合模式为例

成都市是全国较早从城乡融合角度探索城市可持续发展模式的城市之一。在党的十九大作出实施乡村振兴战略这一重大部署之后，成都市制定出台《关于实施乡村振兴战略建立健全城乡融合发展体制机制加快推进农业农村现代化的意见》（成委发〔2017〕34 号），并配套出台《成都市实施乡村振兴战略若干政策措施（试行）》（成委厅〔2017〕179 号）和《成都市实施乡村振兴战略推进城乡融合发展“十大重点工程”和“五项重点改革”总体方案》（成委厅〔2017〕179 号）。总体来看，主要是从以下几个方面着力探索城乡融合的可持续发展道路。

（一）建立健全全域规划体系

将乡村规划纳入城市总体规划统筹考虑，制定全域规划，并创新性提出“乡村振兴走廊”与“城乡融合发展单元”① 的规划新理念。强化“多规合一”，推动城市总体规划、土地利用总体规划、环境保护规划、经济和社会发展规划有机衔接，实现城乡功能衔接、空间融合，为城乡两个空间提供平等发展机会。城乡空间融合是全域规划的重中之重。一是在空间格局上，规划形成网络化、组团式空间布局，即根据产业功能区、生态功能区和综合交通枢纽，规划形成以特色镇（街区）为中心、多个新型社区和林盘聚落环绕分布的网络化组团式布局。二是在城镇体系上，规划形成“功能区 + 特色镇（街区） + 林盘聚落”的城镇体系，增强城乡经济、生态、社会与文化在空间上的交互融合。三是在空间模式上，采取“特色镇（街区） + 林盘 + 农业园区”、“特色镇（街区） + 林盘 + 景区”和“特色镇（街区） + 林盘 + 产业园”等模式。四是依托交通廊道、轨道网络、

① 规划的乡村振兴走廊，包括“大美田园”乡村振兴走廊、“蜀香风韵”乡村振兴走廊、“天府农耕”乡村振兴走廊、“山水乡旅”乡村振兴走廊、“秀湖云田”乡村振兴走廊。规划的城乡融合发展单元，包括农业型、景区型、产业园区型三类城乡融合发展空间单元。

产业集群、河流水系和旅游资源，规划乡村振兴走廊，强化城乡区域间功能统筹。

（二）优化城乡功能布局

实施乡村振兴“东进、南拓、西控、北改、中优”战略。“东进”区域突出生态休闲和高效农业，“南拓”区域突出科技创新和农博会展，“西控”区域突出绿色高端农业和农商文旅融合，“北改”区域突出农业商贸和农产品物流，“中优”区域突出城市生态和景观农业。

按照城乡融合要求，加快特色镇（街区）建设。引导资金、产业、人才向特色镇（街区）流动、集聚、转移，形成产业集聚、功能复合、连城带村的特色镇（街区），带动全域均衡发展。

探索城乡生态资源互补共享模式，形成“乡村里的都市”发展格局。成都市提出把农村建设成为城市最大最美的公园，关键举措是乡村绿道和川西林盘建设。把乡村人居环境改善与农商文旅融合发展有机地统一起来，以生态振兴带动产业振兴、文化振兴、人才振兴。生态优先是发挥乡村全面振兴与城市高质量发展相得益彰效应的关键。如崇州在生态环境改善的基础上，探索走出一条农商文旅体融合发展的道路，以全域旅游重构城乡格局。道明镇竹艺村以竹资源、竹文化、竹生态为依托，多业态融合打造川西林盘，成为成都市城乡融合发展的新名片——“天府新林盘·道明竹艺村”。

（三）重塑新型城乡形态

坚持景区化、景观化、可进入、可参与的理念，大力推进全域景观化，构建产田相融、城田相融、城乡一体的新型城乡形态，做好成都乡村“水、林、田”三篇文章。如在成都乡村滨水沿山轴线塑造“山水田园道”的天府水乡格局，在千里沃野营造“田成方、树成簇、水成网”的川西平原美景，在成都东部丘陵地区打造山水相融、田林交错、变幻多彩的秀美大地景观。

以城镇村社为突破，成都开启城乡绿化行动。《大规模绿化全川成都行动方案（2016—2020）》确定了全域增绿行动计划，包括绿色生态保护行动、绿色生态提升行动、花园城市建设行动等。

（四）构建现代农业生态圈

运用生态圈的理念推动现代农业发展，强化产业协同创新、管理方式创新以及建设模式创新，推动农业创新链、人才链、供应链、价值链、产业链相融。促进“农业＋旅游”“农业＋文创”“农业＋康养”“农业＋会展”“农业＋电商”等多业态的产业融合发展，优化现代农业产业体系、生产体系、经营体系，形成区域协调、产业高端、绿色循环、主体多元、供给高效、协同联动、功能复合的现代农业生态圈。

（五）创新城乡社区治理

2017 年成都市在全国范围内率先设立市委城乡社区发展治理委员会，破除了城乡与部门壁垒。出台《关于深入推进城乡社区发展治理建设高品质和谐宜居生活社区的意见》《社区发展治理“五大行动”三年计划》《构建以党组织为核心的新型城乡社区发展治理体系三年行动计划》《关于进一步深入开展城乡社区可持续总体营造行动的实施意见》等政策。坚持转理念、转职能、转方式、转机制、转形态，推进社区治理重心下移、服务下沉。全面建设品质社区、活力社区、美丽社区、人文社区、和谐社区，构建以党建为引领，自治、法治、德治相结合的乡村治理体系。

表 1　成都市城乡融合发展的抓手

十大重点工程	1. 全域乡村规划提升工程	6. 农业品牌建设工程
	2. 特色镇（街区）建设工程	7. 乡村人才培育集聚工程
	3. 川西林盘保护修复工程	8. 农民增收促进工程
	4. 大地景观再造工程	9. 农村文化现代化建设工程
	5. 农村人居环境整治工程	10. 城乡社区发展治理工程

续表

五项重点改革	1. 深化农业供给侧结构性改革 2. 深化农村集体产权制度改革 3. 深化农村金融服务综合改革 4. 深化公共产品服务生产供给机制改革 5. 深化农村行政管理体制改革

资料来源：《成都市实施乡村振兴战略推进城乡融合发展“十大重点工程”和“五项重点改革”总体方案》（成委厅〔2017〕179 号）。

专题调查篇

Special Survey

B.6

西部城市可持续发展指数测评研究

冉　敏*

摘　要： 围绕如何处理人与人、人与自然的关系，本文构建了西部城市可持续发展模型，并在此基础上，对西部9省份84城市的可持续发展水平进行了测评。文章发现，西部城市可持续发展水平差距较大；人类发展水平相对较高，没有城市属于联合国定义的低人类发展区；城市功能建设的不足是西部城市面临的共同难题；继续提高环境利用效率，扩充环境容量，提升环境承载能力，是西部城市提高环境改善指数的关键。文章依据西部城市可持续发展状况，将西部城市发展模式分成四类：高发展高生态，高发展低生态，低发展高生态和低发展低生态。依据上述分析，文章认为要进一步提高西部城

* 冉敏，博士，四川省社会科学院区域经济与城市发展所助理研究员，主要研究方向为区域创新和可持续发展。

市可持续发展水平，应从五个方面努力：扩大普惠教育，提升高等职业教育；加强科研投入，提高区域创新能力；融入国家战略，提升区域开放水平；共享医疗资源，提高公共服务水平；挖掘特色资源，转变经济发展模式。

关键词： 人类发展指数　城市功能指数　生态改善指数　可持续发展模式

一　引言：西部城市可持续发展评价模型

当今，城市成为人类生产和生活的主要空间场所。城市聚集了各种资源，为城市居民提供了各种生活便利性和个人发展的机会。但随着城市化进程的加速，越来越多的人聚居于城市，迫切要求城市提供越来越多的公共服务和满足不同人群的发展需求。与此同时，随着城市的不断扩张，城市资源越来越紧张，环境污染问题日趋严重，承载能力日趋下降。因此，如何促进人、城市自身和城市生态环境的可持续发展成为理论研究和城市发展实践的热点。

城市的可持续发展问题，对于资源相对贫乏、经济水平相对落后的西部城市而言尤其迫切。西部 12 省份，拥有 196 个县级以上城市（含县级市），占全国 657 个城市总量的 29.8%。一方面，西部绝大部分城市还处于工业化中期、城市化初期，城市尚在努力扩大经济规模、提高人均收入水平阶段。另一方面，西部绝大部分城市处于持续的人口净流失状态，经济水平的落后导致就业机会不足、对年轻人吸引力不足、老龄化问题严重，迫切需要城市发展较高水平的公共服务以留住人口。更为严重的是，资源禀赋的先天不足，导致西部城市在工业化过程中，知识密集型和资本密集型的产业较少，过多的资源密集型产业和初加工产业不仅处于产业价值链的低端，而且给西部城市带来了严重的环境污染问题。因此，如何发展城市自身经济，提高城市竞争力；如何给居民提供发展机会和较高水平的公共服务；如何改善居住质量，提供宜居环境等问题成为西部城市当前发展面临的重要课题。

城市的可持续发展问题的本质是处理人与人、人与自然的关系，使得城市自身、城市居民和城市环境三者的发展和谐统一。因此，城市可持续发展问题主要围绕两个关系。（1）人与自然关系的可持续。人类从自然中获取生存和发展所必需的资源，但资源的开发利用应尽量以可再生资源为主。对于不可再生的资源，应提高利用效率，尽量避免对环境的破坏性开采。与此同时，要积极加大环境修复力度、扩充环境容量，提高环境承载能力。（2）人与人类关系的可持续。对于城市居民个体而言，获得充分的教育机会、拥有较高收入和体面生活、拥有较高的医疗服务水平从而延长寿命等是人自身可持续发展的关键。而对于由人类共同生活的空间城市而言，提高城市经济水平、发展较高价值的产业、提供较高的公共服务水平和优美宜居的生活环境，是城市能够吸引更多人口和资源，实现自身可持续发展的关键。

基于以上理论假设，本文构建了衡量西部[①]可持续发展水平的模型（见图 1），并在此基础上，构建了测评两大关系的三大要素，进而复合成西部城市可持续发展指数。[②]（1）人类发展指数，其主要衡量城市中的人的福祉。这一指数采用联合国开发计划署（UNDP）人类发展指数理论，分别从收入、教育和人均寿命三个方面进行测量。（2）城市功能指数，其主要测量的是城市能否为居民提供就业发展的机会和基本的公共服务。这一指数由经济质量和社会状况两个指数复合而成。（3）生态改善指数，其主要测量城市的资源利用水平和生态改善能力。这一指数由资源利用指数和生态扩容指数两个指数复合而成。（4）西部城市可持续发展指数，其由人类发展指数、城市功能指数和生态改善指数三大指数复合而成。

---

① 受资料限制，本报告的研究样本为云南、贵州、广西、新疆、四川、宁夏、甘肃、内蒙古、陕西 9 省（区）84 个城市。

② 本文研究理论基础、研究模型和测评指数均建立在四川省社科院 2016 年发布的《四川城市可持续发展报告》这一基础上，下文不再赘述。

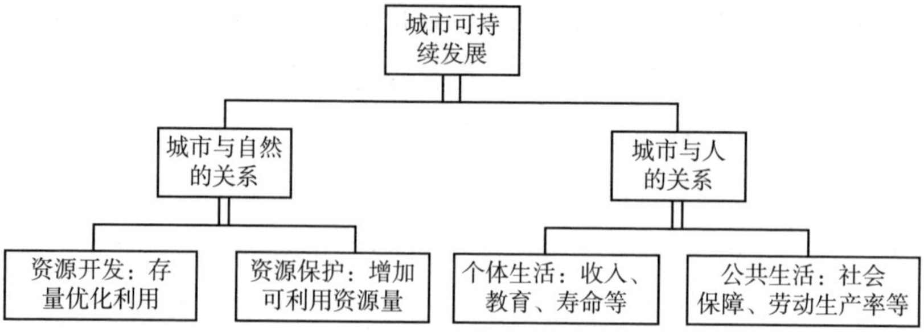

图1　西部城市可持续发展模型

二　西部城市可持续发展评析

（一）西部城市可持续发展总体状况

1. 西部城市可持续发展水平总体处在中游偏低水平

84个城市可持续发展指数平均得分为0.454，分值处在得分全距的中游偏下，有35个城市得分高于平均值，成都、西安、包头等城市排在前20名（见表1）。

表1　可持续发展指数排名前20的西部城市

城市	得分	排名	城市	得分	排名
成都	0.662	1	克拉玛依	0.545	11
西安	0.661	2	银川	0.528	12
包头	0.608	3	防城港	0.521	13
贵阳	0.601	4	攀枝花	0.517	14
昆明	0.593	5	柳州	0.516	15
嘉峪关	0.574	6	玉溪	0.512	16
乌鲁木齐	0.572	7	金昌	0.510	17
兰州	0.569	8	宜宾	0.505	18
乌海	0.558	9	绵阳	0.503	19
呼和浩特	0.555	10	南宁	0.500	20
84城市得分平均值		0.454	84城市得分极差		0.327

位列西部第一的城市是成都，得分为 0. 662，西安紧随成都之后，以 0. 661 分排在第二名，包头市则以 0. 608 分位列第三。从可持续发展指数得分排名前 20 的城市分布省份来看，四川省位居榜首，其拥有成都、攀枝花、宜宾和绵阳四个城市；内蒙古、广西和甘肃各有三个城市，云南、新疆各有两个城市；陕西、贵州和宁夏各有一个城市。在九个省（区）中，内蒙古自治区各个城市在可持续发展道路上相对较为成功，九个城市有三个城市排在了前 10 名（图 2），虽然这和内蒙古自治区自然资源丰富、人均收入水平较高等因素有关，但也表明内蒙古自治区各个城市发展相对平衡，对城市可持续发展理念和模式较为重视。

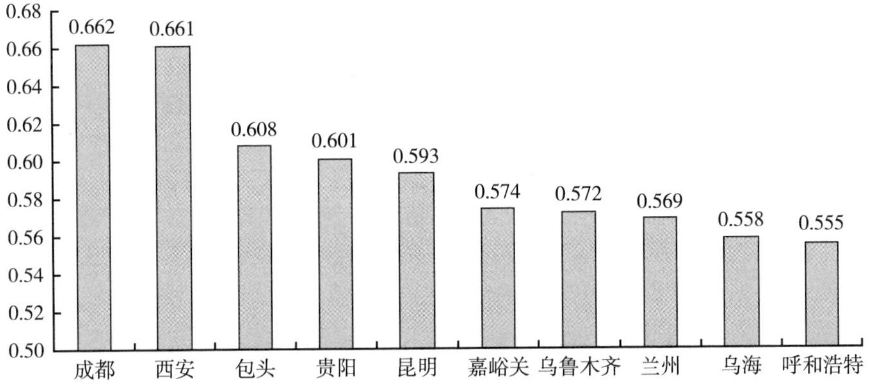

图 2　可持续发展指数排名前 10 的西部城市

2. 西部各城市可持续发展水平差异较大

西部 84 个城市可持续发展指数的得分极差为 0. 327，表明城市之间的可持续发展水平差异极大。事实上得分第一的成都市（0. 662 分），比排名第 84 的吴忠市（0. 335 分）高了 0. 327 分。西部城市之间可持续发展水平差距较大，一方面原因是城市之间历史渊源、资源禀赋所导致的初始发展不平衡，如成都、西安等城市历史上就拥有辉煌灿烂的文明，自古以来一直处于中华文明发展的主流之中，城市发展禀赋较好；另一方面原因可能是近年来随着我国工业化引领的城市化进程加速，曾经拥有丰富矿产资源的城市在工业化后期遭遇了资源衰竭，或者城市产业发展处于全球价值链的低端，后续发展无力，如白银、个旧等资源型城市，随着资源逐步枯竭而陷入衰退之中。

西部城市可持续发展指数还展现了一个非常显著的特点，即省会[①]城市的可持续发展水平相对非常高。如表 1 所示，西部九个省会城市全部进入前 20 名（见表 1），这表明西部各省份的省会城市在城市可持续发展方面的首位特征非常明显。[②] 从九个省会城市的可持续发展得分来看，成都和西安两个城市优势较为显著，银川和南宁两市相对发展滞后（见图 3）。

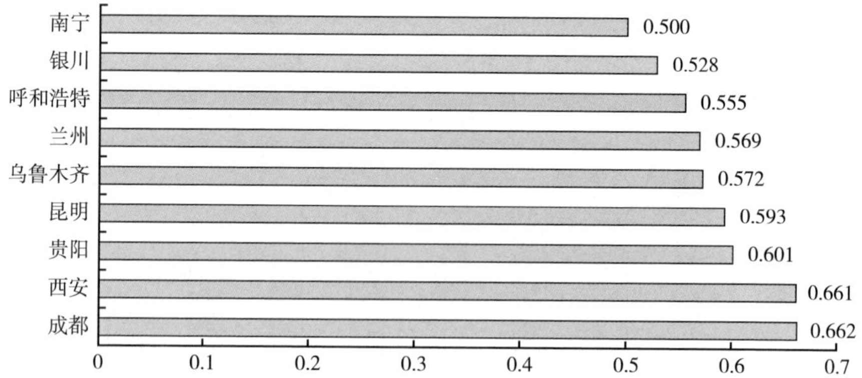

图 3　西部九省（区）省会城市可持续发展指数比较

3. 城市功能建设是影响西部城市可持续发展的关键要素

从可持续发展指数与三个分项指标的相关系数来看，三个分项指标与可持续发展指数之间都有显著的正相关性，但城市功能指数的相关性最高，其相关系数为 0.896；其次为人类发展指数，其相关系数为 0.745；相关性最低的为生态改善指数，其相关系数为 0.369（见表 2）。这表明在现阶段，城市功能建设成为关键要素。在此基础上，我们进一步分析影响城市功能指数得分高低的因素，可以发现，经济质量指数至关重要，而影响经济质量指

① 自治区政府驻地称首府，一般也称省会。

② 尽管包头、嘉峪关和柳州排名在呼和浩特、兰州和南宁之前，但相差不大。

数的因素则主要体现在经济开放度、创新能力和第三产业比重等方面。这就意味着，就现阶段而言，经济发展仍然是决定城市可持续发展水平高低的重要因素。

表 2 城市可持续发展指数与三个分项指标的相关性分析

		城市可持续发展指数(UCI)	人类发展指数(HDI)	城市功能指数(UFI)	生态改善指数(EII)
城市可持续发展指数(UCI)	皮尔逊相关性	1	0.745 **	0.896 **	0.369 **
	显著性(双尾)		0	0	0.001
	个案数	84	84	84	84
人类发展指数(HDI)	皮尔逊相关性	0.745 **	1	0.645 **	0.026
	显著性(双尾)	0		0	0.815
	个案数	84	84	84	84
城市功能指数(UFI)	皮尔逊相关性	0.896 **	0.645 **	1	0.089
	显著性(双尾)	0	0		0.423
	个案数	84	84	84	84
生态改善指数(EII)	皮尔逊相关性	0.369 **	0.026	0.089	1
	显著性(双尾)	0.001	0.815	0.423	
	个案数	84	84	84	84

4. 生态改善指数是西部城市可持续发展过程中的短板

从前面可持续发展指数与三个分项指数之间的相关性分析结果来看，虽然生态改善指数与可持续发展指数之间也呈现正相关关系，但是其相关系数仅仅只有 0.369，位列三个分项指标的最后。可持续发展指数与生态指数得分同时位列前 20 的城市只有成都、昆明、贵阳、乌海、遵义和绵阳这六个城市（见图 4）。这充分说明，在现阶段，资源利用、环境修复与环境扩容等生态改善方面的努力对可持续发展指数的作用还较小，西部城市还处于忽略城市生态环境，集中发展城市经济的过程中。因此，生态改善指数是西部城市现阶段可持续发展的短板，也是进一步发展的努力方向。

（二）西部城市人类发展指数评析

人的发展与人类福利的增长，是城市可持续发展的终极目标。人类发展

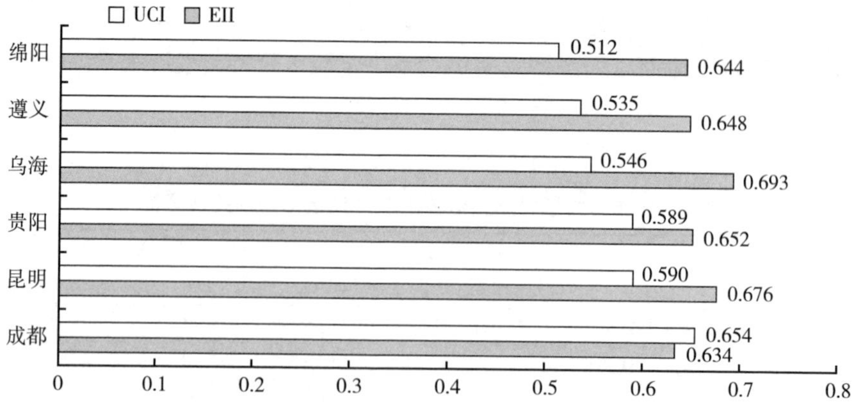

图4　城市可持续发展与生态指数发展相对平衡的西部城市

指数（HDI）是对人类基本发展状况的衡量，其由联合国开发计划署首先提出，包括三个维度：寿命水平、教育水平和收入水平。根据人类发展指数的既定算法和指标体系，本报告对西部84个城市进行了测算和排名。

1. 西部城市人类发展指数总体水平较高

从人类发展指数得分来看，西部84市的人类发展指数得分平均值为0.717，极差为0.196，有41个城市高于平均值，没有一个城市处于UNDP界定的低人类发展区。人类发展指数排名前三的为鄂尔多斯、克拉玛依和成都，其得分分别为0.813、0.803和0.802。根据2016年人类发展指数的分类标准，HDI高于0.800属于超高人类发展水平，在0.700～0.799范围内属于高人类发展水平，在0.550～0.699范围内属于中等人类发展水平，低于0.550属于低人类发展水平。[①] 2016年度西部84个城市中，鄂尔多斯、克拉玛依、成都和包头4个城市位于超高人类发展区；西安、呼和浩特、乌海等50个城市位于高人类发展区；其他30个城市处于中人类发展区；没有城市落入低人类发展区（见表3）。

① UNDP中国：《中国人类发展报告2016》，http：//www.cn.undp.org/content/china/zh/home/library/human_ development/china－human－development－report－2016/。

表 3　西部城市人类发展指数分类

序号	分类	阈值	城市
I	超高人类发展区	HDI≥0.800	鄂尔多斯、克拉玛依、成都、包头 4 个城市
II	高人类发展区	0.700≤HDI≤0.799	西安、呼和浩特、乌海等 50 个城市
III	中人类发展区	0.550≤HDI≤0.699	南充、中卫、六盘水等 30 个城市
IV	低人类发展区	HDI≤0.550	无

2. 西部城市人类发展水平与城市发展地位不对等

虽然西部 84 个城市没有一个落入低人类发展区，但各地的人类发展水平极其不平衡，尤其是西南四省（区）人类发展水平相对较低。从人类发展指数排名前 20 城市的省域分布来看（见表 4），内蒙古自治区以六个城市位居第一，陕西有四个城市，甘肃有三个城市，四川、广西、甘肃、宁夏和新疆各有两个城市，云南和贵州则没有一个城市进入前 20 名。从九个省会城市的人类发展指数得分来看，南宁、昆明和贵阳得分相对较低，与其资源禀赋和发展地位极其不匹配。四川作为西部的龙头大省，也只有成都和攀枝花两个城市的得分进入前 20，与其经济发展水平和在西部地区的区域支柱地位不符。这表明，纳入本年度报告中的西南四省（区）对人自身的发展重视程度不够。

表 4　人类发展指数排名前 20 名的西部城市

城市	得分	排名	城市	得分	排名
鄂尔多斯	0.813	1	榆林	0.768	11
克拉玛依	0.803	2	银川	0.768	12
成都	0.802	3	兰州	0.767	13
包头	0.801	4	呼伦贝尔	0.763	14
西安	0.795	5	北海	0.761	15
呼和浩特	0.794	6	防城港	0.758	16
乌海	0.787	7	宝鸡	0.756	17
嘉峪关	0.783	8	通辽	0.755	18
乌鲁木齐	0.772	9	咸阳	0.753	19
攀枝花	0.771	10	石嘴山	0.753	19
84 城市得分平均值		0.717	84 城市得分极差		0.196

3. 西部城市的低人均收入制约了人类发展水平提升

从人类发展指数与其三个分项指标的相关性来看，寿命指数、教育指数和收入指数与人类发展指数之间均有显著的正相关关系，收入指数与人类发展指数具有高度正相关关系，其相关系数为0.936；其次为教育指数，其相关系数达到了0.862；寿命指数则垫底，其相关系数为0.437（见表5）。这表明，收入指数成为拉开西部各个城市人类发展水平高低的关键要素。事实上，从人类发展指数的得分和排名来看，鄂尔多斯和克拉玛依是西部地区人均收入最高的两个城市，2016年两市的人均GDP分别为21.55万元和13.73万元。从人类发展指数排名前10的城市来看，其人均GDP排名也在84个城市中非常靠前。

表5　人类发展指数与三个分项指标的相关性分析

		人类发展指数(HDI)	寿命指数(LEI)	教育指数(EI)	收入指数(II)
人类发展指数(HDI)	皮尔逊相关性	1	0.437**	0.862**	0.936**
	显著性(双尾)		0.000	0.000	0.000
	个案数	84	84	84	84
寿命指数(LEI)	皮尔逊相关性	0.437**	1	0.211	0.278*
	显著性(双尾)	0.000		0.053	0.011
	个案数	84	84	84	84
教育指数(EI)	皮尔逊相关性	0.862**	0.211	1	0.684**
	显著性(双尾)	0.000	0.053		0.000
	个案数	84	84	84	84
收入指数(II)	皮尔逊相关性	0.936**	0.278*	0.684**	1
	显著性(双尾)	0.000	0.011	0.000	
	个案数	84	84	84	84

注：** 在0.01级别（双尾），相关性显著；* 在0.05级别（双尾），相关性显著。

不仅如此，收入水平还决定受教育年限的长短，从表5可以看出，收入指数与教育指数之间呈现正相关关系，其相关系数高达0.684，超过了寿命指数与人类发展指数的相关系数（其为0.437）。

表 6　人类发展指数排名前 10 的城市人均 GDP 比较

城市	HDI	排名	人均 GDP(元)	排名
鄂尔多斯	0. 813	1	215488	1
克拉玛依	0. 803	2	137307	2
成都	0. 802	3	76960	8
包头	0. 801	3	136021	3
西安	0. 795	5	71357	10
呼和浩特	0. 794	6	103235	4
乌海	0. 787	7	102725	5
嘉峪关	0. 783	8	62641	17
乌鲁木齐	0. 772	9	69865	11
攀枝花	0. 771	10	82221	6

4. 西南地区城市未来需要进一步发展高等教育

从前面分析可知，西南地区教育指数得分相对较低，影响了其人类发展指数的得分。由于我国实行九年制义务教育，小学和初中入学率各城市之间差距较小，主要是高中和高等学校的入学率拉开了差异。如图 5 所示，陕西省的高中平均入学率达到 96. 4%，高等学校入学率达到了 47. 15%，遥遥领先于其他省（区）；而四川作为西部大省，其高中入学率为 89. 2%，高等学校入学率只有 34. 34%；云南省则以 80. 1% 高中入学率和 30. 2% 的高等学校入学率垫底。这表明，普及高中教育，尤其是进一步发展高等教育是西部地区尤其是西南地区提高人类发展水平的努力方向。

5. 西部城市提高人类发展水平的方向是进一步提高人均预期寿命

作为人类发展水平重要指标之一的人均预期寿命，虽然在西部 84 个城市的分析中，与人类发展指数的相关系数较小，只有 0. 437，但这并不意味着其对于西部各市不重要，而只是表明，在西部城市发展的现阶段，各个城市之间的预期寿命差距不大，因而对人类发展指数得分的影响相对较小。根据国家公布的统计数据，2016 年我国人均预期寿命已经达到 76. 5 岁，除了广西和四川的人均预期寿命略高于国家平均水平外，其他七省（区）都没有达到国家平均水平（见图 6）。在西部 84 市中排名第一的成都市，2017

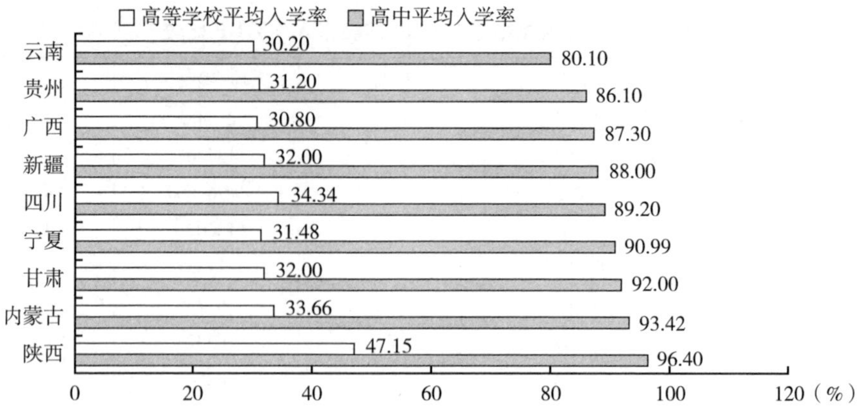

图5　西部九省（区）高中和高等学校平均入学率比较

年的人均预期寿命也只有 79.33 岁，远远落后于北京（82.03 岁）、上海（83.37 岁）等东部发达城市。这意味着，持续改善健康生活环境、提升医疗服务能力、提高人民预期寿命是西部各省（区）未来努力的共同目标。

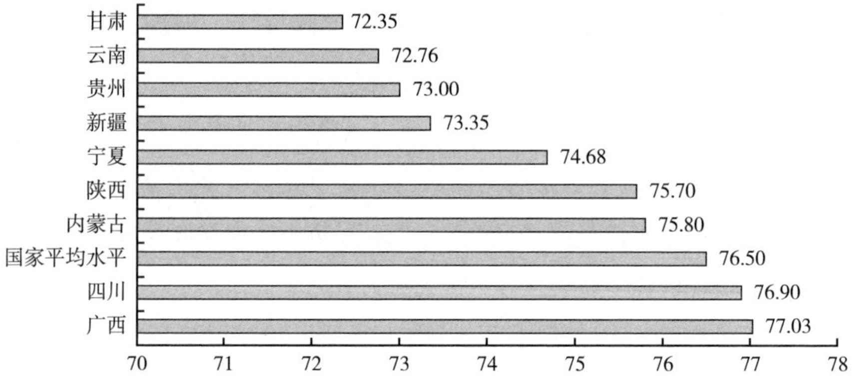

图6　西部九省（区）平均预期寿命与国家平均水平比较

（三）西部城市功能指数评析

城市功能指数（UFI）衡量的是城市自身竞争力水平以及其为城市中的人提供财富创造、社会保障和公共服务的能力。城市功能指数包括两个部分：经济质量指数（EQI），其衡量了一个城市的经济发展水平和能力；社会状况指数（SCI），其衡量一个城市为城市居民所提供的公共服务水平和能力。在此基础上，本报告根据定义的既定算法和指标体系，对西部 84 个城市的城市功能指数进行了测算与排名。

1. 西部城市功能建设滞后于城市发展需求

从西部 84 城市的城市功能指数得分来看，其得分平均值为 0.235，极差为 0.533，有 30 个城市高于平均值。排名前三的为西安、成都和包头，其得分分别为 0.636、0.570 和 0.468。但城市功能指数平均分只有 0.235，不到全距的 1/3（满分为 1），而且只有 30 个城市高于平均值本报告列出排名前十的城市（见图 7）。从城市功能指数与其两项分项指标的相关性来看（见表 7），城市功能指数与经济质量指数和社会状况指数都呈现高度正相关关系，其相关系数分别为 0.909 和 0.839。西部 84 市城市功能指数得分较低，说明其不仅经济质量水平不高，而且社会公共服务能力也不强。也就是说，现阶段西部城市功能的发展极端滞后于城市发展需求，不仅城市自身缺乏足够的竞争力，而且也不能为城市中居住的人提供充分的就业机会、社会保障和公共服务。

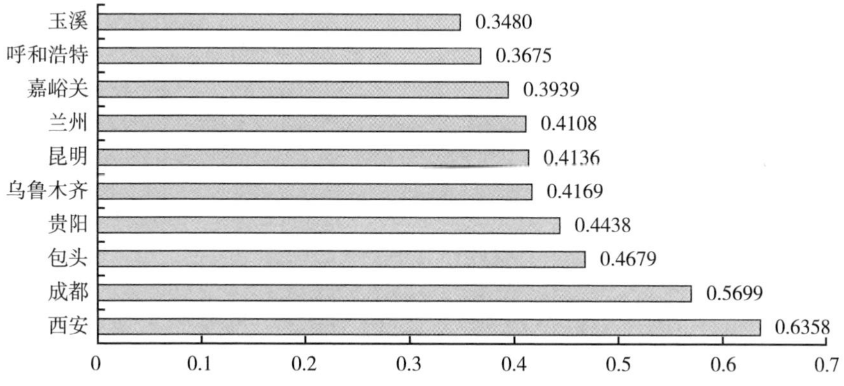

图 7　城市功能指数排名前 10 的西部城市

西部 84 市的城市功能建设不但滞后于当前城市发展的需求，而且各个城市之间的差距极大。排名第一的西安市得分为 0.636，而排名最后的吴忠市得分只有 0.103，两城市相差 0.533，这一差值比排名第三的包头市得分还高。从城市功能指数得分排名前 20 的城市分布来看，四川、广西、内蒙古、甘肃各有三个城市，贵州、云南和新疆各有两个城市，陕西、宁夏有一个城市。从西部九省（区）的平均得分来看，新疆得分最高，为0.374，排名最后的宁夏得分只有0.192。这表明在西部城市功能建设过程中，不仅城际差异较大，省际差异也非常明显。

表7　城市功能指数与两个分项指标的相关性分析

		城市功能指数(UFI)	经济质量指数(EQI)	社会状况指数(SCI)
城市功能指数(UFI)	皮尔逊相关性	1	0.909 **	0.839 **
	显著性(双尾)		0.000	0.000
	个案数	84	84	84
经济质量指数(EQI)	皮尔逊相关性	0.909 **	1	0.544 **
	显著性(双尾)	0.000		0.000
	个案数	84	84	84
社会状况指数(SCI)	皮尔逊相关性	0.839 **	0.544 **	1
	显著性(双尾)	0.000	0.000	
	个案数	84	84	84

注：** 在0.01级别（双尾），相关性显著。

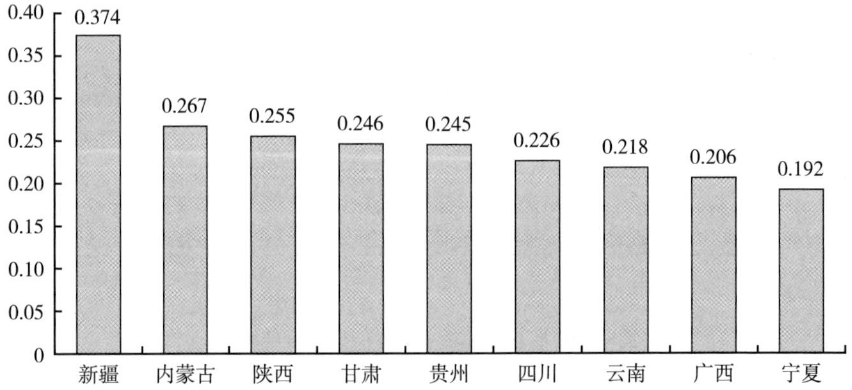

图8　西部九省（区）城市功能指数平均得分比较

2. 进一步提升区域创新水平是西部城市提高功能指数的关键

从前面的分析可以看出，城市经济质量水平与城市功能指数之间具有高度的正相关关系（相关系数为 0.909），而且城市经济质量的优劣实际上也是一个城市竞争力最重要的体现之一。

对经济质量指数进行分析可以发现，84 市经济质量指数的平均值为 0.190；排名第一的是西安市，其得分为 0.667；其次为成都市，其得分为 0.512；排名最后的是吴忠市，其得分为 0.056。排名前 10 的城市如图 9 所示。可以看出，西部各城市在城市经济质量建设方面的差距非常明显。

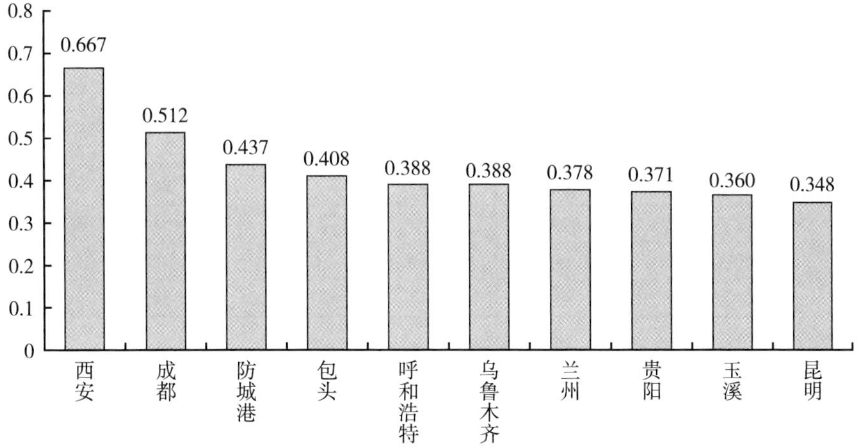

图 9　经济质量指数得分排名前 10 的西部城市

再从经济质量指数与其各分项指标之间的相关性来看（见表 8），经济质量指数与第三产业比重、建成区经济密度、经济开放度和创新能力之间都呈现了显著的正相关关系，尤其是与创新能力之间的相关性最强，其相关系数为 0.699。这表明，创新能力对西部城市经济质量提高以及经济发展动力转换起着至关重要的作用。事实上，在经济质量和城市功能两个指标上都排名第一的西安，其创新能力也是西部最强的，其用于衡量创新能力的万元专利授权量是西部 84 市最高的（见图 10），由此也就拉开了与其他城市的差距。这一现象就表明，提升创新能力，促进经济发展的动能转换是关系西部城市可持续发展的重要问题。

表 8　经济质量指数与四个分项指标的相关性分析

		经济质量指数	第三产业比重	建成区经济密度	经济开放度	创新能力
经济质量指数	皮尔逊相关性	1	0.644**	0.568**	0.538**	0.699**
	显著性(双尾)		0.000	0.000	0.000	0.000
	个案数	84	84	84	84	84
第三产业比重	皮尔逊相关性	0.644**	1	-0.039	0.057	0.316**
	显著性(双尾)	0.000		0.727	0.605	0.003
	个案数	84	84	84	84	84
建成区经济密度	皮尔逊相关性	0.568**	-0.039	1	0.216*	0.236*
	显著性(双尾)	0.000	0.727		0.049	0.030
	个案数	84	84	84	84	84
经济开放度	皮尔逊相关性	0.538**	0.057	0.216*	1	0.289**
	显著性(双尾)	0.000	0.605	0.049		0.008
	个案数	84	84	84	84	84
创新能力	皮尔逊相关性	0.699**	0.316**	0.236*	0.289**	1
	显著性(双尾)	0.000	0.003	0.030	0.008	
	个案数	84	84	84	84	84

注：** 在 0.01 级别（双尾），相关性显著；* 在 0.05 级别（双尾），相关性显著。

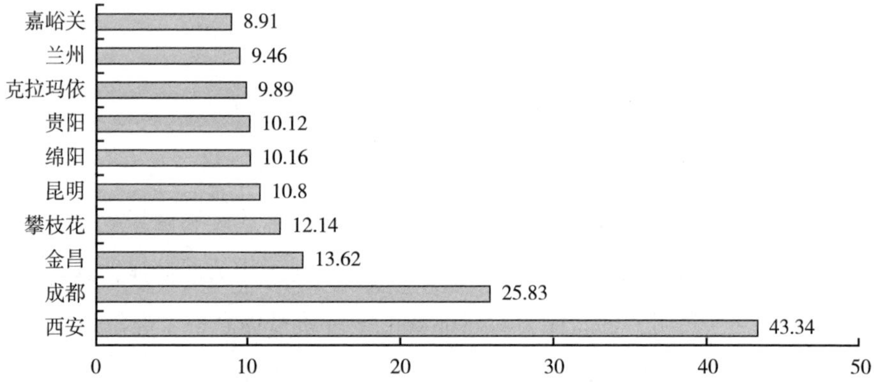

图 10　万人专利授权量排名前 10 的西部城市

3. 扩大开放是西部城市跨越式发展的可行之路

从前面对经济质量与各分项指标之间相关性的分析来看，经济开放度与经济质量的相关系数为0.538，在经济质量四个分项指标之中是相关性最小的，这并不意味着经济开放度对城市经济质量提升不重要，而意味着绝大多数城市的对外开放水平均不高。事实上，西部84市进出口额占GDP比重的平均值只有6.155%，而且只有25个城市高于平均值。这说明，对于地处边境、其他资源相对欠缺的城市而言，扩大开放便可以脱颖而出，实现跨域式发展。事实上，在经济质量指数得分排前20的城市中，防城港市便是一个以对外开放独辟蹊径，开创了一条具有自身特色的可持续发展之路的典型。在西部84个城市中，防城港市以进出口额达581.7亿元和进出口总额占GDP比重达86.05%而位居西部第一，并以0.437的得分排到了经济质量指数得分的第三位，仅次于西部传统强市西安和成都。除了防城港外，金昌、钦州、北海、崇左、普洱等中小城市也都依托地处边关的区域优势扩大开放，加速了自身经济发展（见图11）。

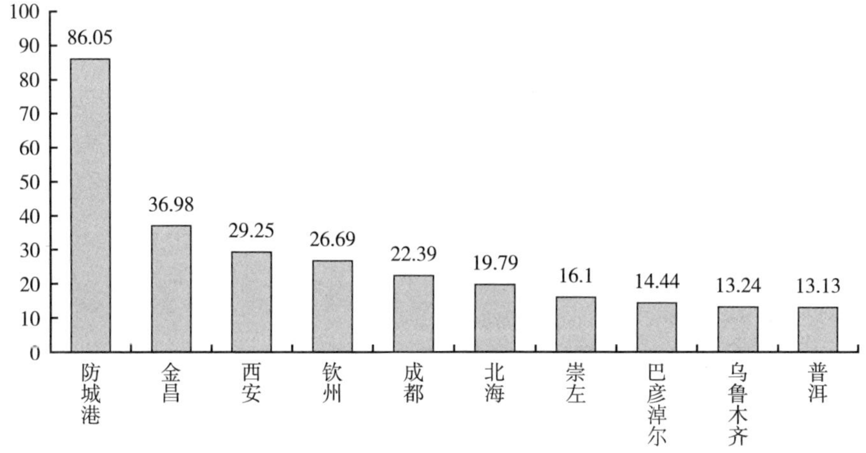

图11　进出口总额占GDP比重排名前10的西部城市

因此，依托“一带一路”和海上丝绸之路等国家开放政策，加大开放力度，加快区域经济规模、结构和质量的提升，走上跨越式发展之路是西部边关城市未来发展的捷径。

4.进一步提高公共服务水平是西部城市需要弥补的短板

从前面的分析可知，城市功能指数的第二个分项指标社会状况指数（SCI）与城市功能指数之间也具有高度正相关性，其相关系数高达

0.839。社会状况指数衡量了一个城市为居住其间的居民提供就业机会、社会保障以及公共服务的能力，可以说在一定程度上衡量了城市居民的幸福感。

西部84市的社会状况指数平均值为0.306，有36个城市高于平均值。排名第一的是克拉玛依市，得分为0.649；位居第二的是成都市，得分为0.635；位居第三的是宜宾市，得分为0.608。虽然社会状况指数比经济质量指数的得分要高一些，仍然比较低。从得分前10的城市来看，呼和浩特、乌鲁木齐、兰州、西宁和南宁等省会城市以及包头、柳州等西部经济大市都没有位列其中，而四川的宜宾市在每万人床位数、城镇常住人口参保率和城镇常住人口单位就业率等指标方面名列前茅，从而在社会状况指数方面名列西部84市的第三位。这表明提升为城市居民提供财富创造和公共服务的能力，是西部城市未来亟须补上的重要功课。

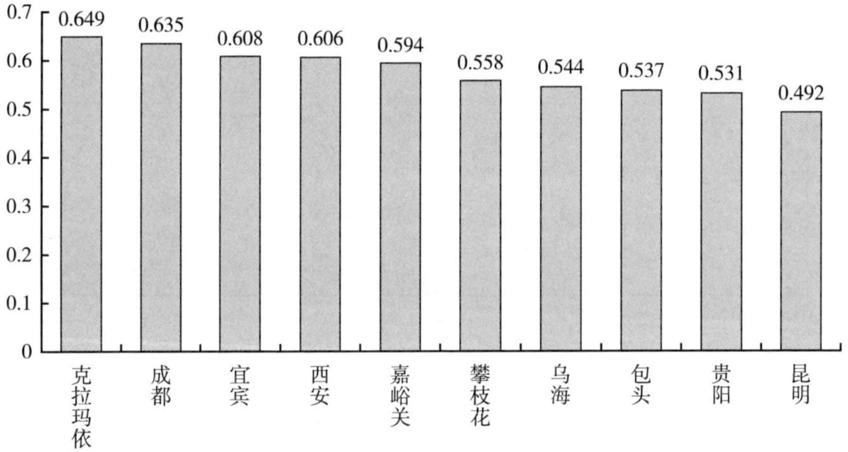

图12　社会状况指数排名前10的西部城市

（四）西部城市生态改善指数评析

生态改善指数衡量的是一个城市在发展过程中，对自然资源的消耗水平、污染排放水平以及城市为修复改善环境、增强城市宜居性所做出的努力程度。生态改善指数包括了两个部分，即资源利用指数（RCI）和生态扩容指数（ECI）。根据生态改善指数的算法和指标体系，对西部84个城市的生态改善指数进行了测算与排名。

1. 西部城市总体上还处于以资源换增长的阶段

对西部84个地级市的资源利用效率和生态扩容进行定量分析，得到了各个城市的生态改善指数得分与排名，排名前20的城市见表9。生态改善指数分值越高，说明城市发展过程中能源利用效率越较高，城市环境越宜居。

从测量结果来看，84个城市生态改善指数的平均得分为0.582，极差为0.413。如表9所示，生态改善指数排名第一的为北海市，其得分为0.702；排名第二的是乌海市，其得分为0.693；排名第三的城市是张掖市，其得分为0.681。

表9　生态改善指数得分排名前20的西部城市

城市	得分	排名	城市	得分	排名
北海	0.702	1	贵阳	0.652	11
乌海	0.693	2	贺州	0.650	12
张掖	0.681	3	遵义	0.648	13
昆明	0.676	4	广安	0.648	13
广元	0.671	5	绵阳	0.644	15
武威	0.660	6	呼伦贝尔	0.640	16
玉林	0.660	6	桂林	0.639	17
保山	0.658	8	成都	0.634	18
临沧	0.657	9	丽江	0.631	19
通辽	0.654	10	曲靖	0.629	20
84城市平均得分		0.582	84城市得分极差		0.413

如表9和图13所示，在生态改善指数排名前10的城市中，只有昆明一个省会城市，排名前20的省会城市也只增加了贵阳和成都。由此可以看出，西部城市发展过程中，要将提高资源利用效率、修复被损害的环境和扩大环境的生态容量放到重要位置。

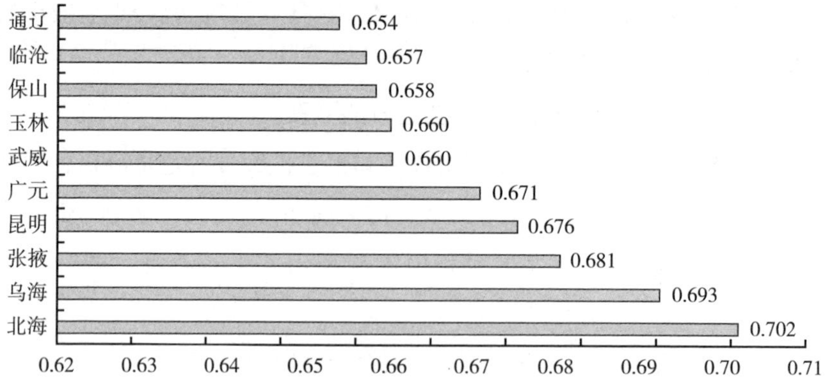

图 13　生态改善指数得分排名前 10 的西部城市

2. 西部城市在资源利用效率方面有了明显的进步

资源利用效率（RCI）是西部城市可持续发展所有分指标中得分最高的指标，其平均值为 0. 809，有 46 个城市高于平均值。如图 14 所示，排名第一的为成都市，其得分为 0. 951；排名第二的城市为遂宁市，其得分为 0. 948；排名第三的城市为北海市，其得分为 0. 947。这表明，近几年国家强制推行节能减排战略，推动环境治理与修复工作取得了显著效果。

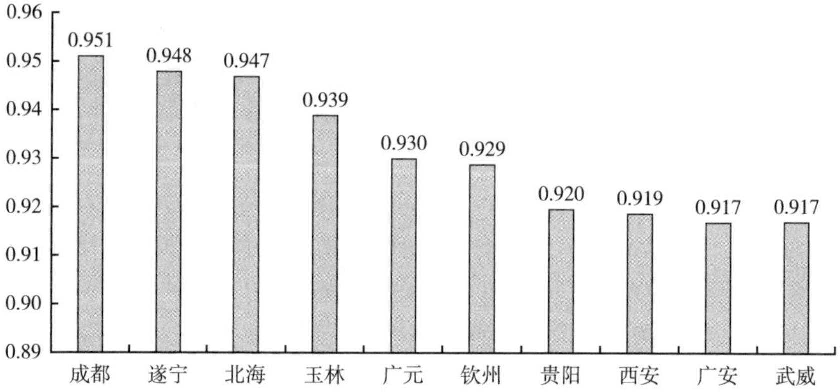

图 14　资源利用效率指数排名前 10 的西部城市

但是，在资源利用效率指数排名前 10 的城市中，只有成都、贵阳和西安三个省会城市，而且传统的工业城市和资源城市，如包头、克拉玛依、攀枝花等得分相对较低。这表明，在进一步节能减排、降低能耗水平以及发展绿色产业方面，西部城市仍需继续努力。

3. 西部城市提高生态改善水平需要进一步扩充环境容量

对生态改善指数与其两个分项指标之间的相关性进行分析（见表10），资源利用指数和生态扩容指数与生态改善指数之间均呈现显著的正相关关系，尤其是生态扩容指数，其相关系数为0.819。这表明，在当前西部城市发展中，生态扩容指数对于城市可持续发展具有较强的影响力。事实上，西部很多城市致力于建设良好的城市居住环境，从而变成了宜居城市。其或者拥有良好的空气质量，或者拥有优美的建成区环境，或者拥有充裕的公园绿地空间，从而使生态改善指数排在了前列。如图15所示，生态扩容指数排在前10的城市，除了攀枝花、乌海和金昌三个以矿产资源为主导产业的城市外，其他城市全部是以风景旅游产业为主导的城市。

表10　生态改善指数与两个分项指标的相关性分析

		生态改善指数(EII)	资源利用指数(RCI)	生态扩容指数(ECI)
生态改善指数(EII)	皮尔逊相关性	1	0.317**	0.819**
	显著性(双尾)		0.003	0.000
	个案数	84	84	84
资源利用指数(RCI)	皮尔逊相关性	0.317**	1	-0.252*
	显著性(双尾)	0.003		0.021
	个案数	84	84	84
生态扩容指数(ECI)	皮尔逊相关性	0.819**	-0.252*	1
	显著性(双尾)	0.000	0.021	
	个案数	84	84	84

注：** 在0.01级别（双尾），相关性显著；* 在0.05级别（双尾），相关性显著。

城市可持续发展的内涵是人、城市和环境三者都要可持续，因此节能减排的目的不是限制发展，而是绿色发展。但是从资源效率指数和环境扩容指数得分在前10位的城市名单来看，没有一个城市同时出现在两个排行榜上，

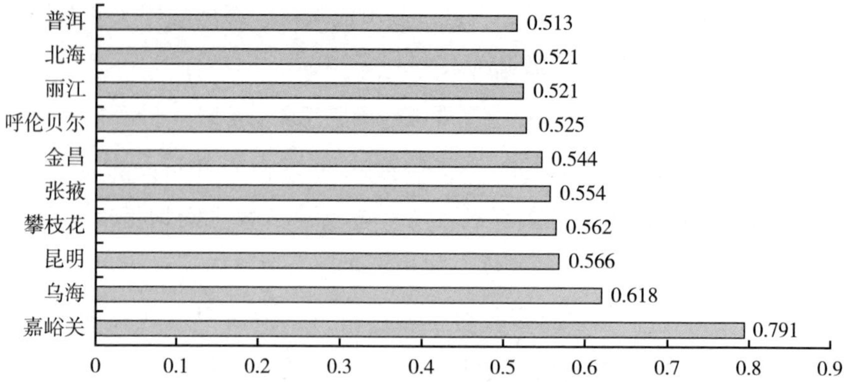

图 15　生态扩容指数排名前 10 的西部城市

这表明，要想继续提高城市环境发展的可持续能力，实现“绿水青山就是金山银山”的伟大目标，西部城市应该在继续降低能源消耗水平、减少对生态环境污染破坏的基础上，更进一步扩充环境容量，营建良好的城市生态环境。

（五）西部城市可持续发展模式分析

为了进一步剖析西部城市在可持续发展道路上展现出的特色，本研究对西部城市可持续发展模式进行了分析，构建了发展指数（DI）和生态指数（EI）两个指标①：以 DI 得分作为纵坐标，以 EI 得分作为横坐标；以 DI 和 EI 各自的均值作为原点，将西部 84 个城市归入不同的象限中，可以得到四种不同的可持续发展模式（见图 16）。

1. 第一类：高发展高生态模式

第一象限是高发展高生态模式。这一模式中，DI 和 EI 的得分均高于 84 市的均值，意味着落入此象限的这些城市在社会经济发展与生态文明建设之间取得了相对协调，社会经济的高速发展和生态环境的良性改善实现了绝对

① 发展指数（DI）由人类发展指数和城市功能指数合成而来，生态指数（EI）由生态改善指数（EII）改造而来。

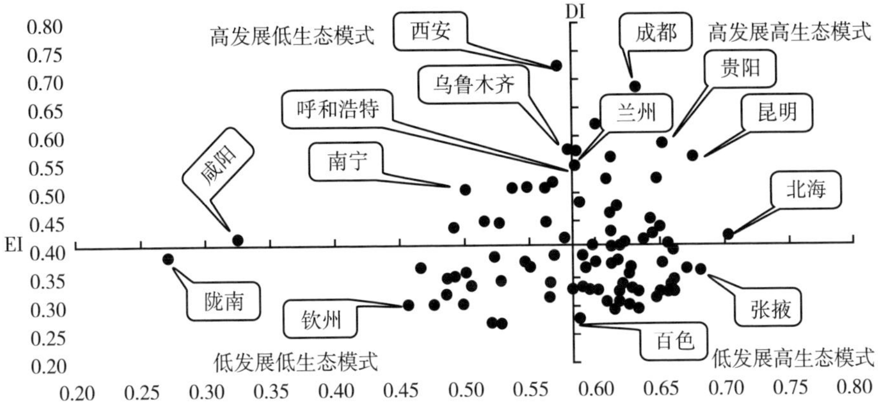

图 16　西部 84 城市可持续发展模式分类

脱钩。① 成都、包头、贵阳等 21 个城市落入了第一象限。高发展高生态模式占据了 84 个城市的 1/4，这表明在西部城市发展过程中，越来越多的城市意识到城市可持续发展是需要“两手抓两手硬”的，社会经济发高速增长和生态环境的持续改善必须同时坚持。从 21 个城市的区域分布来看，内蒙古有五个城市，四川和甘肃有四个城市，贵州有两个城市，云南、新疆和陕西各有一个城市，宁夏零个城市。这表明，实现西部城市的可持续发展还任重道远。

2. 第二类：高发展低生态模式

第二象限是高发展低生态模式。落入比象限的城市，其 DI 得分高于 84 市均值，而 EI 得分低于 84 市均值，这表明其社会经济发展水平相对较高，而生态建设水平相对较低。这可能包含两种情况：一是在追求城市经济发展的高速过程中忽视了生态环境建设；二是为了追求城市经济发展水平，牺牲了环境质量。前一种情况只是说明生态环境建设滞后，在今后的发展过程中要平衡社会经济与生态环境建设；而后一种情况则意味着当前的城市发展取

① 脱钩（decoupling）理论是经济合作与发展组织（OECD）提出的描述阻断经济增长与资源消耗或环境污染之间联系的基本理论。碳排放脱钩是经济增长与温室气体排放之间关系不断弱化至消失的理想化过程，即在实现经济增长的基础上，逐渐降低能源消费量。

向是不正确的，必须转变城市发展道路。

在西部84个城市中，西安、乌鲁木齐、银川等13个城市落入了第二象限，因此这些城市属于高发展低生态模式。这表明这些城市需要在今后进一步加强生态文明建设，促进环境改善与城市发展。

3. 第三类：低发展低生态模式

第三象限是低发展低生态模式，即DI和EI的得分均低于84市的均值，意味着落入此象限的城市，社会经济发展和生态文明建设均处于相对较低水平。这类城市可能有两种情况：一是一些城市尚处于城市发展的初级阶段，社会经济建设和生态文明建设都处于较低水平，这类城市可能具有后发优势；二是一些城市可能经历过高度经济发展，但由于经济发展是用牺牲生态环境而换得的，随着资源的衰竭或者城市产业的衰退，城市经济发展停滞了，而生态环境没有恢复，很多陷入“资源诅咒”的城市便属于此类。

在西部84个城市中，梧州、石嘴山、六盘水等19个城市落入了这一象限，这些城市在可持续发展道路上还需要积极进取，砥砺前行。

4. 第四类：低发展高生态模式

第四象限是低发展高生态模式，即DI的得分低于84市的均值，而EI高于84市的均值，其意味着这些城市的社会经济发展水平相对较低，但生态文明建设水平较高。这类城市可能有两种情况：一是一些城市可能尚处于城市发展的初期，如一些新兴城市，社会经济的发展高起步，对生态环境的破坏较少；二是一些城市可能其依赖旅游、文化、贸易等服务性产业，但由于地处偏远地区，这些产业带来的收益不高，因而城市经济发展水平相对较低。

在西部84个城市中，酒泉、赤峰、武威等31个城市属于这种低发展高生态模式。超过1/3的城市属于这种发展模式，表明在西部城市可持续发展过程中，大部分城市社会经济发展不够充分，甚至还处于尚未开发的初级发展阶段，这些城市需要在今后充分掌握把良好的环境资源转变成经济发展动力的方法，真正实现“绿水青山就是金山银山”。

三 进一步提高西部城市可持续发展水平的建议

从前面的分析可以看出，西部城市在可持续发展建设上还需要进一步努力，尤其是城市功能建设还非常欠缺。本文认为，西部城市应从以下几个方面努力。

（一）扩大普惠教育，提升高等职业教育

从前面对西部城市人类发展指数的分析可以看出，西部城市在高中阶段和大学阶段的入学率差距非常大，尤其是西南地区人口相对密集的云贵等省的城市，高中教育需要进一步普及。但由于这些地方又是相对贫穷落后的边远地区，建议争取国家的扶持，扩大普惠教育的规模，将高中教育也纳入义务教育范畴。

高等学校入学率低是西部城市面临的共同难题，最高的陕西省才40%以上，其他省市才30%左右。我国进入工业化中后期阶段，产业结构转型需要更多接受过高等职业教育的高素质人才，因此对于西部地区而言，应该积极推进高等职业教育建设，鼓励政府、社会、企业、民间多方投资、共同办学，将高等职业教育作为西部地区今后发展的重点。

（二）加强科研投入，提高区域创新能力

西部城市功能建设得分相对较低，尤其是经济质量指数，平均得分才0.190。经济发展的不平衡和严重不足，是西部城市尤其是西部边远城市面临的巨大难题。只有发展具有地区特色的技术含量高的特色产业，培育地域标志的特色产品，才能在全球价值链中占有一席之地，才能促使城市走上经济发展、社会和谐、环境友好的可持续发展道路。而这一切都依赖于西部城市区域创新能力的提升。因此，加大政府科研投入、鼓励和吸引民间资金进入区域创新环节、留住和吸引科研人才、加强与其他城市合作开展科学研究、提升区域科研能力、培育区域品牌、发展区域特色产业是西部城市经济发展的关键。

（三）融入国家战略，提升区域开放水平

在西部城市中，有许多边境城市抓住了国家扩大开放的契机，努力发展外向型经济，走上了跨越式发展之路，最典型的城市是广西的防城港，其对外开放度达到了86.05%，位居西部第一。西部城市应努力融入“一带一路”倡议，扩大开放规模。在日趋保守的国际贸易环境中，西部地区应努力吸取东部地区开放的经验和教训，不能仅以吸引外来投资和产业为开放的重点，而应努力“走出去”，积极发展互惠贸易和服务业开放，避开国际贸易壁垒。提升服务业开放水平，如教育、医疗、物流等，根植于当地经济，走一条独辟蹊径的根植性开放之路。

（四）共享医疗资源，提高公共服务水平

西部城市在公共服务建设方面，医疗服务尤其滞后，远远不能满足城市居民的基本需求。医疗需要大量投入，而西部城市经济发展水平不高，政府收入有限，因此，需要加大吸引社会资本进入的力度。医疗服务关系到人民群众的基本健康和生存权，不能以赢利为目的，制约了民间资金的投资欲望。在这种情况下，西部城市需要整合起来，与区域内其他城市，尤其是医疗产业相对发达的成都、西安等大城市协调医疗共建服务。西部城市医疗服务水平的提高，应从三个方面着手。第一，建立西部城市医疗共享协调机制。城市之间医疗资源共享，大中小城市互动。一方面建立疑难病人绿色通道，另一方面由大城市为中小城市培训优质医疗人员。第二，吸引民间资本发展特色医疗服务。对于有特殊需求愿意支付相对高额费用的病人，应鼓励民间资本进入。第三，建议鼓励优质医疗人员自由流动，同时提高普惠医院医疗人员的补贴，从而形成高福利高稳定性的公立普惠医院和低稳定性高收入的民间医院共生的医疗环境，提升医疗从业人员积极性和医疗服务水平。

（五）挖掘特色资源，转变经济发展模式

从前面的分析可知，虽然西部城市经济发展相对滞后，但是西部有31

个城市处于低发展高生态模式中，引导这些城市实现“绿水青山就是金山银山”的目标至关重要。可持续发展的目标是发展养老休闲旅游产业、特殊植物培育产业、特色资源深加工产业等高附加值低污染、高特色低同质化的产业，避免走上其他城市以环境换发展的老路。围绕优美的环境资源，发展人与自然和谐共生的产业，是这些西部城市未来一段时间里共同的议题。

B.7
市场分割视角下的四川城市群发展

吴振明*

摘　要： 市场分割现象普遍存在，是当前我国城市群发展的主要障碍。四川省四大城市群正处于形成的关键期，亟须打破市场分割、推动市场整合。相对价格法是目前衡量市场分割程度的主流方法。对四川省的分析表明：城市间市场分割程度处于波动状态，变化的趋势与经济增速和城镇化率增速一致；近年来，在经济增长下行压力下，各城市间的市场分割程度进入新一轮上升期；四大城市群中，川南城市群因四个城市竞争激烈，市场分割程度长期处于较高水平，成都平原城市群则进入了稳定期。因此，进一步明确政府功能定位、完善基础设施、提高制度供给质量，是当前推动四川城市群发展的重点。

关键词： 城市群　市场分割　四川

一　引言

在四川省快速城镇化和工业化的过程中，人口和生产要素向特定区域集中的趋势日益明显，地理位置接近、规模不同、功能互补的多个城

* 吴振明，博士，四川省社会科学院区域经济与城市发展研究所副研究员，主要研究方向为区域经济。

市，在市场机制的作用下聚合而成的城市群，逐渐成为区域发展和四川参与全球、全国竞争的主要空间载体，全省正在以“五大板块”为主的区域战略逐步向城市群调整。在国家层面，从“十一五”规划至“十三五”规划，以及《国家新型城镇化规划》都明确指出将城市群作为推进城镇化的主体形态；在四川省层面，“十一五”时期提出发展“三大城市群”，2007 年省委九届四次全会提出重点发展四大城市群推进新型城镇化，2015 年实施的《四川省新型城镇化规划（2014—2020 年）》将四大城市群作为全省城镇化发展的主体形态。城市群的快速崛起成为近年来四川区域发展最为突出的特征，以城市群为核心的区域发展格局正在形成。

从理论上看，提升经济效率是城市群形成的关键机制。现有研究表明，当经济活动在特定空间集聚，比如集中于地理位置邻近的城市，会通过基础设施共享、知识溢出和学习、提高劳动力与岗位的匹配度等机制，产生集聚效应，进而提高经济运行效率。所以，城市群是经济活动集聚的产物。从城市群内部看，城市间交流与合作的加强，本质是分工的深化和市场的扩张，资源在更大的范围内寻求更合理的配置，由此形成我们通常所说的“1 + 1 > 2”的效应。

可以看出，城市群形成和发展的前提条件，是城市间的市场整合，确保要素和产品的自由流动。然而，我国普遍存在的市场分割，成为城市群发展的主要障碍。由于地方保护通常在短期有利于地区经济增长，单一城市的政府出于本行政区利益最大化的“理性选择”，倾向于采用地方保护手段，获取短期收益，但是这会造成城市群整体发展的无序和恶性竞争。城市群发展只有顺应市场规律而为，推动城市间交流合作，打破市场分割，才能发挥城市群的整体优势。四川省城市群正处于加快形成的关键期，掌握城市间市场分割的状态，有针对性地强化城市间的市场整合，对于推进四川省城市群发展意义重大。基于此，本文从市场分割视角，分析四川省四大城市群发展的现状和问题，并提出有针对性的对策建议。

二　市场分割指数计算方法

1. 关于市场分割

对于市场分割，通常有两种理解方式：一是理解为一种行为，与市场整合相对，主要是指采用非市场手段，限制本地要素和商品流入或流出本地市场的行为；二是理解为一种状态，与一体化市场相对，主要用于描述要素和商品不能在市场间自由流动的市场格局。比较来看，基于行为的理解侧重于过程，强调造成市场分割的手段；而基于状态的理解侧重于结果，偏向于对市场格局的客观描述。从市场分割的形成原因来看，我们认为既有非市场因素，也有市场因素。产品的市场范围，在没有非市场因素的影响下，也会由于该产品的生产成本、运输成本、消费习惯等因素，而形成区域性市场。所以，我们认为基于行为的理解过于强调限制行为，而忽略了市场分割形成的市场因素；而基于状态的理解，能够更加准确地把握市场分割的内涵。

总体来看，形成市场分割的原因有三类。一是自然因素，由于地域间的分隔，不同地区的市场总存在着差异，比如由于空间距离产生的运输成本，就成为不可避免的市场分割因素。二是市场因素，由于产品特性、厂商行为、市场结构等因素，都会形成特定的市场范围，在这些因素的作用下，也会形成市场分割，比如具有垄断地位的厂商可能采取价格手段，限制其他厂商进入本地市场。三是政府行为，政府可以采取行政措施，限制本地要素和产品的流出或流入，使市场形成分割状态。

我国最为关注政府行为造成的市场分割，所以多数研究中的市场分割指政府行为导致的市场分割，主要考察政府因素对市场分割的影响程度。

2. 计算方法

基于对市场分割的理解，市场分割程度通常通过构造市场分割指数（MFI）来衡量，构造的主流方法有生产法、贸易法和相对价格法，相比较而言，相对价格法具有更可靠的理论基础和更直接反映区域市场分割程度的优势。价格法以“冰川成本”模型为理论基础，通过观察商品市场相对价格变动来反映市场分割程度。本文参照陈敏、桂琦寒、陆铭等人的做法，构造市场分割指数（MFI）。

首先，计算相邻区域同类商品的相对价格 $|\Delta Q^{s}_{mnt}|$，m 和 n 为两个区域、t 为时间、s 为商品种类，计算公式为：

$$|\Delta Q^{s}_{mnt}| = |\ln(P^{s}_{mt}/P^{s}_{nt}) - \ln(P^{s}_{mt-1}/P^{s}_{nt-1})|$$

然后，采用去均值法去除与特定种类商品相联系的固定效应，计算方法为：

$$q^{s}_{mnt} = |\Delta Q^{s}_{mnt}| - \overline{|\Delta Q^{s}_{t}|}$$

其中，q^{s}_{mnt} 为去除固定效应后的相对价格变动部分，$\overline{|\Delta Q^{s}_{t}|}$ 为第 t 年商品 s 多组相邻区域相对价格变动的平均值。对每个区域按年份计算多种商品相对价格变动的标准差 $Var(q^{s}_{mnt})$，$Var(q^{s}_{mnt})$ 即为两两区域间的市场分割程度。通过 $Var(q^{s}_{mnt})$ 合成区域的市场分割指数，合成方法为求取多组区域 $Var(q^{s}_{mnt})$ 的均值，市场分割指数越大说明该地区由于市场分割因素和随机因素导致的价格波动范围越大，则市场分割程度越大。

三 四川省主要城市市场分割指数计算与分析

1. 数据选择和处理

在数据选择上，本文采用历年《四川统计年鉴》中各市（州）城市商品零售价格指数（见附录 1），包括 2000～2017 年分布于四大城市群的 12 个市（州）的 13 类商品，构成了时间、区域和商品种类的三维（18×12×13）面板数据。

数据选择和处理原则如下：（1）在 2009 年之前，《四川统计年鉴》仅报告了成都市、泸州市、南充市、自贡市、乐山市、广元市、绵阳市、内江市、西昌市、攀枝花市等 10 个城市的商品零售价格指数，从 2009 年开始加入达州市、眉山市，2016 年开始报告所有市（州）的数据，为了保持数据的完整性和连续性，2000～2008年采用10个城市的数据计算，2009～2017年采用12个城市的数据计算。（2）商品种类包括了历年《四川统计年鉴》统计口径未发生改变的13类商品：食品类、饮料烟酒类、服装鞋帽类、纺织品类、中西药品类、化妆品类、书报杂志类、文化体育用品类、日用品类、家用电器类、首饰类、燃料类、建筑材料类。[①]（3）各城市两两一组，共计66组。本文采用STATA14.0处理数据，所得66组城市间市场分割指数详见附录二。

2. 分析结论

（1）全省城市市场分割程度与城市发展趋势相一致

得到代表性城市市场分割指数后，考察四川省城市间市场分割程度的走势。[②] 总体来看，2000～2017年，四川省城市间市场分割程度处于反复波动之中，市场分割指数最大值为2011年的0.029，最小值为2007年的0.014。从变化趋势来看，大致可以划分为三个阶段：一是2000～2007年的下降阶段，从2000年的0.027振荡下降至2007年的0.014；二是2008～2011年的上升阶段，从2008年的0.021上升至2011年的0.029；三是2012～2017年的震荡回升阶段，2012年开始快速下降至2013年的0.017后，又上升至2017年的0.027。

结合四川省经济增长和城镇化进程来看，市场分割程度与经济增长周期和城镇化速度有着较为一致的波动规律。市场分割指数下降的阶段，也就是市场整合程度提高时，一般也是经济加速增长和城镇化率加速提升阶段，如2000～2007年，市场分割指数下降至0.014的最低水平，同一时期，经济增速也从2000年的8.5%上升至2007年14.5%的高点、城镇化率从年均提高1个百分点加速至年均提高约2个百分点。市场分割指数上升的阶段，

① 部分商品种类统计口径在2003年发生了改变，本文近似为同类商品，包括："中西药品类"调整为"中西药品及医疗保健用品类"，"书报杂志类"调整为"书报杂志及电子出版物类"，"文化体育用品类"调整为"文化办公用品类和体育娱乐用品类"，"家用电器类"调整为"家用电器及音像器材类"，"首饰类"调整为"金银珠宝类"，"建筑装潢材料类"调整为"建筑材料及五金电料"。

② 以所有城市的市场分割指数均值作为全省城市市场分割指数。

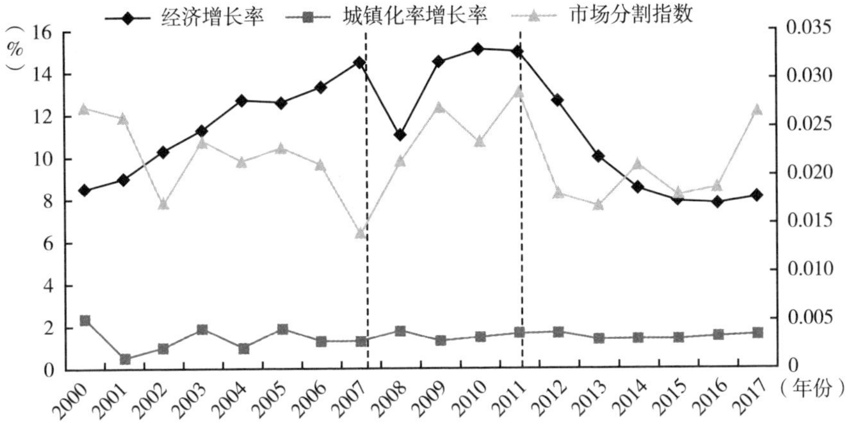

图1　2000～2017年四川省全省城市间市场分割程度、经济增长率、城镇化增长率变化情况

资料来源：市场分割指数为本文计算得来；经济增长率来源于《四川省统计年鉴》；城镇化率增长率依据《四川省统计年鉴》城镇化率数据计算得来，计算方法为：城镇化率增长率＝本年城镇化率－上年城镇化率。

也就是地方保护加强时，一般也是经济增速和城镇化进程放缓的阶段，比如2012～2017年间，市场分割指数在波动中趋于上升，这一时期的经济增速不断放缓，从2012年的12.6%下降至2017年的8.1%，同期城镇化率也从年均约增长1.7个百分点下降至年均约增长1.4个百分点（见图1）。目前已有的研究表明，市场分割不利于经济长期增长和城镇化的发展。

（2）近期城市发展压力导致市场分割加剧

从单个城市的市场分割程度来看，2000～2017年间，市场分割程度最小的城市为攀枝花和眉山，两个城市多年平均市场分割指数为0.020；市场分割程度最高的城市为自贡和乐山，多年平均市场分割指数为0.024。各城市的市场分割程度都呈现明显的波动，而且上升和下降的趋势基本一致。在2000～2017年，市场分割程度波动最大的城市为乐山，市场分割指数最大值为2005年的0.040，最小值为2007年0.012，市场分割指数的标准差达到了0.008。

2017年，与前五年相比，所有城市的市场分割程度都出现了较大幅度的提高，如南充的市场分割指数上升至0.038、泸州上升至0.035，在过去五年间，这两个城市的市场分割指数平均值仅为0.019和0.017。我们推测，在经济下行和城镇化增速趋缓的压力下，各城市强化了有利于短期增长的地方保护手段，加剧了城市间的竞争，弱化了要素和产品的自由流动，引起市场分割程度的提高。

表1　2000～2017年四川省主要城市市场分割指数

年份	成都	泸州	南充	自贡	乐山	达州	广元	绵阳	内江	西昌	攀枝花	眉山
2000	0.023	0.021	0.031	0.039	0.036	—	0.022	0.024	0.023	0.028	0.024	—
2001	0.025	0.023	0.024	0.024	0.028	—	0.023	0.034	0.026	0.028	0.024	—
2002	0.017	0.020	0.017	0.017	0.020	—	0.013	0.015	0.017	0.019	0.016	—
2003	0.025	0.033	0.018	0.023	0.029	—	0.021	0.021	0.027	0.020	0.020	—
2004	0.018	0.030	0.020	0.019	0.022	—	0.017	0.020	0.029	0.020	0.020	—
2005	0.021	0.020	0.018	0.023	0.040	—	0.018	0.021	0.025	0.024	0.019	—
2006	0.020	0.017	0.019	0.026	0.025	—	0.019	0.019	0.031	0.017	0.018	—
2007	0.012	0.015	0.013	0.015	0.012	—	0.013	0.015	0.015	0.015	0.014	—
2008	0.018	0.019	0.021	0.030	0.021	—	0.018	0.024	0.020	0.021	0.021	—
2009	0.035	0.021	0.022	0.026	0.037	0.029	0.022	0.031	0.029	0.022	0.027	0.024
2010	0.027	0.018	0.022	0.029	0.020	0.022	0.032	0.025	0.024	0.020	0.020	0.022
2011	0.026	0.023	0.031	0.028	0.025	0.036	0.033	0.021	0.026	0.041	0.025	0.030
2012	0.019	0.017	0.018	0.016	0.018	0.017	0.019	0.022	0.016	0.023	0.016	0.017
2013	0.014	0.018	0.015	0.017	0.015	0.014	0.017	0.022	0.022	0.019	0.014	0.014
2014	0.018	0.016	0.020	0.018	0.019	0.027	0.026	0.023	0.018	0.024	0.025	0.020
2015	0.015	0.019	0.014	0.019	0.017	0.016	0.018	0.017	0.015	0.030	0.018	0.015
2016	0.017	0.016	0.031	0.025	0.016	0.014	0.016	0.016	0.020	0.020	0.016	0.016
2017	0.026	0.035	0.038	0.028	0.026	0.021	0.024	0.026	0.027	0.026	0.021	0.022
均值	0.021	0.021	0.022	0.024	0.024	0.022	0.021	0.022	0.023	0.023	0.020	0.020
标准差	0.006	0.006	0.007	0.006	0.008	0.008	0.005	0.005	0.005	0.006	0.004	0.005

（3）城市间市场分割程度分析

从四川城市两两之间的关系来看，2000～2017年，泸州与眉山的市场分割程度最低，市场分割指数平均值为0.017；而市场分割程度最高的城市为乐山与自贡，这两个城市间的市场分割指数平均值为0.030。2017年，各城市间的市场分割指数都出现了大幅度的提高，比如泸州和南充之间，2016年市场分割指数为0.023，2017年上升为0.061，城市间市场分割程度的提高不利于城市群的形成和发展，需要警惕。

成都作为全省中心城市，与各城市之间的市场分割指数分布在0.021左右，与成都分割程度最低的城市为广元，市场分割指数平均值为0.019；与成都分割程度最高的城市是南充、自贡、乐山，市场分割指数平均值均为0.024。2017年，除了成都与西昌的市场分割指数从2016年的0.018下降至0.016外，与其他所有城市间的市场分割指数都出现了上升，如成都与泸州之间由2016年的0.017上升至2017年的0.034。从目前观察来看，成都与四川省其他城市之间的竞争仍然大于合作，生产要素向成都集聚的总体趋势未发生改变，而在经济增长压力加大的背景下，除成都外的其他城市仍然倾向于采取地方保护手段，将生产要素留存在本地；成都也采取措施减少因扩散效应导致的生产要素外流。从短期来看，这些措施无疑将有利于本地的经济增长，但是从整体来看，却降低了资源配置效率，并不利于全省的经济增长以及各地长期的经济增长。在趋紧的外部环境下，各城市之间的市场分割陷入了“囚徒困境”。

（4）城市群市场分割程度分析

从四川省四大城市群来看，2000~2017年间，川东北城市群平均市场分割指数最低，仅为0.016；成都平原城市群、攀西城市群为0.021；川南城市群最高，为0.022。虽然川东北城市群的多年平均市场分割指数较低，但是近年出现了明显的上升趋势，近两年开始高于其他城市群。2016年川东北城市群市场分割指数位居首位，2017年仅次于川南城市群，市场分割指数的升高可以反映出川东北城市群内部竞争日趋激烈的趋势。近年来市场环境的恶化，可能也是川东北城市群发展相对滞后的重要因素。

相比于其他城市群，川南城市群的市场分割程度长期处于较高水平，这一方面是因为川南城市群 4 个城市的同质性导致了激烈的区域竞争，另一方面是因为川南城市群市场一体化进程较为缓慢，市场分割已经成为制约川南城市群发展的瓶颈。成都平原城市群和攀西城市群市场分割程度较为稳定，成都平原城市群以成都为中心，已经形成了相对成熟的市场体系和结构，但是进一步整合市场是成都平原城市群提升发展质量和国际竞争力的重点；攀西城市群结构相对简单，只涉及攀枝花和西昌两个中型城市的关系，二者总体保持着稳定的市场联系，不过要进一步发挥攀西城市群的潜力，核心还是打破市场分割促进两个核心城市融合发展。

表 2　2000 ~ 2017 年四川省城市群市场分割指数

年份	成都平原城市群	川南城市群	川东北城市群	攀西城市群
2000	0.026	0.027	0.015	0.025
2001	0.027	0.023	0.011	0.025
2002	0.016	0.017	0.008	0.017
2003	0.023	0.026	0.008	0.018
2004	0.019	0.025	0.009	0.019
2005	0.026	0.021	0.008	0.020
2006	0.019	0.023	0.008	0.015
2007	0.012	0.014	0.006	0.014
2008	0.020	0.022	0.010	0.020
2009	0.032	0.025	0.024	0.025
2010	0.023	0.024	0.025	0.020
2011	0.026	0.026	0.033	0.033
2012	0.019	0.016	0.018	0.019
2013	0.016	0.019	0.015	0.016
2014	0.020	0.017	0.024	0.025
2015	0.016	0.018	0.016	0.024
2016	0.016	0.020	0.021	0.018
2017	0.025	0.030	0.028	0.023

注：计算方法为取城市群代表性城市的市场分割指数均值。

四 对策建议

现有研究表明，市场分割与城市经济效率之间为非线性关系，一定程度的市场分割有利于城市经济效率提高，但是当达到某一临界值后，将不利于城市经济效率的继续提升。其原因在于市场分割有利于单个城市短期的经济增长，但是不利于整体和长期的经济增长。而城市经济效率提升是城市群形成和发展的关键，所以如何看待市场分割将决定城市群的发展轨迹。与单一城市不同，城市群是多个城市的集合，促进城市群形成和发展的目的是寻求“1+1>2”的合作效应，所以从城市群角度来看，整合市场、降低市场分割程度是支持城市群发展的不二选择。目前，四川省可以从如下几个方面推动市场整合。

1. 创新和完善政府调控方式，恰当确定地方政府在城市群发展中的作用

从本质上讲，城市群是以市场联系为基础的城市集合，市场作用、政府引导密不可分。四川省城市间的市场分割，很大程度上源于地方政府未能清晰定位在城市群发展中的作用，将城市群建设等同于基础设施建设、本地经济增长，过于强调本地利益，限制要素和产品自由流动，阻碍市场机制发挥作用。四川省在城市群发展中，应创新和完善政府调控方式，防止政府“越位”与“缺位”。

一方面，地方政府确保“不越位”，尽量减少限制要素和商品流动的政策和措施，避免对市场的直接干预，确保市场机制在配置资源中发挥决定性作用。另一方面，地方政府要补齐“缺位”，发挥好政府的规划引导作用，依据自身的资源禀赋、地理区位、产业基础，制定和实施好城市群发展规划，调整和优化城市功能及生产力布局；健全城市利益协调机制，在省级层面建立城市群间的利益协调机制、在市级层面建立城市群内部利益协调机制，确保在城市群发展中实现利益共享。

2. 进一步完善基础设施，为市场一体化提供基础保障

建设基础设施是降低交易成本的重要手段，也是促进市场整合的直接和

有效措施。四川省城市群市场整合，需进一步提高基础设施水平。一是进一步完善交通基础设施，以骨干铁路、公路为主体，形成城市群之间的交通大通道，特别是要加快高速铁路的发展，使高速铁路成为未来联系城市群的重要通道；以城际铁路、高速公路等快速交通作为城市群内部的主要通道，不断提高交通运输的可达性和便捷性。二是推进以5G为代表的新一代信息基础设施建设，以信息基础设施更新带动新型业态发展，突破传统业态的市场分割状态。三是补齐基础设施短板，提高基础设施保障质量。全省基础设施投资应向城市群中基础设施相对落后的城市倾斜，重点关注教育、医疗等长期投入不足领域的基础设施建设，加强不同城市间基础设施的对接，更加高效地利用基础设施。

3. 提高制度供给质量，建立城市群发展的制度体系

制度是造成市场分割的重要因素，构建相应的制度体系是形成一体化市场的根本保障。在正式制度方面，四川省需根据城市群发展要求，制定和完善相关法律，规范市场主体行为，保证公平竞争；严格执行已有法律，杜绝法律执行中的“地域歧视”现象，为消除市场分割塑造公平、公正的法律环境；建立城市间协调制度，增强各类指导意见、合作协议等文件的约束力。非正式制度方面，在尊重地方特色的同时，加强城市间文化、习俗等方面的认同，促进市场的融合。

附录1　2000～2017年四川省主要城市商品零售价格指数

纺织品类												
年份	成都市	泸州市	南充市	自贡市	乐山市	达州市	广元市	绵阳市	内江市	西昌市	攀枝花市	眉山市
2000	100.00	97.20	99.10	100.10	100.70		99.40	101.00	99.20	99.80	100.00	
2001	99.70	99.70	99.10	100.40	100.60		100.10	100.00	100.00	100.00	100.10	
2002	99.40	102.10	98.80	100.20	99.20		99.10	99.20	99.90	97.10	100.00	
2003	101.13	94.34	101.01	100.53	101.40		100.36	99.97	100.00	99.10	100.00	
2004	98.88	98.87	99.63	105.07	100.60		100.45	101.61	100.00	100.93	100.26	
2005	94.37	100.90	96.36	100.21	99.36		100.05	96.74	100.00	100.37	100.43	
2006	99.90	100.40	98.20	100.40	100.50		99.90	99.90	98.00	100.00	100.00	
2007	100.74	99.57	100.62	102.29	99.16		101.01	100.00	101.76	99.52	100.19	

续表

纺织品类												
年份	成都市	泸州市	南充市	自贡市	乐山市	达州市	广元市	绵阳市	内江市	西昌市	攀枝花市	眉山市
2008	100.66	96.30	97.12	104.62	101.09		100.00	102.26	101.74	95.41	100.26	
2009	88.01	100.42	99.58	107.19	98.91	96.70	99.73	110.51	97.78	101.14	100.22	99.88
2010	95.47	100.73	103.35	105.92	99.16	95.94	96.39	95.34	97.75	97.82	100.16	102.97
2011	98.2	103.6	110.1	96.9	107.6	107.5	95.8	104.9	106.3	90.0	103.7	111.4
2012	101.70	97.25	100.29	95.79	97.28	100.27	100.39	103.41	99.88	91.58	98.40	100.82
2013	101.73	98.77	99.92	106.37	101.15	105.13	98.97	107.77	99.36	100.15	99.50	101.56
2014	100.28	100.00	101.99	106.07	103.09	109.68	100.05	101.43	99.04	99.74	100.00	100.52
2015	99.62	100.00	101.35	95.12	101.06	98.96	101.50	100.99	100.15	99.93	100.00	99.92
2016	100.00	100.00	98.08	92.85	101.33	98.01	100.01	100.00	99.54	100.00	100.04	100.07
2017	100.19	100.00	102.00	98.86	103.17	102.46	100.63	102.86	101.41	96.74	100.46	100.00
服装鞋帽类												
年份	成都市	泸州市	南充市	自贡市	乐山市	达州市	广元市	绵阳市	内江市	西昌市	攀枝花市	眉山市
2000	100.30	100.00	97.80	100.60	99.90		98.10	96.20	98.80	99.10	100.30	
2001	99.00	96.50	98.40	101.10	101.50		98.70	98.10	99.10	94.50	100.00	
2002	97.50	91.00	100.80	99.00	101.60		96.90	96.20	98.30	92.90	100.00	
2003	101.27	86.99	100.25	99.86	100.34		99.09	98.30	97.29	96.77	99.56	
2004	97.32	87.57	101.88	100.57	102.65		99.12	100.35	97.16	97.07	100.00	
2005	90.85	95.80	101.08	97.44	101.13		99.99	95.78	95.57	99.76	100.03	
2006	100.60	103.20	101.70	101.50	105.00		103.10	100.40	101.00	100.30	100.80	
2007	100.88	97.27	101.30	97.02	100.64		101.25	100.49	99.51	99.49	97.87	
2008	94.60	95.48	101.25	90.60	99.07		95.81	98.19	96.75	94.91	97.85	
2009	94.23	100.82	101.92	95.41	99.70	93.22	97.32	95.43	97.59	101.15	104.81	97.63
2010	93.90	99.40	100.62	95.85	102.37	99.14	93.68	100.05	98.72	97.27	102.00	94.78
2011	98.2	98.2	102.5	96.4	99.8	93.1	95.0	99.4	101.3	97.5	103.9	100.9
2012	110.78	105.37	113.70	109.31	106.76	106.90	106.78	107.24	109.15	109.18	107.04	107.25
2013	101.18	103.06	102.87	99.70	100.33	101.17	98.22	102.18	97.25	103.49	100.20	101.56
2014	100.02	104.41	102.55	101.68	103.86	101.63	105.32	100.47	100.46	101.33	109.29	102.15
2015	99.97	105.19	100.73	101.09	100.16	102.01	99.28	102.81	100.44	100.81	101.02	100.73
2016	99.24	101.78	101.54	98.96	100.08	100.54	100.75	101.95	97.78	100.21	101.23	100.53
2017	100.56	104.78	101.89	101.41	101.56	104.49	99.14	99.91	106.59	100.70	101.83	101.28
化妆品类												
年份	成都市	泸州市	南充市	自贡市	乐山市	达州市	广元市	绵阳市	内江市	西昌市	攀枝花市	眉山市
2000	101.20	98.90	100.00	95.60	102.30		99.60	97.30	100.00	99.60	100.00	
2001	100.50	94.10	100.00	99.70	99.80		100.00	87.40	99.20	100.00	100.00	

续表

化妆品类												
年份	成都市	泸州市	南充市	自贡市	乐山市	达州市	广元市	绵阳市	内江市	西昌市	攀枝花市	眉山市
2002	100.00	95.10	100.00	98.50	98.80		100.00	98.40	100.00	100.00	100.00	
2003	99.90	98.73	98.98	98.33	98.18		100.06	98.75	100.00	100.00	98.76	
2004	99.76	98.97	96.67	100.00	98.82		99.88	96.84	100.00	100.00	98.71	
2005	99.15	103.33	98.76	100.13	101.47		101.74	97.71	100.00	100.00	100.00	
2006	100.20	101.40	99.80	100.00	104.40		100.20	103.50	100.00	99.90	99.90	
2007	100.00	100.46	100.15	99.57	100.23		100.40	105.00	100.00	99.35	99.93	
2008	100.09	102.13	100.00	100.68	100.26		100.96	98.71	101.35	101.60	101.80	
2009	99.82	100.60	100.00	97.93	99.31	99.51	100.81	96.19	103.58	102.77	101.89	102.51
2010	100.21	101.25	99.25	101.79	98.36	100.04	99.50	100.10	100.73	100.00	99.28	101.96
2011	102.0	100.9	99.7	101.7	98.0	99.7	97.3	102.1	103.7	100.0	99.7	100.4
2012	100.91	100.60	102.80	100.45	102.36	100.09	98.02	101.62	101.31	101.66	101.66	101.03
2013	101.42	101.19	104.02	100.27	101.74	99.70	102.70	102.68	100.84	100.56	102.04	100.63
2014	100.72	100.08	103.11	100.05	101.58	100.35	99.93	102.21	100.07	100.72	100.79	100.67
2015	100.26	100.06	99.27	98.75	99.78	104.14	100.33	99.84	100.05	100.21	101.12	100.57
2016	102.44	99.97	99.46	98.15	100.94	101.75	99.90	102.47	101.96	99.99	100.71	102.15
2017	101.82	108.61	104.82	103.80	102.42	104.26	107.17	105.94	106.77	100.00	100.96	100.38

家用电器类												
年份	成都市	泸州市	南充市	自贡市	乐山市	达州市	广元市	绵阳市	内江市	西昌市	攀枝花市	眉山市
2000	91.90	93.10	93.50	94.30	97.90		92.90	91.20	98.00	96.80	94.20	
2001	94.90	89.70	98.10	96.60	92.10		94.00	90.50	100.30	93.70	95.40	
2002	91.00	92.40	96.70	93.40	87.70		93.00	95.20	99.40	96.00	94.50	
2003	95.43	91.42	93.09	97.13	93.97		89.90	93.07	99.37	96.30	94.92	
2004	94.40	95.88	91.18	97.12	89.93		93.17	94.47	96.91	94.38	96.15	
2005	94.29	97.49	95.73	99.79	81.00		97.33	99.11	95.62	96.95	98.74	
2006	100.40	100.80	103.80	102.70	93.50		103.20	100.70	100.90	100.20	102.30	
2007	102.82	98.53	100.98	99.38	98.33		98.01	100.15	99.77	96.53	100.29	
2008	100.67	96.49	98.36	91.36	99.20		98.28	100.44	99.17	92.58	97.46	
2009	94.29	95.71	97.06	92.78	99.90	95.91	97.79	98.86	97.67	94.63	98.77	92.32
2010	97.03	95.77	98.16	92.02	100.22	96.92	96.69	97.98	99.69	97.51	99.63	96.46
2011	95.4	93.5	97.1	94.4	97.4	86.0	95.7	96.4	99.4	95.8	98.1	93.6
2012	92.76	95.12	94.41	97.78	91.08	91.80	93.16	98.52	96.92	95.63	93.44	98.18
2013	96.70	99.46	100.57	100.74	102.07	99.20	97.88	100.28	100.34	100.29	99.93	100.23
2014	97.82	98.25	103.27	98.57	100.31	99.42	93.93	94.57	99.61	100.31	100.09	100.28
2015	96.94	101.31	100.28	96.68	96.33	99.53	99.92	96.03	99.41	99.54	100.15	97.47
2016	98.93	99.95	99.27	98.46	98.10	99.72	96.90	97.32	100.29	99.52	100.33	97.97
2017	98.75	102.46	103.21	98.10	106.43	102.80	99.56	100.62	103.42	98.26	100.40	100.22

续表

建筑材料类												
年份	成都市	泸州市	南充市	自贡市	乐山市	达州市	广元市	绵阳市	内江市	西昌市	攀枝花市	眉山市
2000	98.60	99.40	99.90	101.30	98.30		98.40	101.90	105.80	105.50	102.00	
2001	100.00	97.40	98.90	99.30	97.00		99.00	98.90	101.40	100.00	100.00	
2002	98.40	102.20	97.90	94.00	96.40		100.00	99.00	100.00	102.00	99.60	
2003	101.51	94.76	98.39	97.59	100.21		99.43	100.46	99.16	101.77	97.74	
2004	106.29	114.36	105.14	110.31	106.95		110.47	106.48	105.98	107.99	107.22	
2005	110.03	114.31	110.11	105.79	109.55		111.92	108.04	105.43	116.18	112.16	
2006	100.60	101.40	102.00	102.80	102.40		103.40	102.90	101.20	104.00	100.90	
2007	107.94	106.35	104.29	103.08	105.41		106.12	102.14	106.50	105.00	105.25	
2008	108.06	109.64	110.88	115.27	104.79		106.85	104.43	110.91	105.66	101.66	
2009	96.63	98.12	96.74	103.90	100.04	101.31	96.02	96.91	98.27	102.26	101.67	100.30
2010	102.56	102.01	103.58	111.56	99.80	105.61	103.81	101.86	97.54	101.28	104.44	101.80
2011	104.7	102.5	105.6	108.8	101.9	104.3	108.2	104.1	102.0	101.5	101.8	100.6
2012	98.90	97.40	95.64	96.54	97.99	96.32	99.82	91.95	94.65	97.56	100.44	96.07
2013	99.11	100.07	100.37	98.56	101.67	100.01	99.31	101.59	99.71	98.45	100.06	100.15
2014	98.51	99.91	100.79	99.52	104.38	99.53	99.78	98.95	100.62	99.12	99.44	99.78
2015	96.58	99.03	97.55	98.16	100.42	98.59	103.31	95.81	96.60	95.73	97.71	95.60
2016	99.48	99.92	99.49	99.77	99.09	100.11	103.38	100.64	99.10	100.58	99.96	101.02
2017	105.45	109.15	107.43	109.48	107.26	106.63	109.93	106.08	108.38	110.41	110.38	108.33

燃料类												
年份	成都市	泸州市	南充市	自贡市	乐山市	达州市	广元市	绵阳市	内江市	西昌市	攀枝花市	眉山市
2000	116.30	124.80	135.40	102.30	140.50		121.00	129.80	126.20	109.10	111.90	
2001	108.80	102.60	101.20	100.20	100.50		100.20	98.60	98.20	100.80	101.40	
2002	101.30	102.90	106.40	101.30	103.90		102.40	99.40	100.90	101.90	101.60	
2003	106.52	106.08	104.46	111.37	103.25		106.32	104.30	103.71	109.37	105.23	
2004	106.29	114.36	105.14	110.31	106.95		110.47	106.48	105.98	107.99	107.22	
2005	110.03	114.31	110.11	105.79	109.55		111.92	108.04	105.43	116.18	112.16	
2006	117.00	112.20	112.20	111.20	110.00		111.50	116.90	111.30	114.20	113.90	
2007	103.30	104.84	104.20	102.74	104.99		104.40	107.32	105.67	101.36	106.40	
2008	111.02	113.94	110.18	111.71	113.73		112.40	109.77	115.76	114.94	112.32	
2009	97.20	99.37	100.45	103.38	98.73	94.78	100.11	98.88	97.73	98.30	99.36	98.33
2010	114.12	111.50	110.32	111.99	112.76	108.23	114.91	111.36	112.19	106.70	111.61	110.18
2011	113.8	113.2	114.1	113.5	116.2	114.4	114.7	115.9	114.3	112.2	112.2	113.0
2012	101.48	101.49	101.18	102.10	100.83	102.21	101.89	101.04	104.11	103.11	104.03	102.65
2013	99.96	100.44	99.87	98.94	99.24	100.78	99.61	98.50	100.73	99.97	99.94	100.12

续表

燃料类

年份	成都市	泸州市	南充市	自贡市	乐山市	达州市	广元市	绵阳市	内江市	西昌市	攀枝花市	眉山市
2014	99. 42	99. 70	99. 10	99. 96	98. 43	100. 01	99. 56	99. 67	99. 65	100. 49	99. 89	98. 62
2015	89. 16	91. 09	91. 00	93. 01	89. 63	92. 07	91. 58	91. 57	90. 78	87. 97	89. 85	91. 20
2016	99. 44	97. 13	100. 21	101. 85	97. 35	98. 38	98. 74	99. 05	97. 47	95. 72	97. 61	97. 84
2017	99. 63	99. 79	100. 20	109. 64	105. 41	101. 41	103. 67	103. 82	101. 85	99. 96	102. 74	102. 94

日用品类

年份	成都市	泸州市	南充市	自贡市	乐山市	达州市	广元市	绵阳市	内江市	西昌市	攀枝花市	眉山市
2000	99. 90	98. 40	99. 40	100. 20	99. 20		99. 30	98. 60	98. 00	99. 70	100. 00	
2001	100. 00	98. 00	99. 80	101. 90	99. 60		98. 90	96. 40	101. 30	99. 70	100. 00	
2002	100. 60	97. 70	100. 10	100. 90	95. 00		98. 60	96. 50	100. 00	99. 90	100. 00	
2003	99. 08	97. 81	98. 58	100. 61	100. 02		98. 78	99. 48	100. 00	100. 00	100. 00	
2004	98. 90	97. 85	98. 65	99. 66	101. 21		99. 79	99. 85	100. 00	99. 98	99. 89	
2005	100. 48	99. 68	100. 42	99. 98	101. 13		101. 38	98. 52	99. 95	99. 91	99. 93	
2006	102. 40	101. 00	101. 60	100. 50	101. 50		101. 50	102. 60	101. 70	100. 00	100. 00	
2007	102. 21	103. 48	101. 13	101. 65	101. 07		100. 41	100. 89	103. 06	100. 46	100. 03	
2008	102. 62	107. 95	102. 47	107. 14	106. 14		100. 10	103. 26	108. 19	100. 03	102. 45	
2009	100. 75	101. 50	100. 59	105. 48	101. 81	101. 86	101. 91	103. 36	103. 35	100. 15	101. 88	102. 27
2010	100. 48	100. 84	100. 34	105. 63	100. 17	100. 03	108. 57	100. 31	99. 28	99. 97	100. 14	99. 02
2011	102. 0	104. 1	104. 1	100. 5	104. 9	100. 4	102. 7	101. 7	100. 3	100. 0	100. 5	102. 7
2012	101. 65	100. 72	102. 44	99. 58	103. 46	101. 71	98. 29	101. 61	100. 67	101. 20	98. 51	101. 22
2013	101. 30	100. 48	100. 89	99. 39	102. 48	100. 32	99. 73	100. 66	100. 30	100. 59	99. 63	102. 42
2014	100. 42	99. 89	99. 73	98. 79	100. 21	100. 46	100. 01	99. 71	99. 97	100. 00	100. 26	102. 76
2015	100. 41	99. 81	100. 83	96. 26	98. 74	100. 46	99. 85	101. 21	100. 16	99. 99	102. 26	99. 84
2016	99. 29	100. 36	100. 42	97. 11	100. 45	99. 85	99. 51	101. 93	100. 33	99. 86	100. 15	98. 88
2017	98. 28	98. 33	100. 87	99. 14	100. 35	100. 19	100. 81	103. 89	101. 07	100. 17	100. 62	100. 79

食品类

年份	成都市	泸州市	南充市	自贡市	乐山市	达州市	广元市	绵阳市	内江市	西昌市	攀枝花市	眉山市
2000	96. 10	95. 50	93. 70	94. 00	91. 80		96. 40	92. 60	94. 70	95. 70	92. 90	
2001	102. 60	99. 90	102. 90	105. 40	103. 60		105. 40	104. 80	108. 10	98. 80	97. 80	
2002	100. 50	100. 90	99. 10	102. 70	100. 70		102. 90	100. 50	105. 40	99. 80	101. 70	
2003	103. 08	101. 84	103. 52	104. 93	104. 77		102. 50	104. 14	104. 96	101. 70	102. 03	
2004	107. 61	111. 67	113. 95	110. 66	111. 71		110. 63	111. 48	108. 03	111. 72	109. 64	
2005	104. 60	100. 45	102. 23	101. 49	103. 99		101. 89	101. 44	101. 44	102. 86	100. 63	
2006	102. 40	103. 50	102. 90	104. 80	102. 80		103. 30	102. 60	102. 60	103. 30	103. 00	
2007	113. 06	115. 74	119. 32	115. 92	112. 67		114. 80	116. 41	118. 90	111. 25	113. 57	

续表

食品类												
年份	成都市	泸州市	南充市	自贡市	乐山市	达州市	广元市	绵阳市	内江市	西昌市	攀枝花市	眉山市
2008	113.36	111.32	112.51	113.89	111.04		111.85	110.54	112.90	111.82	115.04	
2009	103.05	101.67	102.30	103.36	102.99	101.05	101.91	103.45	101.80	98.79	100.78	104.73
2010	106.46	104.82	107.69	107.03	105.83	104.33	107.84	106.55	106.68	107.29	107.55	109.91
2011	113.1	112.2	114.2	110.8	111.2	112.7	113.1	111.3	111.0	112.4	112.3	114.8
2012	103.79	105.73	105.63	104.84	105.74	104.48	103.03	104.18	105.56	104.25	105.99	104.48
2013	105.74	105.38	104.59	105.67	104.37	103.33	105.73	104.40	104.85	104.50	103.01	105.09
2014	102.56	102.64	103.74	102.14	102.29	101.58	103.06	102.68	102.51	101.85	101.76	102.57
2015	102.16	102.13	103.04	101.79	101.89	102.25	103.50	102.71	103.26	102.80	101.47	102.42
2016	104.66	103.67	105.27	104.44	104.97	104.05	103.88	105.14	103.77	105.79	103.46	103.83
2017	98.87	97.45	98.82	98.33	97.84	98.17	99.98	98.72	97.42	104.17	99.32	98.89
首饰类												
年份	成都市	泸州市	南充市	自贡市	乐山市	达州市	广元市	绵阳市	内江市	西昌市	攀枝花市	眉山市
2000	101.60	96.80	93.50	103.60	100.10		103.30	100.10	100.60	98.80	100.50	
2001	89.00	93.10	93.50	90.40	82.30		88.30	90.60	95.00	99.90	90.10	
2002	106.30	99.50	102.10	98.90	103.40		101.40	103.40	100.20	100.90	98.60	
2003	112.60	102.69	109.03	105.45	120.79		106.63	109.02	100.00	109.09	110.73	
2004	109.67	110.91	116.75	114.82	118.61		110.09	110.73	100.00	113.25	114.77	
2005	107.12	106.97	103.58	102.42	104.55		103.89	101.96	111.70	102.14	105.29	
2006	115.40	120.20	119.50	107.30	128.40		128.30	119.50	142.70	124.70	125.30	
2007	105.81	109.20	108.56	109.77	106.83		103.29	104.27	103.63	111.27	104.76	
2008	117.20	117.47	117.47	132.67	126.13		116.89	110.47	122.03	123.33	119.49	
2009	89.34	84.67	91.28	87.17	77.21	85.02	92.12	88.97	98.93	91.21	95.42	88.26
2010	121.00	113.87	119.47	111.83	116.87	117.96	104.17	121.98	106.87	112.34	113.50	113.41
2011	112.3	113.0	122.0	110.7	117.0	107.4	106.2	117.0	107.3	109.6	112.1	111.0
2012	105.16	97.20	100.76	104.05	97.19	102.46	102.71	102.56	99.62	101.12	98.87	98.33
2013	91.12	96.66	91.94	94.40	88.88	91.31	88.80	92.55	90.64	87.04	93.19	89.60
2014	90.51	88.28	90.19	89.87	92.98	84.48	84.72	92.33	90.14	90.24	93.99	86.11
2015	93.19	98.49	94.96	90.71	93.00	97.22	93.72	91.51	92.87	92.40	96.55	95.70
2016	106.06	103.18	93.78	112.75	106.88	103.69	108.83	105.10	110.57	99.37	105.76	107.92
2017	101.15	100.04	102.66	101.97	100.41	99.42	99.22	106.59	101.69	99.34	101.83	100.75
书报杂志类												
年份	成都市	泸州市	南充市	自贡市	乐山市	达州市	广元市	绵阳市	内江市	西昌市	攀枝花市	眉山市
2000	103.90	105.90	109.30	110.30	110.30		111.50	106.10	114.80	110.60	106.80	
2001	108.40	108.70	108.80	112.30	116.80		117.80	105.20	118.50	115.10	110.40	

续表

书报杂志类

年份	成都市	泸州市	南充市	自贡市	乐山市	达州市	广元市	绵阳市	内江市	西昌市	攀枝花市	眉山市
2002	101.70	98.30	100.70	101.70	101.70		96.70	100.60	97.50	95.80	98.50	
2003	102.76	103.21	101.08	98.06	99.60		98.37	99.31	100.43	100.13	100.45	
2004	100.49	107.54	100.72	103.30	99.34		101.18	100.12	102.19	101.55	101.40	
2005	100.33	102.15	101.50	98.32	97.59		99.75	100.05	97.73	101.19	98.58	
2006	99.40	100.10	103.30	100.20	100.00		99.40	100.00	100.70	99.60	100.20	
2007	95.83	94.99	97.90	97.89	96.48		95.45	96.74	97.87	96.58	97.12	
2008	100.83	103.56	101.24	105.46	101.66		101.72	101.94	100.29	98.18	100.70	
2009	100.87	102.73	105.07	105.29	104.76	103.24	102.25	102.33	100.22	104.66	104.78	104.20
2010	99.23	99.82	101.14	104.56	100.10	105.92	98.84	99.70	101.00	99.89	100.16	98.80
2011	95.1	100.0	102.0	103.2	100.1	100.9	101.1	102.2	100.1	100.0	100.2	100.2
2012	98.62	100.82	103.88	99.87	100.34	101.62	102.47	100.42	99.82	100.56	101.38	103.57
2013	98.93	100.90	102.69	100.27	104.03	100.73	103.24	100.17	99.92	103.54	100.00	99.46
2014	100.25	102.04	100.42	101.04	104.68	99.58	100.43	101.29	100.29	109.32	100.38	101.00
2015	105.76	103.99	102.21	106.67	105.09	102.72	101.80	103.32	102.49	114.41	100.21	102.61
2016	101.97	100.00	99.99	105.86	106.00	101.12	101.91	103.91	99.91	100.10	100.82	104.85
2017	101.18	92.88	117.17	101.00	106.80	101.72	106.64	98.57	106.38	103.62	104.73	101.61

文化体育用品类

年份	成都市	泸州市	南充市	自贡市	乐山市	达州市	广元市	绵阳市	内江市	西昌市	攀枝花市	眉山市
2000	98.00	99.30	96.20	100.60	103.70		97.10	98.40	100.30	98.70	100.00	
2001	99.10	99.50	98.60	100.40	102.40		98.50	96.80	99.00	99.60	100.00	
2002	98.40	96.50	98.50	99.00	101.30		97.60	98.60	100.00	99.10	100.00	
2003	85.13	98.11	93.00	98.27	93.21		90.96	99.78	100.00	98.56	97.83	
2004	93.40	92.84	93.10	97.90	91.04		94.64	98.35	100.29	97.16	98.05	
2005	92.43	95.34	95.61	99.75	91.28		95.13	99.88	100.00	99.22	99.21	
2006	94.50	100.10	97.70	99.20	97.90		97.00	100.00	94.30	99.90	101.90	
2007	94.00	96.40	97.28	96.52	94.77		95.18	98.01	92.43	97.50	100.64	
2008	92.63	93.50	97.57	87.53	93.01		95.26	97.16	97.69	96.54	88.86	
2009	96.49	95.03	97.04	89.84	99.15	88.34	93.77	97.38	100.34	96.91	97.68	99.79
2010	96.19	98.43	97.65	97.47	100.29	97.28	95.97	98.26	98.22	97.34	100.23	96.03
2011	92.7	100.6	98.6	98.3	100.0	94.1	89.9	96.8	98.0	97.5	99.9	99.7
2012	93.38	100.57	98.44	96.33	99.42	94.70	93.78	99.14	98.38	97.69	98.90	99.81
2013	96.48	99.31	98.74	100.13	99.94	99.13	94.97	93.66	99.96	100.00	99.84	98.85
2014	95.94	98.69	100.13	99.83	97.12	97.83	93.30	93.26	97.83	97.65	100.14	99.99
2015	98.89	98.05	100.05	98.23	95.53	98.30	99.86	97.78	98.45	98.58	100.00	100.95

续表

文化体育用品类

年份	成都市	泸州市	南充市	自贡市	乐山市	达州市	广元市	绵阳市	内江市	西昌市	攀枝花市	眉山市
2016	95.00	100.52	99.49	97.74	97.10	99.64	97.94	94.89	95.42	95.85	100.00	98.94
2017	92.46	103.17	95.40	100.17	102.02	99.83	100.79	93.20	91.93	92.22	100.21	100.85

饮料烟酒类

年份	成都市	泸州市	南充市	自贡市	乐山市	达州市	广元市	绵阳市	内江市	西昌市	攀枝花市	眉山市
2000	99.90	98.90	95.20	96.40	96.00		93.00	94.30	97.00	95.30	94.80	
2001	97.80	100.20	106.40	101.20	103.20		97.60	100.40	99.30	94.10	94.70	
2002	97.60	97.40	101.10	99.20	100.90		97.90	99.60	100.20	99.30	100.90	
2003	98.19	100.31	100.85	98.47	100.66		100.96	101.12	100.00	101.82	98.81	
2004	101.01	102.05	102.22	101.83	100.37		101.79	108.21	100.70	109.10	97.49	
2005	100.85	100.62	98.85	100.92	100.72		99.81	100.39	100.44	101.68	99.19	
2006	100.90	101.20	100.20	102.90	101.50		100.90	100.60	100.80	100.50	99.30	
2007	101.43	102.26	102.18	100.86	102.55		101.75	102.36	103.50	101.45	100.83	
2008	101.00	103.10	104.17	108.27	103.43		103.56	103.53	105.50	103.02	108.08	
2009	103.07	101.76	103.14	100.40	100.84	99.69	103.94	102.21	101.79	101.95	102.79	102.26
2010	101.91	101.35	100.91	103.49	102.60	100.49	103.81	101.44	101.82	101.15	102.64	105.14
2011	106.1	101.9	108.3	110.2	104.1	101.9	103.5	103.6	105.9	102.4	102.1	108.8
2012	106.05	104.20	106.11	103.30	105.00	101.92	103.59	102.52	104.74	104.42	102.29	103.92
2013	100.74	101.37	100.24	98.52	100.45	100.20	98.55	100.18	100.02	99.85	99.84	98.59
2014	99.51	98.16	98.24	95.96	97.09	100.00	97.91	98.72	97.34	99.32	97.09	98.84
2015	100.74	97.23	97.96	95.81	98.09	100.69	100.79	98.09	98.54	101.79	101.85	98.28
2016	100.46	101.48	99.46	101.37	99.34	101.00	102.49	101.56	100.98	101.31	101.91	101.81
2017	100.77	102.75	101.86	101.28	102.78	101.31	102.54	102.15	103.94	100.25	101.28	100.74

中西药品类

年份	成都市	泸州市	南充市	自贡市	乐山市	达州市	广元市	绵阳市	内江市	西昌市	攀枝花市	眉山市
2000	102.30	101.90	100.10	100.10	100.30		101.70	102.80	101.00	100.10	100.50	
2001	104.30	99.00	96.90	93.10	98.70		100.30	105.20	101.40	102.10	95.30	
2002	94.70	95.30	96.00	96.70	98.60		97.90	98.90	95.90	101.40	93.30	
2003	100.73	98.07	102.52	101.27	101.76		96.23	97.52	98.81	100.59	101.53	
2004	99.66	97.07	96.99	96.36	98.89		98.44	97.19	97.86	97.04	98.30	
2005	101.07	99.66	98.76	99.47	99.50		99.45	92.64	96.44	99.83	98.23	
2006	99.40	95.00	99.40	96.40	99.20		94.60	97.90	103.90	100.20	98.50	
2007	100.56	106.12	101.31	94.81	102.46		97.30	100.15	96.61	97.63	101.46	
2008	100.83	103.56	101.24	105.46	101.66		101.72	101.94	100.29	98.18	100.70	
2009	101.24	101.25	100.18	103.62	103.87	101.23	105.08	101.72	101.21	101.35	100.05	99.82

续表

中西药品类												
年份	成都市	泸州市	南充市	自贡市	乐山市	达州市	广元市	绵阳市	内江市	西昌市	攀枝花市	眉山市
2010	109. 98	103. 88	100. 40	104. 69	105. 63	107. 37	105. 41	100. 27	102. 94	100. 88	101. 52	99. 85
2011	100. 9	103. 4	100. 5	97. 8	102. 4	102. 6	100. 0	100. 5	98. 4	102. 5	101. 3	96. 4
2012	101. 03	98. 05	98. 78	101. 93	102. 46	102. 91	98. 26	101. 63	104. 27	103. 01	99. 46	99. 27
2013	101. 20	100. 35	98. 29	100. 05	100. 49	100. 54	99. 74	101. 16	107. 85	96. 91	101. 73	101. 82
2014	101. 19	99. 97	97. 82	103. 10	103. 70	101. 65	100. 48	101. 89	102. 61	98. 33	102. 25	103. 52
2015	101. 19	101. 27	103. 03	102. 43	106. 81	102. 33	104. 67	100. 26	101. 01	97. 61	106. 34	103. 91
2016	106. 57	100. 95	104. 56	102. 00	102. 27	102. 88	104. 05	100. 21	103. 82	100. 20	99. 04	103. 94
2017	100. 78	102. 71	97. 17	110. 42	103. 54	105. 99	102. 11	101. 75	100. 97	103. 76	103. 76	105. 05

附录2　2000～2017年四川省主要城市间市场分割程度

年份	成都－泸州	成都－南充	成都－自贡	成都－乐山	成都－达州	成都－广元	成都－绵阳	成都－内江	成都－西昌	成都－攀枝花	成都－眉山
2000	0. 018	0. 037	0. 030	0. 046	0. 008	0. 022	0. 025	0. 026	0. 018	0. 012	0. 008
2001	0. 023	0. 027	0. 031	0. 022	0. 009	0. 026	0. 040	0. 030	0. 030	0. 028	0. 009
2002	0. 023	0. 019	0. 019	0. 020	0. 005	0. 015	0. 016	0. 023	0. 022	0. 018	0. 005
2003	0. 046	0. 015	0. 031	0. 020	0. 009	0. 019	0. 031	0. 040	0. 030	0. 027	0. 009
2004	0. 034	0. 023	0. 016	0. 022	0. 007	0. 014	0. 021	0. 026	0. 021	0. 011	0. 007
2005	0. 018	0. 025	0. 020	0. 043	0. 008	0. 021	0. 022	0. 018	0. 025	0. 021	0. 008
2006	0. 017	0. 017	0. 014	0. 027	0. 013	0. 020	0. 016	0. 046	0. 016	0. 019	0. 013
2007	0. 012	0. 015	0. 015	0. 011	0. 004	0. 011	0. 018	0. 012	0. 015	0. 017	0. 004
2008	0. 016	0. 023	0. 035	0. 021	0. 006	0. 010	0. 019	0. 019	0. 024	0. 021	0. 006
2009	0. 032	0. 035	0. 048	0. 037	0. 025	0. 028	0. 058	0. 026	0. 036	0. 035	0. 028
2010	0. 021	0. 030	0. 030	0. 024	0. 022	0. 038	0. 026	0. 030	0. 025	0. 026	0. 027
2011	0. 025	0. 035	0. 023	0. 025	0. 033	0. 019	0. 025	0. 022	0. 024	0. 024	0. 034
2012	0. 024	0. 017	0. 017	0. 021	0. 012	0. 014	0. 023	0. 016	0. 027	0. 015	0. 022
2013	0. 014	0. 013	0. 014	0. 018	0. 012	0. 012	0. 017	0. 018	0. 015	0. 011	0. 010
2014	0. 012	0. 017	0. 015	0. 016	0. 027	0. 022	0. 011	0. 009	0. 022	0. 025	0. 016
2015	0. 020	0. 011	0. 017	0. 016	0. 016	0. 019	0. 009	0. 011	0. 022	0. 018	0. 011
2016	0. 017	0. 031	0. 021	0. 012	0. 013	0. 012	0. 017	0. 010	0. 018	0. 020	0. 012
2017	0. 034	0. 037	0. 036	0. 030	0. 021	0. 023	0. 018	0. 019	0. 016	0. 022	0. 024

续表

年份	泸州－南充	泸州－自贡	泸州－乐山	泸州－达州	泸州－广元	泸州－绵阳	泸州－内江	泸州－西昌	泸州－攀枝花	泸州－眉山	南充－自贡
2000	0.018	0.047	0.026	0.008	0.021	0.015	0.021	0.029	0.024	0.008	0.073
2001	0.028	0.026	0.031	0.009	0.022	0.026	0.034	0.021	0.021	0.009	0.013
2002	0.025	0.027	0.027	0.005	0.020	0.014	0.024	0.018	0.026	0.005	0.014
2003	0.037	0.038	0.049	0.009	0.034	0.035	0.032	0.033	0.040	0.009	0.017
2004	0.044	0.033	0.042	0.007	0.031	0.037	0.033	0.028	0.033	0.007	0.020
2005	0.020	0.028	0.046	0.008	0.015	0.025	0.029	0.016	0.012	0.008	0.013
2006	0.020	0.017	0.021	0.013	0.010	0.020	0.037	0.014	0.009	0.013	0.016
2007	0.014	0.028	0.011	0.004	0.024	0.016	0.023	0.019	0.011	0.004	0.017
2008	0.019	0.035	0.022	0.006	0.019	0.021	0.019	0.023	0.017	0.006	0.041
2009	0.014	0.015	0.019	0.026	0.019	0.022	0.034	0.016	0.026	0.013	0.021
2010	0.009	0.026	0.013	0.018	0.025	0.020	0.017	0.013	0.014	0.018	0.021
2011	0.022	0.025	0.015	0.025	0.030	0.009	0.018	0.038	0.018	0.027	0.036
2012	0.019	0.018	0.015	0.018	0.019	0.021	0.017	0.020	0.007	0.011	0.012
2013	0.010	0.019	0.019	0.019	0.021	0.025	0.023	0.024	0.008	0.017	0.016
2014	0.013	0.014	0.016	0.023	0.021	0.019	0.011	0.017	0.019	0.011	0.017
2015	0.012	0.024	0.022	0.012	0.018	0.023	0.019	0.029	0.015	0.016	0.020
2016	0.023	0.027	0.017	0.006	0.015	0.018	0.022	0.015	0.006	0.015	0.046
2017	0.061	0.031	0.037	0.023	0.037	0.028	0.043	0.038	0.031	0.025	0.049

年份	南充－乐山	南充－达州	南充－广元	南充－绵阳	南充－内江	南充－西昌	南充－攀枝花	南充－眉山	自贡－乐山	自贡－达州	自贡－广元
2000	0.025	0.008	0.034	0.016	0.022	0.053	0.048	0.008	0.081	0.008	0.039
2001	0.033	0.009	0.025	0.040	0.021	0.031	0.027	0.009	0.027	0.009	0.023
2002	0.024	0.005	0.015	0.022	0.019	0.026	0.013	0.005	0.020	0.005	0.017
2003	0.030	0.009	0.018	0.016	0.025	0.013	0.006	0.009	0.039	0.009	0.022
2004	0.009	0.007	0.019	0.018	0.040	0.016	0.016	0.007	0.019	0.007	0.017
2005	0.042	0.008	0.013	0.015	0.022	0.019	0.010	0.008	0.054	0.008	0.020
2006	0.030	0.013	0.014	0.023	0.035	0.013	0.011	0.013	0.040	0.013	0.034
2007	0.015	0.004	0.014	0.015	0.015	0.019	0.016	0.004	0.017	0.004	0.015
2008	0.023	0.006	0.016	0.022	0.023	0.019	0.028	0.006	0.028	0.006	0.035
2009	0.037	0.027	0.019	0.026	0.016	0.020	0.014	0.016	0.033	0.028	0.018
2010	0.012	0.023	0.037	0.023	0.028	0.021	0.014	0.019	0.034	0.025	0.030
2011	0.011	0.042	0.048	0.016	0.029	0.054	0.023	0.022	0.024	0.033	0.025
2012	0.018	0.017	0.020	0.017	0.016	0.024	0.018	0.014	0.020	0.017	0.015
2013	0.008	0.016	0.012	0.024	0.026	0.013	0.010	0.012	0.018	0.006	0.024

续表

年份	南充－乐山	南充－达州	南充－广元	南充－绵阳	南充－内江	南充－西昌	南充－攀枝花	南充－眉山	自贡－乐山	自贡－达州	自贡－广元
2014	0.016	0.021	0.031	0.028	0.015	0.021	0.019	0.018	0.013	0.019	0.024
2015	0.015	0.012	0.014	0.015	0.007	0.031	0.012	0.008	0.016	0.024	0.016
2016	0.033	0.024	0.036	0.028	0.042	0.016	0.029	0.034	0.024	0.023	0.018
2017	0.030	0.042	0.026	0.045	0.027	0.031	0.031	0.040	0.025	0.024	0.022

年份	自贡－绵阳	自贡－内江	自贡－西昌	自贡－攀枝花	自贡－眉山	乐山－达州	乐山－广元	乐山－绵阳	乐山－内江	乐山－西昌	乐山－攀枝花
2000	0.057	0.050	0.018	0.023	0.008	0.008	0.037	0.023	0.026	0.063	0.055
2001	0.049	0.024	0.035	0.022	0.009	0.009	0.019	0.041	0.036	0.051	0.025
2002	0.018	0.018	0.026	0.016	0.005	0.005	0.017	0.024	0.028	0.027	0.021
2003	0.021	0.022	0.019	0.023	0.009	0.009	0.034	0.028	0.050	0.027	0.023
2004	0.021	0.036	0.020	0.019	0.007	0.007	0.017	0.026	0.046	0.024	0.020
2005	0.020	0.027	0.035	0.023	0.008	0.008	0.047	0.049	0.043	0.047	0.051
2006	0.020	0.064	0.027	0.029	0.013	0.013	0.033	0.025	0.024	0.024	0.028
2007	0.019	0.016	0.011	0.017	0.004	0.004	0.013	0.014	0.015	0.013	0.014
2008	0.049	0.033	0.029	0.037	0.006	0.006	0.025	0.038	0.014	0.024	0.017
2009	0.026	0.029	0.019	0.023	0.026	0.031	0.039	0.034	0.058	0.037	0.049
2010	0.033	0.040	0.031	0.028	0.025	0.020	0.034	0.013	0.020	0.017	0.011
2011	0.023	0.028	0.027	0.027	0.039	0.036	0.038	0.015	0.024	0.048	0.017
2012	0.022	0.014	0.012	0.013	0.018	0.015	0.019	0.027	0.015	0.017	0.014
2013	0.017	0.023	0.022	0.017	0.015	0.013	0.016	0.023	0.018	0.012	0.013
2014	0.020	0.016	0.023	0.022	0.018	0.027	0.027	0.019	0.014	0.018	0.017
2015	0.016	0.015	0.023	0.024	0.016	0.013	0.012	0.019	0.017	0.029	0.017
2016	0.022	0.020	0.034	0.020	0.019	0.014	0.012	0.006	0.017	0.020	0.015
2017	0.024	0.030	0.030	0.022	0.018	0.016	0.018	0.030	0.028	0.032	0.016

年份	乐山－眉山	达州－广元	达州－绵阳	达州－内江	达州－西昌	达州－攀枝花	达州－眉山	广元－绵阳	广元－内江	广元－西昌	广元－攀枝花
2000	0.008	0.008	0.008	0.008	0.008	0.008	0.008	0.014	0.015	0.024	0.015
2001	0.009	0.009	0.009	0.009	0.009	0.009	0.009	0.043	0.022	0.033	0.024
2002	0.005	0.005	0.005	0.005	0.005	0.005	0.005	0.009	0.015	0.014	0.014
2003	0.009	0.009	0.009	0.009	0.009	0.009	0.009	0.016	0.028	0.018	0.018
2004	0.007	0.007	0.007	0.007	0.007	0.007	0.007	0.017	0.025	0.018	0.015
2005	0.008	0.008	0.008	0.008	0.008	0.008	0.008	0.017	0.025	0.016	0.009
2006	0.013	0.013	0.013	0.013	0.013	0.013	0.013	0.015	0.025	0.017	0.016
2007	0.004	0.004	0.004	0.004	0.004	0.004	0.004	0.013	0.011	0.019	0.014

续表

年份	乐山－眉山	达州－广元	达州－绵阳	达州－内江	达州－西昌	达州－攀枝花	达州－眉山	广元－绵阳	广元－内江	广元－西昌	广元－攀枝花
2008	0.006	0.006	0.006	0.006	0.006	0.006	0.006	0.018	0.019	0.023	0.019
2009	0.034	0.019	0.031	0.039	0.024	0.037	0.027	0.022	0.017	0.018	0.023
2010	0.019	0.034	0.018	0.025	0.018	0.016	0.023	0.039	0.024	0.026	0.030
2011	0.019	0.037	0.032	0.041	0.052	0.041	0.026	0.033	0.033	0.023	0.032
2012	0.018	0.016	0.021	0.011	0.024	0.015	0.020	0.025	0.016	0.023	0.016
2013	0.012	0.016	0.016	0.022	0.014	0.014	0.009	0.021	0.021	0.016	0.014
2014	0.022	0.026	0.029	0.029	0.034	0.037	0.020	0.024	0.025	0.028	0.035
2015	0.016	0.015	0.018	0.014	0.031	0.011	0.010	0.020	0.017	0.036	0.013
2016	0.007	0.013	0.014	0.018	0.012	0.008	0.012	0.012	0.015	0.022	0.014
2017	0.018	0.016	0.024	0.023	0.024	0.011	0.011	0.030	0.029	0.025	0.015

年份	广元－眉山	绵阳－内江	绵阳－西昌	绵阳－攀枝花	绵阳－眉山	内江－西昌	内江－攀枝花	内江－眉山	西昌－攀枝花	西昌－眉山	攀枝花－眉山
2000	0.008	0.020	0.040	0.037	0.008	0.034	0.029	0.008	0.009	0.008	0.008
2001	0.009	0.045	0.037	0.041	0.009	0.026	0.028	0.009	0.033	0.009	0.009
2002	0.005	0.013	0.015	0.019	0.005	0.022	0.014	0.005	0.027	0.005	0.005
2003	0.009	0.029	0.017	0.014	0.009	0.028	0.029	0.009	0.018	0.009	0.009
2004	0.007	0.029	0.011	0.029	0.007	0.036	0.035	0.007	0.030	0.007	0.007
2005	0.008	0.027	0.028	0.018	0.008	0.040	0.027	0.008	0.019	0.008	0.008
2006	0.013	0.037	0.013	0.012	0.013	0.024	0.027	0.013	0.016	0.013	0.013
2007	0.004	0.017	0.023	0.016	0.004	0.022	0.022	0.004	0.017	0.004	0.004
2008	0.006	0.027	0.034	0.029	0.006	0.025	0.028	0.006	0.021	0.006	0.006
2009	0.022	0.033	0.026	0.029	0.029	0.017	0.017	0.027	0.015	0.017	0.027
2010	0.029	0.031	0.021	0.019	0.027	0.014	0.020	0.015	0.019	0.018	0.023
2011	0.042	0.017	0.040	0.011	0.015	0.044	0.015	0.018	0.040	0.057	0.025
2012	0.019	0.011	0.034	0.026	0.016	0.024	0.019	0.013	0.018	0.025	0.015
2013	0.015	0.028	0.025	0.026	0.019	0.031	0.015	0.017	0.018	0.014	0.010
2014	0.023	0.018	0.023	0.028	0.027	0.023	0.023	0.012	0.028	0.023	0.027
2015	0.019	0.010	0.028	0.018	0.015	0.031	0.015	0.012	0.040	0.032	0.010
2016	0.011	0.016	0.017	0.017	0.014	0.026	0.018	0.017	0.017	0.021	0.015
2017	0.018	0.024	0.020	0.022	0.023	0.021	0.024	0.027	0.024	0.025	0.009

B.8
四川五大区域协同发展分析报告

岳新胜*

摘　要： 当前，四川省由高速增长向高质量发展阶段转变，提出“一干多支、五区协同”区域发展新格局，致力于破解区域发展不平衡、不充分这一最突出的问题。四川五大经济区域发展水平有差异，比较优势各不同。近年来全省发展呈现出区域差距逐步扩大、产业结构不断优化的趋势，城镇化发展梯度落差过大的问题有所缓解，然而全省经济副中心建设形势并不明朗，区域协同发展也面临诸多困难和挑战。

关键词： 五大区域　协同发展　城镇化

一　构建“一干多支、五区协同”区域发展新格局

（一）背景

长久以来，区域协调发展不足是四川经济社会发展较为突出的问题。针对不同发展阶段的实际情况，四川先后提出实施了“依托一点、构建一圈、开发两片、扶持三区”、“五大经济区、四大城市群”、“多点多极支撑”等区域发展战略，有效促进了全省经济平稳健康发展。随着我国经济社会发展进入新时代，我国经济已由高速增长阶段转向高质量发展阶段，四川发展也

* 岳新胜，四川省社会科学院硕士研究生，主要研究方向为区域经济。

站在了新起点上。为推动四川高质量发展、着力解决四川区域发展不平衡不充分的问题，四川省委结合实际，决定实施“一干多支”发展战略，构建“一干多支、五区协同”区域发展新格局。[①]

“一干”就是支持成都加快建设全面体现新发展理念的国家中心城市，充分发挥成都引领辐射带动作用；“多支”就是打造各具特色的区域经济板块，推动环成都经济圈、川南经济区、川东北经济区、攀西经济区竞相发展，形成四川区域发展多个支点支撑的局面；“五区协同”就是要强化统筹，推动成都平原经济区（含成都和环成都经济圈）、川南经济区、川东北经济区、攀西经济区、川西北生态示范区协同发展，推动成都与环成都经济圈协同发展，推动“三州”与内地协同发展，推动区域内各市（州）之间协同发展。[②]

“一干多支”发展战略突出了成都作为经济发展“主干”的辐射带动作用，明确了成都是全省经济增长火车头，是提升四川在全国竞争力的主要力量。同时，对各支点的发展定位进行了区分，以更好实现各区域优势互补、错位发展，提升全省综合实力。因此，实施“一干多支”发展战略是推动四川由经济大省到经济强省高质量发展的必然要求。

在高质量发展要求下，四川区域协调发展面临不少新问题：四川省各区域之间、区域内部都存在协作不足的问题，限制了成都对全省、各区域中心城市对区域各地区联动发展的协同效应；各区域之间发展差距逐步扩大，各区域内部集聚效应不显著；城市对乡村的经济发展带动作用效果不明显，城乡二元结构仍然较为突出，“城市病”问题凸显。因此，四川亟须推动更深层次的区域协调，坚持“干”“支”协同、错位发展、协调联动，形成“一干多支、五区协同”区域发展新格局。

---

① 《中共四川省委关于全面推动高质量发展的决定》。

② 彭清华：《关于〈中共四川省委关于深入学习贯彻习近平总书记对四川工作系列重要指示精神的决定〉和〈中共四川省委关于全面推动高质量发展的决定〉的说明》，《四川日报》2018 年 7 月 2 日。

（二）概况

五大区域的地理区位、资源条件、发展水平等基本情况各有不同，依据实际做出的定位也各有特色（见表1）。

表1 四川五大区域范围及定位

五大区域	范围	定位
成都平原经济区	成都、绵阳、德阳、眉山、乐山、雅安、资阳、遂宁8个市,65个县(市、区)	成都:全面体现新发展理念的国家中心城市 环成都经济圈:现代经济集中发展区
川南经济区	自贡、泸州、内江、宜宾4个市,28个县(市、区)	南向开放重要门户 川渝滇黔结合部区域经济中心 全省第二经济增长极
川东北经济区	广元、南充、广安、达州、巴中5个市,34个县(市、区)	东向北向出川综合交通枢纽 川渝陕甘结合部区域经济中心
攀西经济区	攀枝花市、凉山彝族自治州2个市(州),22个县(市、区)	攀西国家战略资源创新开发试验区 现代农业示范基地 国际阳光康养旅游目的地
川西北生态示范区	阿坝藏族羌族自治州、甘孜藏族自治州2个州,31个县(市)	国家生态建设示范区 国际生态文化旅游目的地 国家全域旅游示范区 国家级清洁能源基地 现代高原特色农牧业基地 全国民族团结进步示范州

资料来源：《关于实施"一干多支"发展战略推动全省区域协同发展的意见》。

成都平原经济区面积约为8.7万平方公里，占全省面积的17.9%，常住人口约为3800万人，占全省人口的45.8%。成都平原经济区拥有得天独厚的自然条件，平原面积大、产业体系完备、经济活力最强，在全省占据绝对优势。

川南经济区面积约为3.5万平方公里，占全省面积的7.2%，常住人口为1550万人，占全省人口的18.7%。川南经济区位于长江黄金水道上游地区，是川、渝、滇、黔四省市的接合部，人口密度大、产业特色鲜明、经济实力较强，是全省的新兴增长极。

川东北经济区面积约为6.4万平方公里，占全省面积的13.2%，常住人口为2133万人，占全省人口的25.7%。川东北经济区地处秦岭南侧，是川、渝、陕、甘四省市的接合部，拥有丰富的自然资源，但发展基础较为薄弱，是集贫困地区、革命老区、边远山区于一体的欠发达地区。

攀西经济区面积约为6.8万平方公里，占全省面积的13.9%，常住人口为606万人，占全省人口的7.3%。攀西经济区位于长江上游川、滇、黔接合部，自然环境独特、水能蕴藏量大、钒钛资源丰富、工业基础扎实，是四川积极培育的南向开放门户，但凉山州不少地区是少数民族聚居区和连片扶贫开发攻坚区，协同发展挑战较大。

川西北生态示范区面积约为23.3万平方公里，占全省面积的47.9%，常住人口为213万人，占全省人口的2.6%。川西北生态示范区位于青藏高原到四川盆地的过渡地带，是我国第二大藏族聚居区和最大羌族聚居区，地广人稀、资源丰富、战略地位特殊、生态环境脆弱、发展水平较低、贫困问题突出。

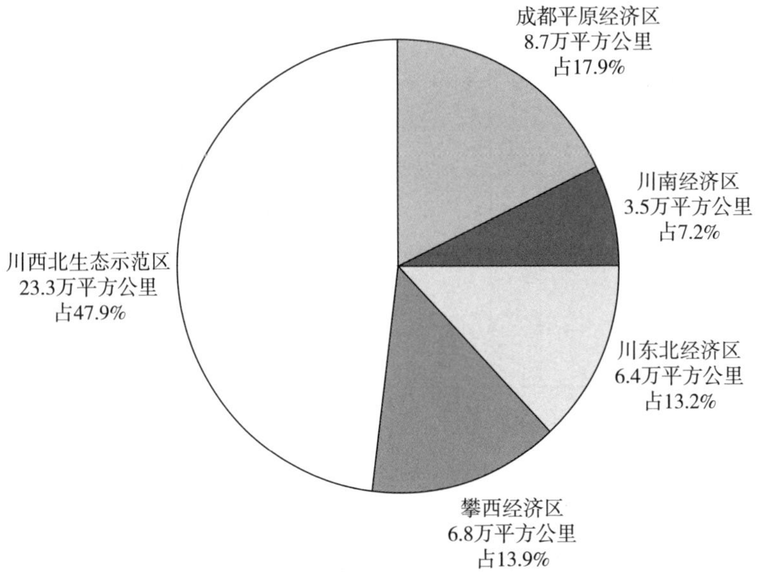

图1　四川省五大区域面积

二　五大区域发展比较

（一）经济规模与发展水平

近年来，五大区域均呈现中高速发展态势。[①] 2017年，成都平原经济区GDP达到23379亿元，增长8.1%，占全省的60.6%，规模稳居全省第一，增速与全省持平，为四川经济稳增长发挥了重要作用。川南经济区GDP达到6088亿元，增长8.4%，占全省的15.8%，规模位列五大区域第二，增速领先五大区域，有望发展为全省第二增长极。川东北经济区GDP达到5919亿元，增长8.3%，占全省的15.3%，规模与川南经济区相当，增速高于全省平均水平，发展势头良好。攀西经济区GDP为2625亿元，增长6.2%，占全省的6.8%，增速位于五大区末位。川西北生态示范区地区生产总值为557亿元，增长6.3%，占全省的1.4%。川西北生态示范区和大小凉山地区是长江上游生态屏障，定位特殊，为保障区域可持续发展，以突出生态功能为主，因此增速落后于全省平均水平（见图2、图3）。

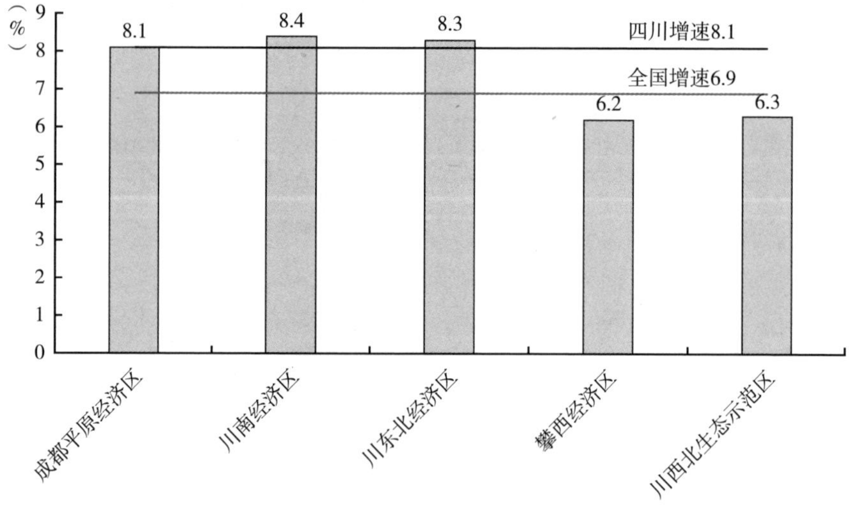

图2　2017年四川省五大区域经济增速

① 本报告数据来源于《四川统计年鉴》、各市（州）统计年鉴及统计公报。

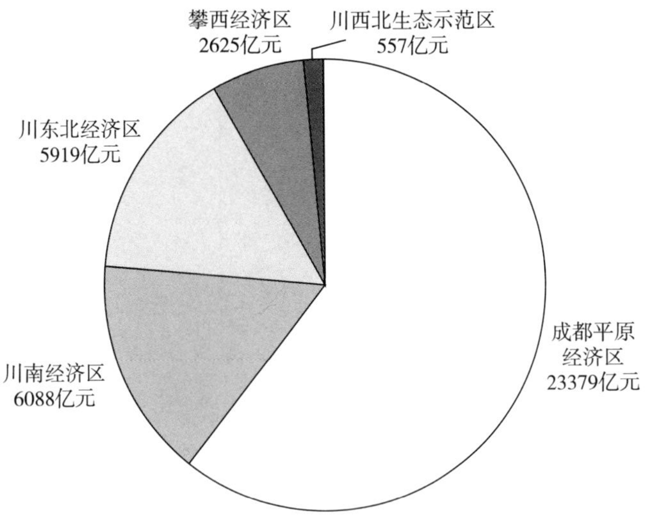

图3　2017年四川省五大区域GDP

分市（州）看，成都市GDP达到13889亿元，增长8.1%，占成都平原经济区的59.4%，占全省的36.0%，经济发展规模大，首位作用仍然明显，且近年来成都GDP占全省的比重也呈现逐步上升态势，是四川经济发展的火车头。全省经济总量排成都之后的七个市分别是绵阳、德阳、宜宾、南充、泸州、达州、乐山，其总和接近全省的34%，是全省经济稳定发展的重要力量。这七个市的GDP均超过了1500亿元，未来的省域经济副中心将在其中产生，但目前仅有绵阳的GDP达到了2000亿元，不足成都的15%，发展空间巨大。在以上八个市中，成都平原经济区占四个，川南经济区和川东北经济区分别占两个，成都的首位度高达6.7，这说明区域发展不平衡不充分仍然是四川经济发展较为突出的一个问题（见图4）。

在人均GDP方面，区域发展的不平衡不充分问题凸显，绝对差距呈现扩大趋势，相对差距较为稳定。

首先，人均GDP在五大区域间差异较大（见图5）。成都平原经济区人均GDP大大高于其他区域，而川东北经济区和川西北生态示范区的人均GDP则远远落后于全省平均水平，这两个区域受地理因素所限，存在较多

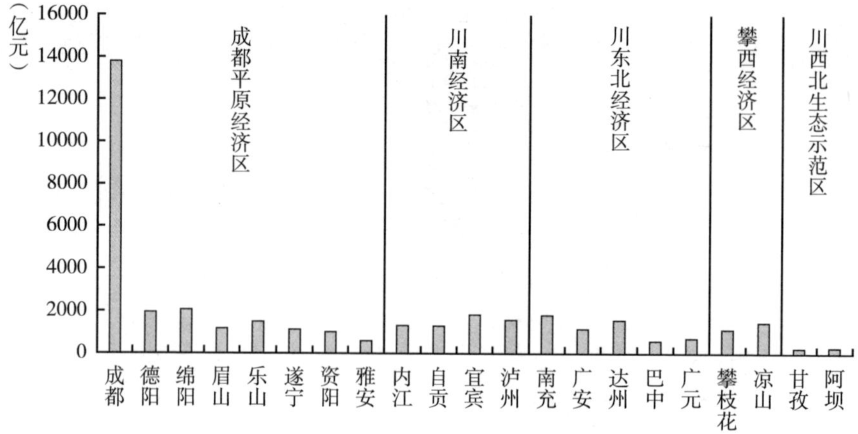

图4　2017年四川省21市（州）GDP

的贫困山区，经济发展也比较落后（见图5）。

其次，各区域内部的人均GDP也存在较大差异，问题突出程度由高到低分别是攀西、成都平原、川东北、川西北、川南（见图6）。在攀西经济区，攀枝花人均GDP达到92584元，排名全省第一，且远远超过全国人均水平（59660元），而凉山州人均GDP仅为30669元，两地经济发展水平存在高达3倍的差距。在成都平原经济区，成都以86991元的人均GDP位列全省第二，其他七个市中除德阳、乐山外都低于全省人均水平（44651元），遂宁的人均GDP（34835元）仅为成都的四成。2017年四川21市（州）中，人均GDP高于全国人均水平的仅有攀枝花和成都，其他市（州）距离全国人均水平还有不小的差距，最低的是川东北经济区的巴中，人均GDP仅为18148元，是四川人均水平的40%、全国人均水平的30%、攀枝花的20%（见图6）。

（二）产业结构

近年来四川产业结构呈现出加速调整趋势（见图7），2017年全省产业结构为11.5∶38.8∶49.7，虽然川南、川东北、攀西、川西北仍然呈现出“二三一”的产业结构，但调整势头良好，优化效果明显（见图8）。

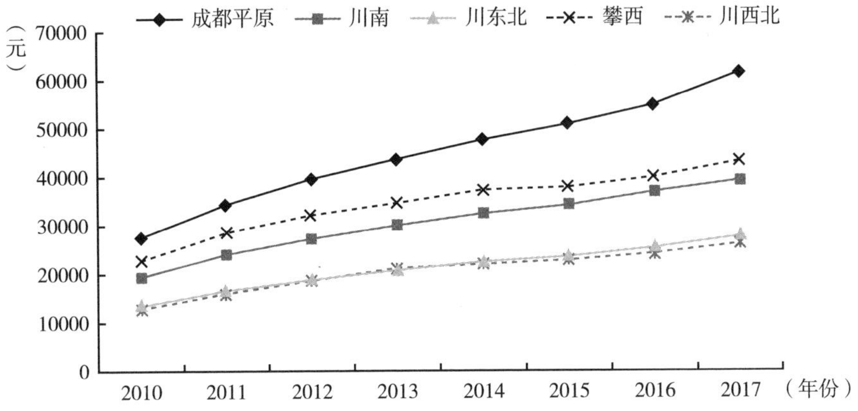

图5　2010～2017年四川省五大区域人均GDP

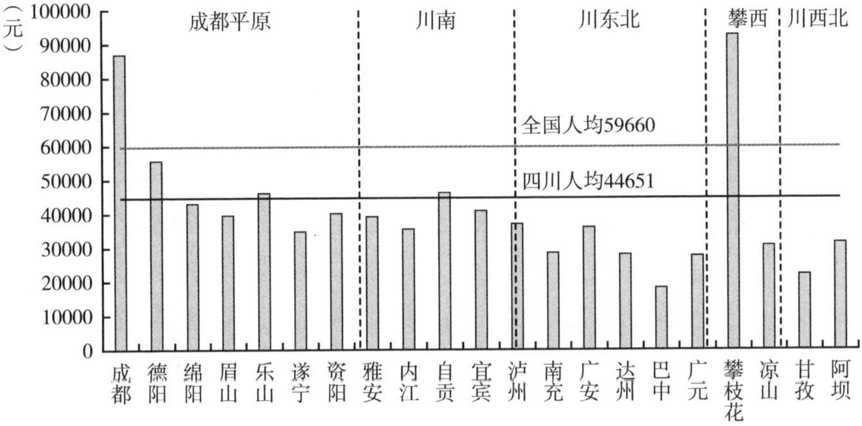

图6　2017年四川省21市（州）人均GDP

成都平原经济区第三产业和第二产业的占比差距最小，第一产业占比全省最低，2013年以来产业结构加速调整，到2017年第三产业首次超过第二产业，产业结构调整为7.5∶44.3∶48.2，优化效果明显，但仍落后于全国水平，第三产业落后全国3.4个百分点，还有极大发展空间（见图9）。其中，成都的第三产业结构占比长期高于第二产业，第一产业占比稳定在4%以下，为全省最优（见图10）。在环成都经济圈中，除绵阳外，各市第二产业占比均高于第三产业，第一产业占比也都在10%以上，与成都的差距较

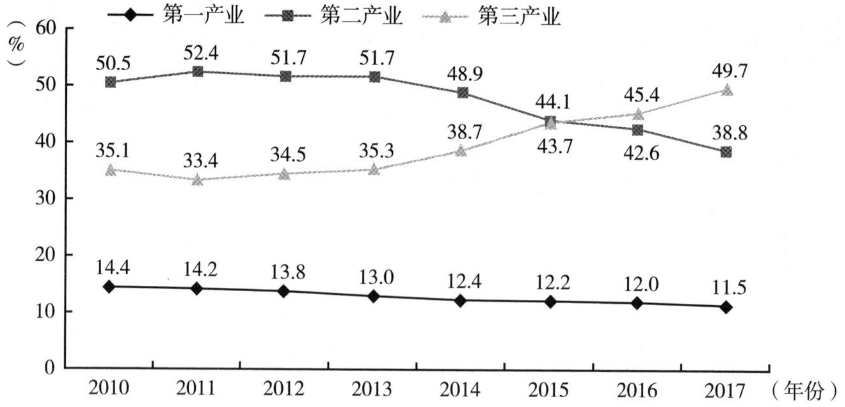

图7　2010～2017年四川省产业结构

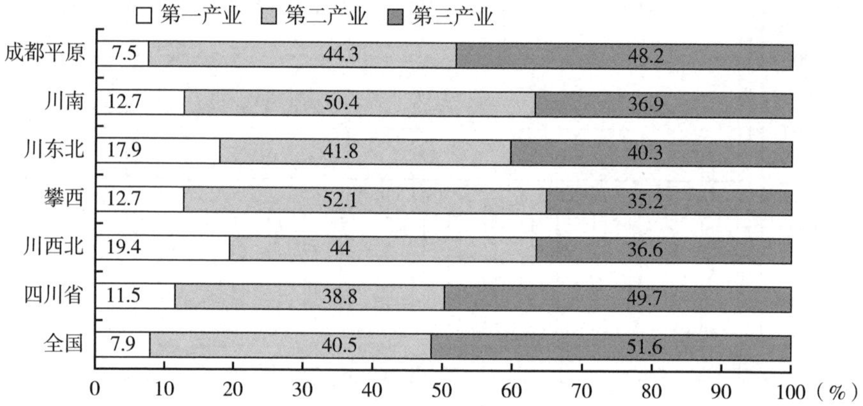

图8　2017年四川省五大区域产业结构

为明显。

川南经济区第二产业占比明显偏高，第三产业占比偏低，2017年产业结构调整为12.7∶50.4∶36.9，第二产业占比高于全省11.6个百分点，第三产业占比低于全省12.8个百分点，尽管近年来川南经济区的产业结构不断优化调整，但与全省平均水平相比，还存在不小的差距（见图11）。区内各市产业结构及调整趋势基本一致。

川东北经济区第一产业占比较高，随着城镇化的稳步推进，川东北的产

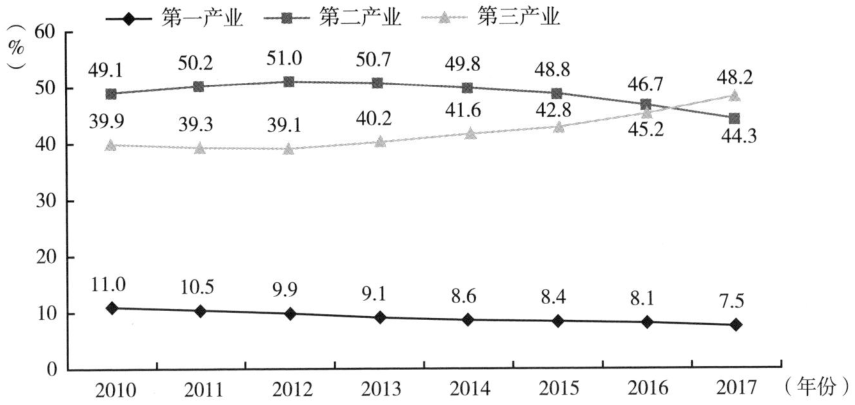

图 9　2010～2017 年成都平原经济区产业结构

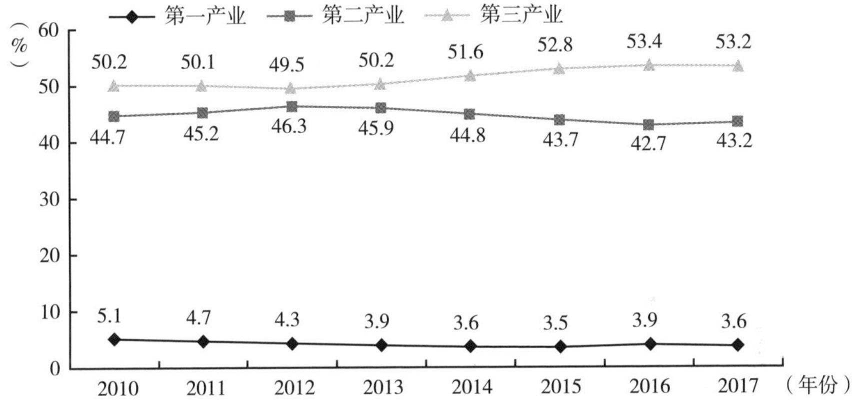

图 10　2010～2017 年成都市产业结构

业结构不断优化，2017 年产业结构调整为 17.9∶41.8∶40.3，优化调整速度全省最快，第一产业占比不断下降，第三产业占比也即将超过第二产业（见图 12）。

攀西经济区第二产业占比全省最高，长期以来第二产业占比居高不下，2015 年中央推行“三去一降一补”以来，攀西产业结构开始加速调整，2017 年产业结构调整为 12.7∶52.1∶35.2，资源型地区转型成果逐步显现，产业结构进入持续优化阶段（见图 13）。其中，攀枝花作为资源型工业

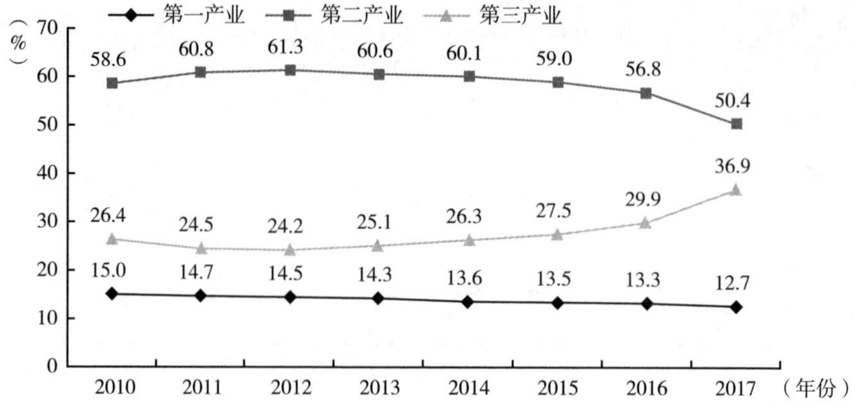

图 11　2010～2017 年川南经济区产业结构

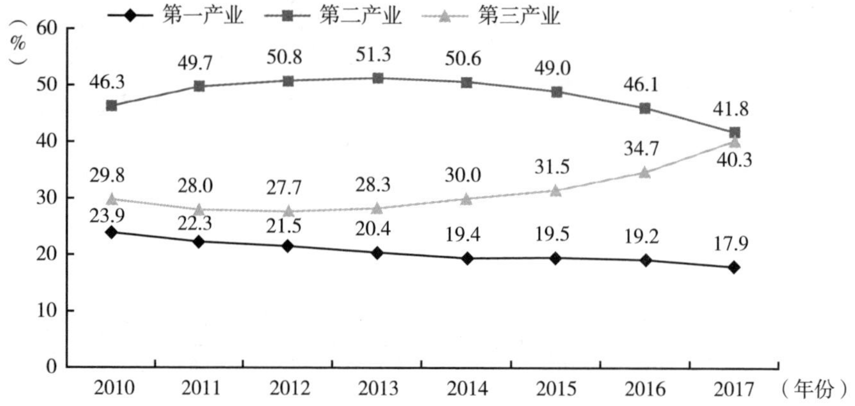

图 12　2010～2017 年川东北经济区产业结构

基地，第二产业占比在全省最高，第二产业占比与第三产业的差异也最大，近年来产业结构调整呈现出加速趋势（见图 14）。

川西北生态示范区较为特殊，2017 年产业结构为 19.4∶44.0∶36.6，第一产业占比为全省最高，与川西北的山区地貌和大量牧民基数有关。和其他四大经济区的经济发展阶段不同，川西北产业结构调整速度缓慢，暂时没有呈现出结构优化的趋势，第一产业占比没有明显下降，2014 年到 2016

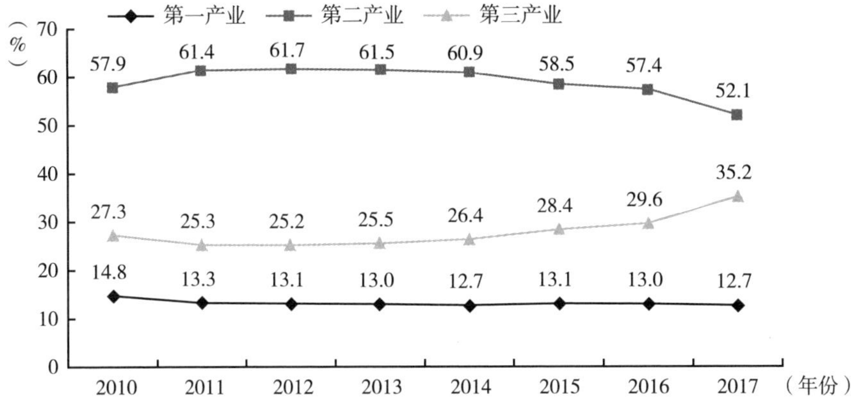

图 13　2010～2017 年攀西经济区产业结构

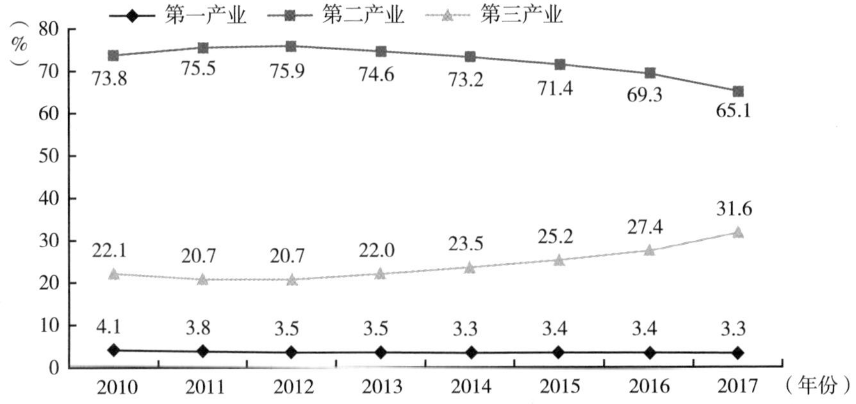

图 14　2010～2017 年攀枝花产业结构

年，第二产业增长近乎停滞。① 川西北生态示范区地理位置独特，战略定位特殊，为建设长江上游生态屏障、服务国家大局和确保区域可持续发展，突出其生态功能是首要目标，不宜过快发展第二产业，这导致川西北产业结构的特殊性（见图 15）。

① 2013～2017 年第二产业增加值分别为 201.6 亿元、205.5 亿元、205.8 亿元、215.6 亿元、245.1 亿元。

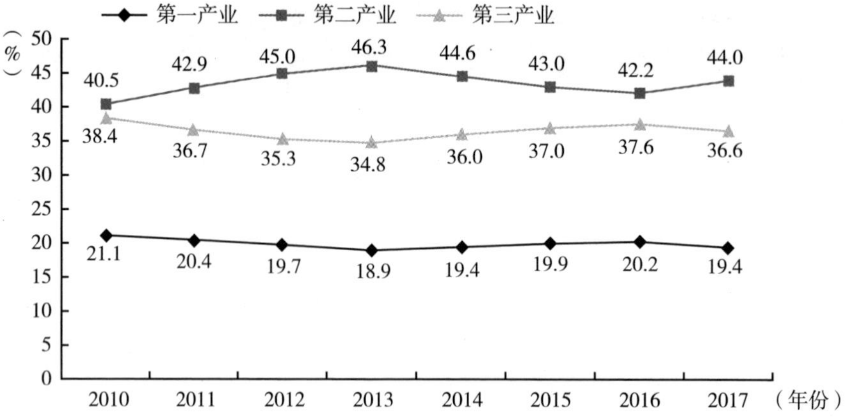

图 15　2010～2017 年川西北生态示范区产业结构

（三）人口流动

统计资料显示，近年来五大区域常住人口呈现出同步平稳增加的趋势，各区域人口占比保持稳定。从 2010 年到 2017 年，全省常住人口从 8042 万人增加到 8301 万人，增幅为 3.2%。其中，川西北生态示范区和攀西经济区的常住人口增幅较大，分别为 6.8% 和 5.6%，而其余三个经济区的增幅都在 3.0% 左右。三州地区的人口增幅高于全省平均增幅，当地人口自然增长率较高，少数民族家庭普遍子女较多。

成都平原经济区八个市的常住人口变化呈现出较大的差异性，整个区域的人口增量主要体现在成都，其次为绵阳，而其他各市人口增加不明显，甚至存在人口持续流出的现象。从 2010 年到 2017 年，成都平原经济区常住人口从 3689 万人增加到了 3799 万人，占全省常住人口的 45.8%，是四川常住人口的主要承载区域。其中，成都常住人口从 1404 万增加到了 1604 万，增加了 200 万人（其中 106 万人是 2016 年简阳市从资阳划入成都增加的），增幅为14.2%①，是成都平原经济区内人口增加数量最多、

① 若不考虑简阳并入，则成都人口增加 6.7%。

增幅最大的城市；绵阳人口增加了22万人，增幅为4.8%，是除成都外对区域人口吸引力最大的城市；眉山、乐山和雅安的人口增幅分别为0.8%、1.1%、2.0%，虽然增速低于自然增长率，存在轻微的人口流出现象，但总体保持稳定。遂宁人口减少0.5%，资阳人口减少1.4%①，德阳人口减少2.3%，这三个地区的人口持续流出较为明显。因此，成都平原经济区仍然处于人口不断向成都集聚的阶段，成都对人口的吸引力在整个区域具有无可比拟的优势。德阳距离成都70公里，车程仅为一小时，近年来德阳与成都的同城化趋势逐渐明显，并且德阳距离绵阳50公里，车程仅为50分钟，因此德阳人口向成都和绵阳流动可能是德阳人口流出幅度最大的原因。

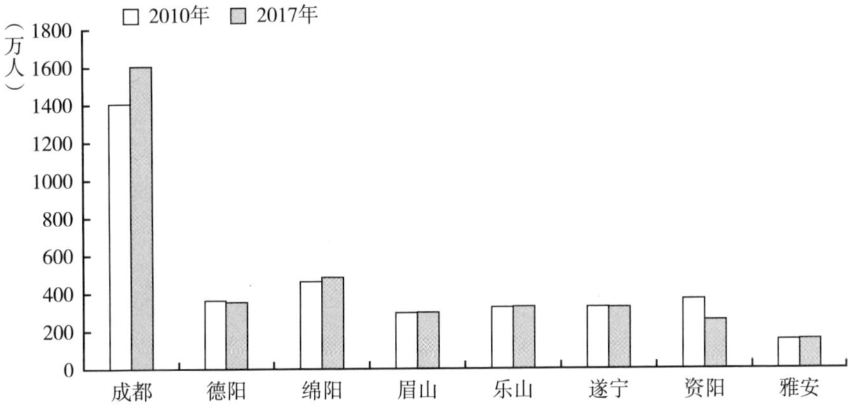

图16　成都平原经济区各市常住人口

其他四个区域的常住人口变化与成都平原经济区有所不同，各市（州）常住人口都保持稳定增长，没有出现人口减少的现象。其中，常住人口增幅较大的是川南的自贡（8.3%）、川东北的广元（7.1%）和达州（4.1%）、攀西的凉山（6.7%）、川西北的甘孜（8.6%）和阿坝（4.6%）。

① 若考虑简阳划出，则人口减少30.3%。

（四）城镇化水平

从2010年到2017年，全省城镇化保持高速同步推进，2017年四川城镇化率达到50.8%，年均增长1.5个百分点，城镇人口从3291万人增加到4217万人，年均增加132万人，城镇化速度快于全国平均水平，与全国城镇化率的差距缩小到7.7个百分点。其中，成都平原经济区的城镇人口达到2209万人，占全省城镇人口的52.4%，城镇人口年均增加62万人，是全省城镇人口的主要承载区；川南经济区的城镇人口达到757万人，占全省城镇人口的17.9%，年均增加24万城镇人口；川东北经济区城镇人口达到930万人，占全省城镇人口的22.1%，年均增加36万城镇人口；攀西经济区城镇人口为247万人，占全省城镇人口的5.9%，年均增加7万城镇人口；川西北生态示范区城镇人口为73万人，仅占全省城镇人口的1.7%，年均增加3万城镇人口。

全省五大区域城镇化水平整体偏低，城镇化发展也存在较大的区域梯度差异（见图17）。城镇化率超过50%的区域仅有成都平原经济区，2017年城镇化率达到58.2%，高于全省城镇化率7.4个百分点，是唯一一个超过全省平均城镇化率的区域，但仍然落后全国城镇化率0.3个百分点。城镇化率在40%~50%的区域有川南经济区（48.8%）、川东北经济区（43.6%）和攀西经济区（40.8%），分别落后成都平原经济区9.4个百分点、14.6个百分点、17.4个百分点，与成都平原经济区相比还存在较大差距。城镇化率低于40%的是川西北生态示范区（34.3%），与川内其他区域相比，城镇化发展水平差距巨大。

从增速上看，除攀西经济区外，全省各大区域城镇化保持较快发展。其中，川东北经济区城镇化推进速度全省第一，年均增长1.6个百分点，远超全国平均增速，从2013年起城镇化率超越攀西经济区位列全省第三，与成都平原经济区和川南经济区的差距正在逐步缩小，过大的区域差距问题有望得到缓解。成都平原经济区和川南经济区的城镇化速度较快，年均增长1.4个百分点，高于全国城镇化速度，成都平原经济区有望在接下来的两到三年内达到并超过全国平均城镇化水平，而川南经济区与成都平原经济区的城镇化差距

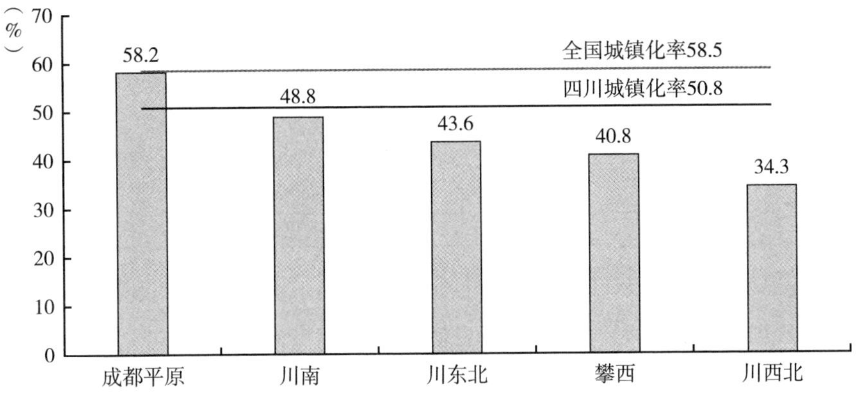

图17 2017年四川省五大区域城镇化率

暂时还没有出现缩小的趋势。川西北生态示范区城镇化速度略快于全国增速，但与省内比较相对较慢，与2010年相比，和成都平原、川南、川东北的城镇化发展差距略微扩大。攀西经济区是全省城镇化速度最慢的区域，城镇化率年均增长仅为0.9个百分点，落后全省、全国平均速度，与成都平原经济区、川南经济区和川东北经济区的差距呈现出不断扩大的趋势。其中攀枝花城镇化水平较高，目前处于城镇化中低速发展阶段，而凉山州城镇化基础较为薄弱，受地理条件、产业发展等因素的限制，城镇化推进速度较为缓慢。

分市（州）看，城镇化率超过60%的仅有成都和攀枝花，城镇化速度低于1%的也仅有成都和攀枝花，这两个市呈现出城镇化率最高、城镇化速度最低的特点，符合城镇化发展阶段特征。成都以71.9%的城镇化率位列全省第一，年均增速为0.9个百分点，攀枝花城镇化率达到66.0%，年均增速为0.8个百分点，都与各自所属区域内其他市（州）存在极大差异，区域内城镇化发展不平衡的问题较为突出。2017年以前，全省没有城镇化率在50%～60%阶段的市（州），随着近年来四川城镇化加速发展，已有四市城镇化率突破50%，分别是成都平原的德阳（51.0%）、绵阳（51.0%）、乐山（50.2%）和川南的自贡（50.9%），并且在接下来的一两年内，还将有四个市的城镇化率突破50%，分别是遂宁（48.5%）、内江（47.9%）、宜宾（48.1%）、泸州（49.0%）。届时，除攀枝花外，全省城镇化率超过50%的市全部在成都平原经济区和川南经济区。目前城镇化率低于40%的地区是阿坝州、甘孜州和凉山州，受发展环境限制，城镇化推进速度落后于全省平均速度。

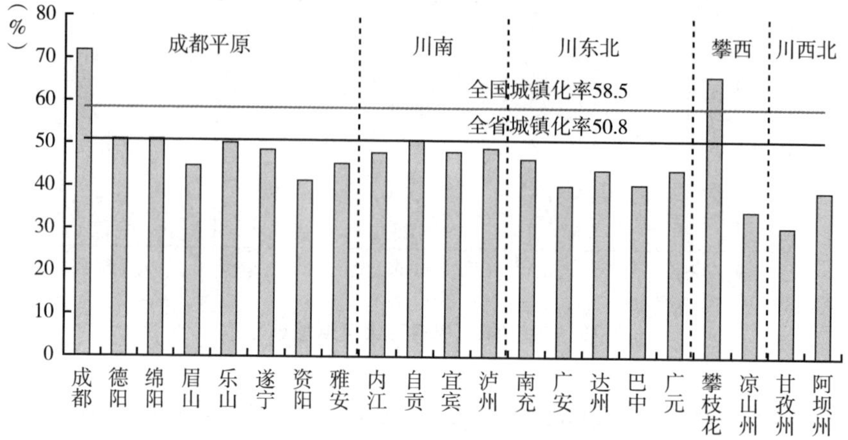

图18　2017年四川省21市（州）城镇化率

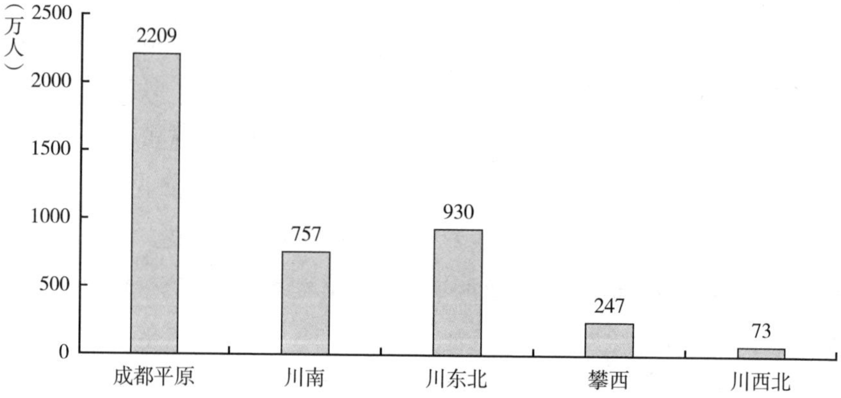

图19　2017年四川省五大区域城镇人口数量

三　五大区域发展态势和前景

（一）区域经济发展差距呈现扩大态势

目前成都平原经济区在经济总量上占据绝对优势地位，且总量上的优势还处在加速扩大阶段（见图 20）。2010～2017 年，成都平原经济区 GDP 与其他四大区域的 GDP 差距均扩大了一万亿元以上，成都平原经济区 GDP 占全省的比重保持平缓上升态势，七年间提升了 2.3 个百分点，2017 年占比首次突破 60%，而川南经济区占比下降了 0.9 个百分点，为 15.8%，川东北经济区占比下降了 0.6 个百分点，为 15.4%，攀西经济区下降了 0.7 个百分点，为 6.8%，川西北生态示范区占比稳定在 1.5% 左右（见表 2）。由此可见，川内其他区域与成都平原经济区的差距存在逐步扩大的态势。

表 2　2010～2017 年四川省五大区域经济总量占比

单位：%

年份	成都平原	川南	川东北	攀西	川西北
2010	58.3	16.7	16.0	7.5	1.5
2011	58.3	16.7	15.9	7.6	1.5
2012	58.7	16.6	15.7	7.5	1.5
2013	58.8	16.5	15.8	7.3	1.6
2014	59.1	16.4	15.7	7.3	1.5
2015	59.7	16.3	15.5	7.0	1.5
2016	59.8	16.3	15.5	6.9	1.5
2017	60.6	15.8	15.4	6.8	1.4

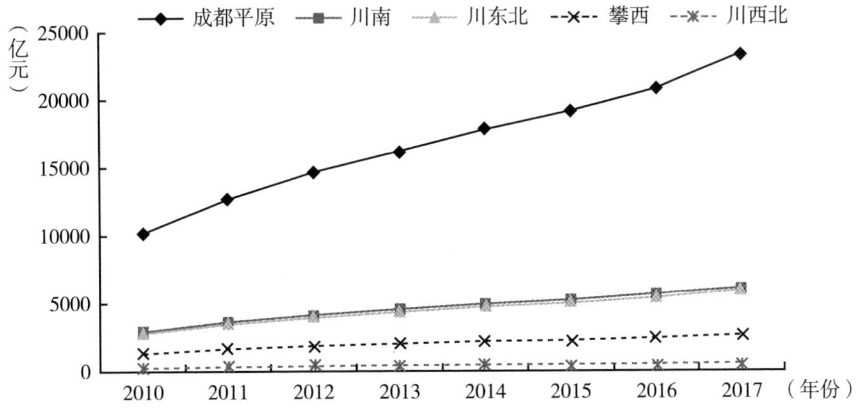

图 20　2010～2017 年四川省五大区域 GDP

五大区域人均 GDP 差距、五大区域内部各市（州）人均 GDP 差距都呈现出扩大态势（见图 21），而各区域内部人均 GDP 最大值与最小值之比却较为平稳，除攀西经济区外，都没有扩大趋势（见图 22）。这说明除攀西外各市（州）人均 GDP 基本实现同步增长，绝对差距的扩大主要是发展基础差异过大导致的，发展不平衡的问题随着经济规模的扩大而越来越突出；攀西经济区的发展差异扩大除了发展基础差异大这一原因外，凉山州未能与攀枝花同步快速发展也是一个重要因素。

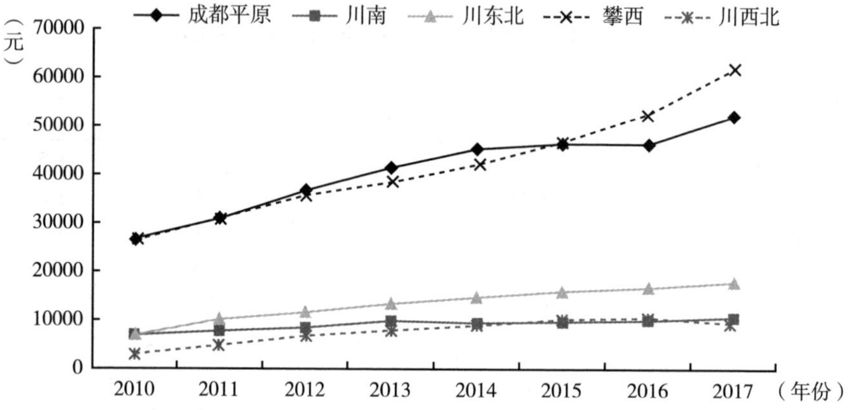

图 21　2010～2017 年四川省五大区域人均 GDP

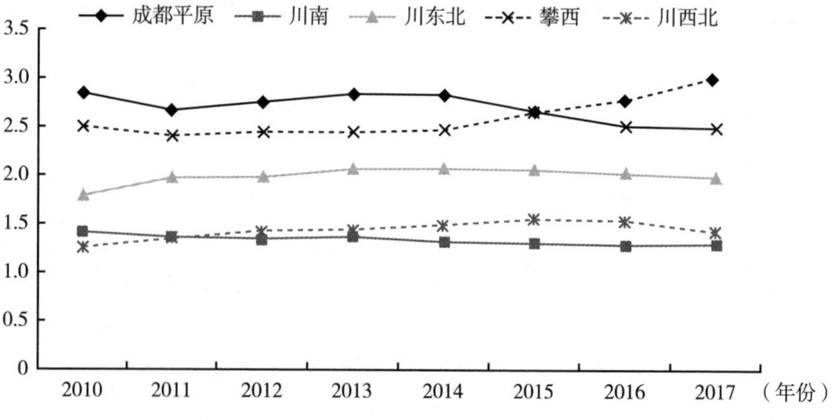

图 22　2010～2017 年四川省五大区域人均 GDP 最大值与最小值之比

（二）三州与内地协同基础薄弱

三州地区是四川扶贫攻坚的主战场，正处于脱贫攻坚的决胜期。以甘孜州、阿坝州、凉山州为代表的少数民族地区，贫困面大、贫困程度深，扶贫任务十分艰巨。三州地区自然条件独特，多山地而少平原，地形落差变化大，地质灾害多发，经济社会发展基础薄弱，发展水平较低，区域发展不平衡问题非常突出，与省内其他地区差距巨大。长期以来，三州地区与内地协同发展成效并不显著，发展差距有扩大趋势，与内地协同发展的主要瓶颈有如下两个方面。

一是基础设施落后制约了经济社会发展。虽然三州地区的公路总里程并不低，但道路等级低，高等级公路、高速公路通车里程短，地区内部公路密度低，并且缺乏铁路建设，交通相对闭塞。不少少数民族聚居于偏远山区，这不仅给经济社会发展带来了极大困难，也造成了电力紧缺、水利设施建设滞后、卫生条件差、传染病容易扩散等问题，导致三州地区招商引资困难，生态产品难以输出转化成经济效益，旅游资源得不到充分开发利用，旅游设施建设无法满足现代旅游舒适、安全的基本需求。近年来，扶贫攻坚工程对三州地区基础设施的改善起到了极大的作用，但与内地交流不便等基本情况并没有得到根本性改变，这样的基础设施条件难以支撑与内地的协同发展。

二是资源开发与生态环境保护矛盾突出。川西北生态示范区和大小凉山地区是国家级重点生态功能区，是长江水系水源涵养地，对保障长江流域乃至全国生态安全具有重要作用。同时，三州地区地质结构不稳定，是我国主要石漠化地区之一。生态脆弱，极易遭到破坏，恢复能力较差。高标准的生态环境保护需求和脆弱的生态环境为三州地区的资源开发带来了极大困难，资源开发成本高、生态治理难度大、企业经济效益低，导致丰富的资源优势无法得到充分利用与发挥。单纯依靠行政手段使内地与三州地区共建产业园难以撬动社会资本进入，反而会导致资源浪费和生态环境问题，输血式联动发展也难以使双方受益，内地与三州协同发展积极性不高。

（三）争创全省经济副中心城市形势不明朗

成都是成都平原经济区的核心城市，也是全省的经济中心，对环成都经济圈乃至全省各市（州）的经济发展都有不同程度的辐射影响力。但是，四川各市（州）在自然环境、区位条件等方面都存在客观差异，各地区实际发展情况也各有特点，过去的历史经验表明，四川作为一个人口和经济大省，仅靠成都一个城市的带动不足以实现全省各地区的协调发展。湖北、浙江等地的发展经验给四川提供了一个较好的思路，四川省委鼓励有条件的区域中心城市争创全省经济副中心，在更大范围内带动区域经济整体发展，为全省经济发展提供更强有力的支撑。

全省经济副中心必须在全省经济发展中起到“承上启下”的作用，在四川城镇体系建设中做好成都的“二传手”，在经济规模上应具备足够大的体量，并且能将省内一定范围内的区域作为经济腹地，在该区域内形成较完善的产业生态系统，促进整个区域乃至全省的经济发展。

目前，不少城市已经明确提出争创全省经济副中心，这些城市都有一定的发展基础和优势。一是经济实力相对较强，绵阳、德阳、宜宾、南充、泸州、达州、乐山七个市的经济总量排在全省前列，产业基础较好，目前形成了具有一定比较优势的产业集群。二是地理区位条件优越，目前既有的国家交通干线和规划建设的对外大通道在这七个城市都有交汇点，且这些城市与周边城市在经济贸易上较为密切。三是城镇化水平较高，目前全省除成都外，城镇人口超过 200 万的城市有绵阳（247 万）、宜宾（218 万）、泸州（211 万）、南充（298 万）、达州（249 万），市场规模和发展潜力较大，资源要素集聚能力较强。

但是，就全省经济副中心的建设条件和要求来看，这七个城市还存在不小的差距，还不足以成为辐射带动全省甚至区域发展的大城市。

一是经济实力不够强。在经济规模上，仅有绵阳在 2017 年达到了 2000 亿元，其余各市均在 2000 亿元以下，难以承担全省经济副中心重任；在产业结构上，也仅有绵阳和达州的第三产业占比超越了第二产业，其余各市还处于第二产业占主导的发展阶段，而绵阳和达州的第一产业占比过高，目前调整产业结构是其发展重点之一，还难以与区域内其他城市一起发挥联动作用。在人均 GDP 上，仅有德阳和乐山超过了全省人均 GDP，而宜宾、泸州、南充、达州的人均 GDP 在其各自区域内并不是最高的，差距也较为明显。

二是对资源要素的集聚能力不够强。以人口为例，2010 年到 2017 年间，在成都经济区，乐山常住人口增加 1.1%，德阳减少了 2.3%，除成都外对人口吸引力最大的是绵阳，达到了 4.8%；在川南经济区，常住人口增幅最大的是自贡（8.3%），而宜宾（1.3%）和泸州（2.4%）对人口的吸引力明显不足；在川东北经济区，常住人口增幅最大的是广元（7.1%），然后才是达州（4.1%）和南充（2.2%）。在固定资产投资占区域总固投比重方面，绵阳的固定资产投资占比从 2010 年的 10.4% 下滑到了 8.5%，德阳的占比先下降后上升到 7.8%，与 2010 年占比基本持平，乐山的占比持续上升了 1.1 个百分点到 7.6%；在川南经济区，宜宾的占比略有波动，存在下浮下滑现象，而泸州的固定资产投资占比则从 27.6% 上升到了 37.7%，吸引投资效果明显；川东北经济区的南充和达州的占比都出现了下滑趋势，对投资吸引力最强的反而是经济较为落后的广安和巴中。总之，这七个城市有些对人口吸引能力强，有些对资金吸引能力强，没有对各个要素都具备较强吸引力的城市。

三是在各自区域板块内没有形成综合优势。成都平原经济区的经济发展向成都集聚，成都经济规模占区域比重从 2010 年的 54.6% 上升到了 2017 年的 59.4%，其余各市在区域经济中的比重都有不同程度的下降，德阳经济占比的下降最多，从 9.1% 降到了 8.4%。[①] 川南经济区呈现出泸州和宜宾两市竞相发展的态势，泸州的经济占比从 24.4% 稳步提升到了 26.2%，宜宾的经济占比存在小幅波动，略有上升，而内江和自贡的经济占比出现小幅下滑。川东北经济区经济集聚现象尚不明朗，南充和广元的经济占比呈现出上升趋势，巴中和广安的经济占比则有小幅波动，整体平稳，而经济规模较大

① 不考虑简阳从资阳划出的因素。

的达州的占比却逐年下滑。

综上所述，这七个争创全省经济副中心的城市各有特点、优势明显、短板突出，而全省经济副中心必须要在各自区域板块内形成全面优势，以实现一定程度上在全省范围内对战略性资源、产业、通道的掌控，从而推进区域整体协调发展。目前这七个城市距离全省经济副中心还有不小的差距，在各自区域板块内存在较为激烈的竞争，难以判断哪一个城市更有希望成为全省经济副中心。

四　加强区域协同发展的建议

（一）加快建设一体化综合交通运输体系

加快联通各市的高速公路建设与扩容，完善各区域城际快速交通网，提高互联互通水平，提高城际干道与城市路网的衔接转换效率，在成都平原经济区形成相邻中心城市 1 小时通达的城际综合运输网络，推进环成都经济圈的同城化。加快建设川南、川东北城际铁路，强化基础设施互联互通，构建以城际铁路、高等级道路为骨架的城际快速路网，实现城市群、中心城区、县城与重点城镇等主要节点间的快速有效联接。加快攀西、川西北经济区内连接各重点城镇的高速公路建设，连接区域外、省外节点城市的铁路建设，加快川藏铁路建设，推进普通国道、省道升级改造，畅通内联外达通道。加快打通通往粤港澳大湾区、北部湾经济区、昆明的高铁大通道、出海货运通道，加密南向高速公路大通道，建设东向北向进出川的综合运输大通道，包含高速公路、高速铁路、机场，降低对外联系的时间成本。

（二）优化全省产业布局

立足各区域的发展基础和比较优势，突出功能定位，深化协同联动，明确 21 个市（州）的重点布局产业及重点发展领域，形成错位发展、功能互补、产业融合的新局势。成都重点发展电子信息、装备制造、先进材料、食品饮料产业和数字经济，建设全国重要的先进制造业基地。推动环成都经济圈与成都形成产业协同配套、一体发展的高端装备制造、电子信息产业集群，以及清洁发电设备、轨道交通装备、生物医药、新能源、新材料等产业集群。川南经济区依托特色资源，积极融入“一带一路”建设和长江经济带发展，加快老工业基地调整改造和资源枯竭型城市转型，打造世界级白酒产业集群，促进国内领先的食品饮料、节能环保装备、信息安全、工程机械、精细化工、通用航空和航空发动机研发制造等产业集群。川东北经济区加快特色资源开发利用，发展特色农产品精深加工、清洁能源化工、生态康养和红色文化旅游，形成国内领先的油气化工、机械汽配、绿色食品、丝纺服装、建材家居、旅游康养等产业集群。攀西经济区加快建设国家战略资源创新开发试验区和现代农业示范基地，依托特色资源优势加快产业转型升级，大力发展先进材料、能源化工、食品饮料产业，培育世界级钒钛材料和阳光康养产业集群。川西北生态示范区及大小凉山地区要突出生态功能，重点发展清洁能源、全域旅游、特色农牧业、民族特色产品等绿色产业，充分发挥生态屏障功能。

（三）建立协同发展领导机制

为避免各市（州）各自为政、恶性竞争，确保“一干多支”战略的落实和“五区协同”新格局的形成，可借鉴沿海发达地区成功经验，建立区域协同发展联席会议制度等统筹机制。可以在省级层面成立联席会议领导小组，各区域的联席会议可由省四套班子领导牵头、各市（州）主要领导同志参加，明确日常工作机构，负责统筹区域发展规划，分区域结合实际制订差异化发展政策，加强区域发展战略研究、总体规划、政策制定、组织实施、督促检查，推动区域间、市（州）间协调联动发展。

B.9 四川劳动力就业和收入状况分析

四川省统计局*

摘　要： 改革开放以来，四川省劳动力就业总量持续扩大，就业岗位稳定增长，登记失业率保持在低位，城乡就业结构持续优化，产业及行业就业结构明显改善，劳动者工资水平持续不断上涨，就业形势总体乐观向好。四川省产业与就业结构协调性较好，且呈现逐年提升的良好态势，但劳动力质量偏低等矛盾凸显。劳动者平均工资在全国排位稳定提升，第三产业工资水平快速增长，新兴产业、高新技术产业工资实现新突破。在前述分析基础上，本文提出六个方面对策建议。

关键词： 劳动力就业　劳动力市场平衡性评价　劳动工资

一　改革开放以来四川劳动力就业发展情况

（一）就业总量持续扩大

改革开放四十年来，四川经济持续中高速增长，经济规模持续扩大、结构不断优化。近年来，随着改革开放进一步深化，在国际国内形势日趋复杂、经济下行压力增强的现实背景下，就业岗位和就业规模依然保持了稳定

---

* 张鸣鸣根据四川省统计局相关分析报告编辑。

增长，就业形势总体较为乐观。1978～2017年，四川经济年均增长10.2%，高于全国0.7个百分点。2017年，全省城乡就业总量4872万人，比1978年增加1785万人，平均每年增加45.8万人，年均增长1.2%。其中，全省城镇就业人员1642万人，比1978年增加1176万人；乡村就业人员3230万人，比1978年增加609万人。

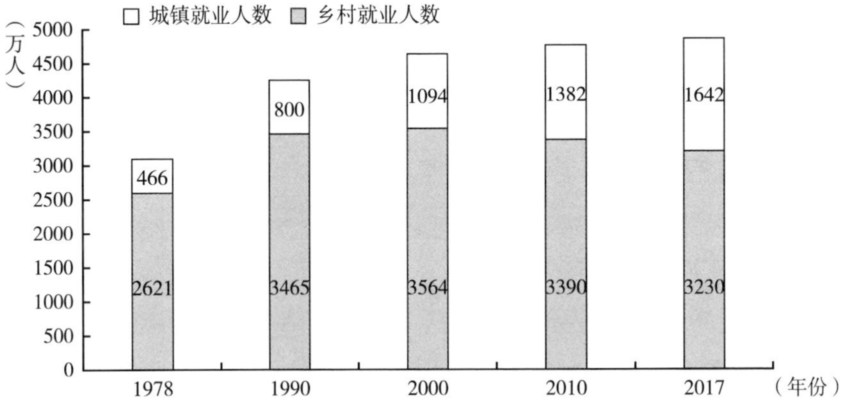

图1　1978～2017年四川就业总量

（二）就业人口占常住人口比重较高

四川就业人口占常住人口的比重呈逐年上升趋势，四十年间，比重从1978年的43.7%提高到2017年的58.7%，提高了15个百分点，而全国同期的比重从41.7%提高到55.8%，仅提高14.1个百分点，表明四川经济快速发展所吸纳的就业人口比重高于全国，就业整体状况较好。

（三）登记失业率保持在较低水平

经济的快速发展、就业规模的持续扩大，使全省登记失业率基本保持在较低水平。改革开放之初，城镇登记失业率还在两位数的10.9%，之后逐步下行，进入2000年后一直稳定在4%左右，低于全省4.5%的控制目标和国家5%的控制目标。

（四）城乡就业结构持续优化

全省城镇化率由改革开放初期 1982 年的 14.1% 提高到 2017 年的 50.8%，年均提高 1.1 个百分点。四川正处于城镇化加速发展时期，城镇就业规模保持高速增长态势，就业人员比重进一步提升。2017 年城乡就业人员比为 33.7∶66.3，相对于 1978 年，城镇就业人员比重年均提高 0.5 个百分点。2017 年四川全省城镇就业人员达到 1642 万人，与 1978 年的 466 万人相比，平均每年增加 30.2 万人。

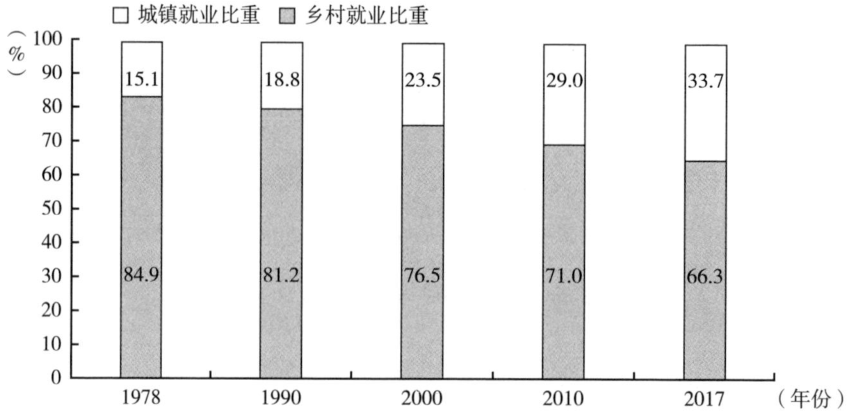

图 2　1978～2017 年四川省城乡就业人员占比情况

（五）二、三产业成为主要去向

1978～2017 年三次产业就业人员占比由 81.8∶9.1∶9.1 调整为 36.8∶27.0∶36.2。1978 年，四川省第一产业就业人员总量为 2524 万人，到 2017 年减至 1793 万人，平均每年减少 18.7 万人，走出了一条“减少农民以富裕农民”的发展道路。第二产业就业人员平均每年增加 26.5 万人，达到 2017 年的 1315 万人，年均增速 4.0%。第三产业就业人员平均每年增加 38 万人，达到 2017 年的 1764 万人，年均增长 4.8%。从三次产业吸纳就业能力看，2017 年全省三次产业平均每 100 万元增加值吸纳就业人数分别为2.4人、10.9人、10.4人，二三产业成为就业人员的主要去向。

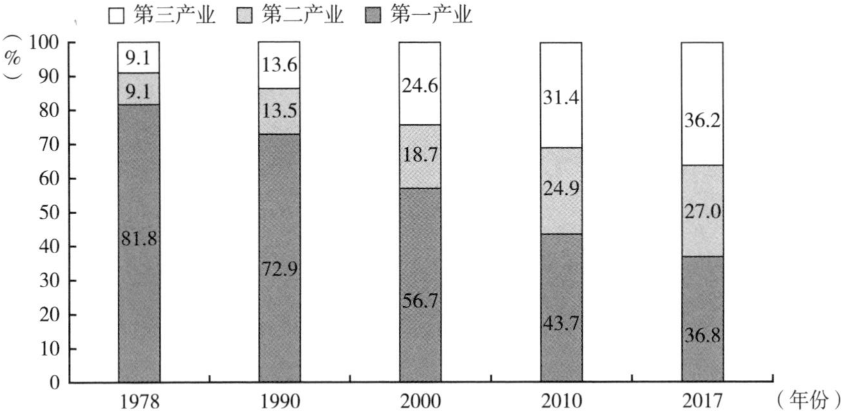

图3 1978～2017年四川省三次产业就业人员占比情况

（六）行业内部就业结构明显改善

与全国相同，四川省分行业就业人数的增减变化和行业发展的趋势基本一致。

2017年，第一产业（农、林、牧、渔业）就业人员1793万人，占全部从业人员的36.8%，与1978年相比，人数和占比分别减少731万人、45%。第二产业方面，2017年就业人员1315万人，占全部从业人员比重27%，与1978年相比，人数和占比分别增加279.5万人、17.9%；其中，随着四川工业经济的崛起，制造业的就业人员实现了从1978年173万人到2017年612万人的大幅增长，年均增长3.3%。与此同时，建筑业就业人员实现了10倍增长，2017年就业人员达到564万人，与改革开放之初相比年均增幅达到6.3%，这与全省城镇建设的高速增长密不可分。作为工业化中后期阶段的典型表现，第三产业在吸纳就业方面的表现更值得关注。2017年全省第三产业从业人员及其占比分别为1764万人、36.2%。作为现代生产性服务业的重要领域，信息传输、软件和信息技术服务业的就业人员从1985年的1.7万人增长到2017年的84万人，增长48.4倍。房地产业就业人员在2003年之前增速较为缓慢，之后随着房地产市场的飞速发展突飞猛进，2017年达到51万人，是1978年就业人数的119倍（见图4）。

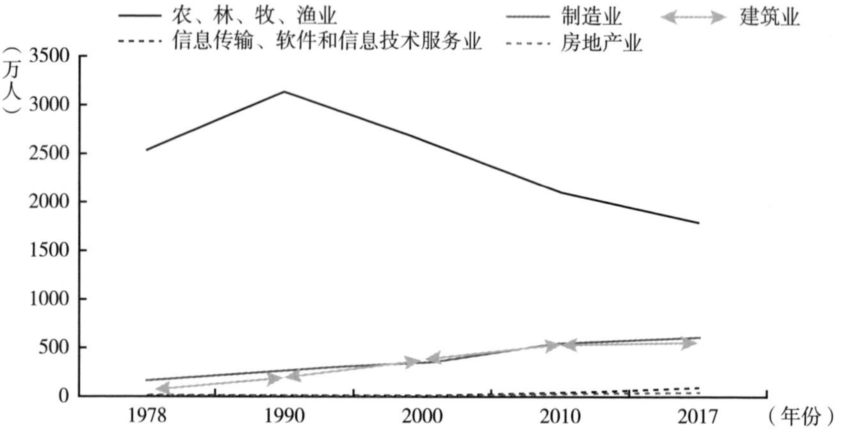

图4　1978～2017年四川省部分行业就业人员变化情况

（七）劳动者工资水平不断提高

2017年，全省全部单位就业人员平均工资为58671元，相当于1978年平均工资590元的近百倍，年均增速达12.5%。城镇居民人均可支配收入30727元，是1978年城镇居民人均可支配收入338元的91倍，年均增速达到12.3%。就业人员整体待遇的不断提高，极大地改善了人民群众的生活，购买力和消费力的巨大提升又对四川经济的快速发展起到了积极作用。

二　四川省劳动力市场平衡性评价

四川地处中国西南腹地，自古以天府之国、富饶之地的美誉吸引外来劳动力。同时，四川具有丰富的劳动力资源，是我国劳动力输出大省之一。20世纪90年代中期后，四川人口流动进入净流出阶段。随着西部大开发战略、“一带一路”倡议的实施，特别是近年来一系列产业政策的落地，出现了农村外出务工劳动力回流现象。在城镇化进程不断加快的过程中，农村劳动力向城镇和非农产业的转移也显著影响劳动力市场的结构与均衡。同时，产业结构的调整与转型升级也引起了就业结构的变动。

（一）劳动力市场容量平衡性评价

1. 经济活动人口净增加

2013～2017 年，全省新增经济活动人口 69.75 万人。其中，16 个市州经济活动人口净增加。经济活动人口增加最多的为成都，增加 85.79 万人；增加最少的为广元，增加 0.29 万人。按照净增经济活动人口数占全省比重由大至小排序，依次为成都、南充、凉山、巴中、绵阳、内江、宜宾、眉山、广安、达州、雅安、遂宁、甘孜、乐山、阿坝和广元。5 个市州经济活动人口净减少，减少最多的地区是资阳，减少 34.49 万人，减少最小的地区是泸州，减少 0.34 万人。按照净减经济活动人口数占全省比重由大至小排序，依次为资阳、自贡、攀枝花、德阳和泸州。省内劳动力流动以成都为聚集中心，劳动力净流出地区为广安、达州、资阳、南充等农业人口比重较高的经济欠发达地区以及边远地区。总体来讲，21 个市州经济活动人口占全省比重较稳定。

2. 城镇登记失业率地区差异较小

失业率能够反映一定时期内一个国家或地区全部劳动力人口的就业情况，是衡量一个国家或地区失业状况的重要指标。2013～2017 年，在全省 21 个市州中，13 个市州城镇登记失业人口数增加，增加幅度最大的是成都市，为 2.34 万人；增加幅度最小的是资阳市，为 0.01 万人。13 个市州按增加幅度由大至小排序，依次为成都、攀枝花、宜宾、眉山、巴中、德阳、甘孜、自贡、乐山、广安、绵阳、泸州、资阳。其中，成都、攀枝花和宜宾高于全省平均水平。8 个市州城镇登记失业人口数减少，减少幅度最大的是广元，为 0.29 万人；减小幅度最小的是达州，为 0.02 万人。8 个市州按城镇登记失业人口减小幅度由小至大排序，依次为达州、凉山、雅安、内江、南充、阿坝、遂宁和广元。

2013～2017 年，全省城镇登记失业率依次为 4.11%、4.15%、4.12%、4.15%和 4.18%，呈先增大后减小趋势。2017 年，21 个市州城镇登记失业率最高的是攀枝花市，为 4.45%；最低的是阿坝州，为 3.14%。12 个市州城镇登记失业率增加，增长幅度最大的是攀枝花市，为 0.25%；增长幅度最小的是达州市，为 0.01%。按增长幅度由大至小排序，依次为攀枝花、成都、泸州、宜宾、德阳、内江、乐山、眉山、广安、甘孜、雅安、达州。9 市州城镇登记失业率减小，减小幅度最大的是阿坝州，为 0.11%；最小的是遂宁市，为 0.01%。按减小幅度由小至大排序，依次为遂宁、巴中、广元、南充、绵阳、自贡、资阳、凉山和阿坝。

（二）劳动力结构平衡性评价

1. 经济增长对就业具有吸纳效应

用就业弹性系数衡量经济增长对劳动力的吸纳能力。2017 年，全省就业弹性①为 0.03。其中，15 个市州就业弹性为正，经济增长对这些地区就业为吸纳效应，按就业弹性由大至小排序，依次为南充、攀枝花、成都、内江、广安、巴中、遂宁、资阳、阿坝、凉山、自贡、宜宾、广元、雅安和甘孜。就业弹性最大的南充，为 0.20；最小的甘孜，为 0.001。6 个市州就业弹性为负，表明这些地区经济增长对就业产生了挤出效应，按就业弹性由大至小排序，依次为绵阳、眉山、乐山、达州、泸州和德阳。就业弹性最大的绵阳，为 -0.003；最小的德阳，为 -0.32。2013～2017 年，泸州、德阳、绵阳三城市的就业弹性由正转负，表明其经济增长对就业的作用由吸纳效应转变为挤出效应；遂宁、内江、宜宾、雅安、巴中和凉山等 6 个市州的就业弹性由负转正，表明这些地区经济增长对就业的作用由挤出效应转变为吸纳

① 就业弹性是就业增长率和经济增长率的比值，指经济增长每变动百分之一所引起的就业增长变动的百分比。当就业弹性为正时，就业弹性值越大表明经济增长对就业增长的拉动作用越大。当就业弹性为零时，经济增长对就业增长无影响。当就业弹性为负时分为两种情况：第一，经济增长为正就业增长为负，表明经济增长对就业产生挤出效应，就业弹性值越小则就业挤出效应越大；第二，经济增长为负就业增长为正，表明经济对就业产生吸入效应，就业弹性值越大则就业吸入效应越大。

效应。

2013～2017 年，第一产业就业弹性普遍为负，表明第一产业就业人员较饱和，经济增长对就业产生挤出效应，第一产业劳动力可向第二、第三产业转移。第三产业就业弹性普遍为正，表明第三产业经济增长对就业为吸纳效应，第一、第二产业就业人员可向第三产业转移。

第一产业就业弹性由正转负的市州包括自贡、攀枝花、广元、遂宁、内江、南充、广安、达州、雅安、巴中，这些地区第一产业经济增长对就业的影响由吸纳效应转变为挤出效应，就业人员较饱和，可向其他产业转移。

第二产业就业弹性由正转负的地区包括泸州、绵阳，这些地区第二产业对就业的影响转变为挤出效应；由负转正的地区包括遂宁、乐山、宜宾、广安、巴中、甘孜和凉山，这些地区第二产业经济增长的影响转变为吸纳效应。

第三产业就业弹性减小的地区包括成都、攀枝花、泸州、德阳、绵阳、广元、遂宁、南充、广安、达州、巴中、资阳、阿坝、甘孜和凉山，表明这些地区第三产业经济增长对就业的吸纳作用逐渐减小。如遂宁等丘陵地区农业资源匮乏、劳动力年龄偏大且受教育水平较低，劳动力就业和农村剩余劳动力转移就业急需产业结构的转型升级。

2. 第三产业由就业不足逐渐转变为就业饱和

产业结构之间的就业分布能够对产业结构的变迁产生影响，同时，劳动力在不同产业之间的相互流动能够对产业结构产生影响，二者协调发展才能促进经济健康发展。三次产业的结构偏离系数能够衡量地区产业结构与就业结构的协调程度。

根据产业－就业结构偏离系数定义，2013～2017 年四川省 21 个市州第一产业－就业偏离度均为正，且除遂宁、资阳、雅安、自贡和南充 5 个市州外，呈减小趋势，表明各市州第一产业劳动生产率较低，存在剩余劳动力，且剩余劳动力逐渐向其他产业转出。其他 16 个市州中，按第一产业－就业偏离度趋向于均衡的变化幅度由大至小排序，依次为成都、内江、绵阳、广元、巴中、眉山、乐山、凉山、广安、甘孜、德阳、宜宾、泸州、阿坝、达州和攀枝花。

2013~2017年，21个市州第二产业-就业偏离度均为负，且呈增大趋势（更接近于0），表明各市州第二产业劳动生产率较高，能够吸纳其他产业的剩余劳动力，但能够吸纳剩余劳动力转入的空间逐渐减小。

2013~2014年，21个市州第三产业-就业偏离度逐渐接近0；2015~2017年，21个市州第三产业-就业偏离度逐渐偏离0，表明第三产业与就业发展迅速，从就业不足演变为就业饱和。2013~2017年，21个市州第三产业-就业偏离度由正转负的地区包括自贡、绵阳、遂宁、乐山、南充、宜宾、达州、雅安、资阳、阿坝，这些地区第三产业和就业发展迅速，劳动生产率降低，就业能够适当向其他产业转移。

3. 产业与就业协调性逐渐提升

劳动者在产业间的合理流动将引起就业结构变化，就业结构的优化能够促进劳动生产率的提升，并且改善就业人员的收入水平。随着人均可支配收入的持续提高，整个国家的消费水平和消费结构发生改变，进一步促进产业发展和产业结构的优化。产业结构升级又促进就业结构变化，二者相互联系和制约。因此，产业结构与就业结构的协调性至关重要。联合国工业发展组织提出产业结构相似系数经验公式，可以衡量产业间的相似程度及就业结构，从而衡量二者的协调性。根据定义，产业结构相似系数越接近0，地区产业与就业结构协调性就越差，产业结构相似系数越接近1表示地区产业与就业结构协调性越好。

计算结果表明，2013~2017年，全省产业-就业结构协调度分别为0.80、0.81、0.83、0.84和0.86，产业与就业协调性逐渐提升。

2017年，21个市州中产业-就业协调度最高的是成都，为0.99；最低的是阿坝，为0.64。2013~2017年，16个市州产业-就业协调度变化率为正的地区按变化率由大至小排序，依次为乐山、眉山、凉山、达州、巴中、阿坝、宜宾、内江、甘孜、广安、德阳、广元、绵阳、南充、泸州和成都，这些地区产业-就业协调性均得到提升。其中，提升幅度最大的是乐山，为0.22，提升幅度最小的是成都，为0.02。5个产业-就业协调度变化率为负的地区按变化率由小至大排序，依次为遂宁、攀枝花、自贡、雅安和资阳，这些地区产业－就业协调性变差。总体来说，劳动力就业结构与产业结构相辅相成，近年来四川省产业结构处于不断转型升级之中，21 个市州产业就业协调性普遍得到提升。

4. 劳动力质量不断提高

从业人员受教育程度能够反映一国或地区的劳动力质量。安格斯·麦迪森学历指数标准将受教育程度划分为初级、中级、高级，并赋予不同层次的劳动力不同的学历指数权重。应用学历指数权重对四川省各市州从业人员按不同受教育水平进行加权，以构建地区劳动力质量指数评价各市州劳动力质量。

根据定义，劳动力指数数值越大，表明地区劳动力受教育程度越越高，劳动力质量越好。2017 年，各市州劳动力质量最高的是成都市，为 1.54；最低的是凉山州，为 1.25。其中，成都、广元、雅安、攀枝花和自贡劳动力质量高于全省平均水平。

2013～2017 年，各市州劳动力质量均有提升。其中，劳动力质量指数增长幅度最大的是广元市，为 0.10；最小的是达州市，为 0.02。增长幅度高于全省平均增长率的市州按由高至低排序，依次为广元、自贡、凉山、成都、雅安、南充、宜宾；低于全省平均增长率的市州按由高至低排序，依次为德阳、广安、巴中、资阳、内江、乐山、眉山、泸州、绵阳、遂宁、攀枝花、达州、阿坝、甘孜。

（三）四川与全国劳动力市场平衡性比较

1. 四川与全国劳动力市场容量平衡性比较

经济活动人口小幅增加。2013～2016 年，全国 26 个省市经济活动人口净增加，5 个省市经济活动人口净减少。四川 2013～2016 年经济活动人口数分别为 4860.18 万人、4887.36 万人、4901.65 万人、4916.26 万人，均居全国（由大至小）第四位；新增经济活动人口数为 56.08 万人，排全国第 15 位，增加幅度低于全国平均水平。

城镇登记失业率小幅增长。2013～2017年，四川省城镇登记失业率分别为4.11%、4.15%、4.12%、4.15%、4.18%，分别排全国（由低至高）第29、30、30、29位。2013～2016年，全国13个省市城镇登记失业率增加，按增加幅度由大至小排序，依次为北京、辽宁、山西、海南、福建、重庆、山东、江西、西藏、上海、广东、四川、河北。其中，四川省城镇登记失业率变化幅度为0.01，排第12位，增幅低于全国平均水平。

2. 四川与全国劳动力市场结构平衡性比较

经济增长对就业产生的吸纳作用较全国明显。2013～2016年，四川省就业弹性均为正，经济增长对就业产生吸纳作用，就业弹性分别为0.04、0.04、0.06、0.03，分别排全国（由大至小）第27、26、22、26位。2013～2016年，四川省就业弹性变化率为－0.29，在就业弹性减小的20个省市中（由大至小）排第4位。

第一、第二产业产业—就业结构均衡性提升，第三产业降低。2013～2016年，四川省第一产业产业—就业结构偏离度分别为0.28、0.27、0.26、0.26，偏离度变化率为－0.07，在偏离度变化率为负的26个省市中（由大至小）排第13位。四川省第一产业产业—就业结构偏离度降低，第一产业结构均衡性提升。

第二产业产业－就业结构偏离度分别为－0.26、－0.23、－0.18、－0.14，偏离度变化率为－0.45，在偏离度变化率为负的29个省市中（由大至小）排第24位，均衡性提升幅度较大。四川省第二产业产业－就业结构偏离度更接近0，表明第二产业结构均衡性提升。

第三产业产业－就业结构偏离度分别为－0.02、－0.05、－0.09、－0.12，偏离度变化率为5.32，在偏离度变化率为正的16个省市中（由大至小）排第2位。四川省第三产业产业－就业结构偏离度更偏离0，第三产业结构均衡性降低，第三产业劳动生产率较高，需更大幅度向第三产业转移劳动力。

产业－就业结构协调性逐年提升。2013～2016年，四川省产业－就业结构协调度分别为0.81、0.83、0.86、0.87，依次排全国（由大至小）第

19、16、16、16位；产业－就业结构协调度变化率为0.07，排全国（由大至小）第9位。四川省产业与就业结构协调性较好，且逐年提升。

3. 四川劳动力质量低于全国平均水平

2013～2016年，四川省劳动力质量指数分别为1.35、1.35、1.34、1.35，分别排全国第28、29、29、29位。2013～2016年四川省劳动力质量变化率为0.002，排全国第25位。与全国比较，四川省劳动力质量指数不高，表明四川劳动力质量相对较低，但劳动力质量逐年提升。

三　四川劳动工资变化情况分析

1. 平均工资持续增长，全国排位稳步提升

十八大以来，随着经济不断发展，四川各级党委、政府始终坚持民生优先，积极拓宽就业渠道，千方百计增加居民收入，就业人员工资稳步提升。2017年，全省全部单位就业人员平均工资为58671元，比2012年的35873元增加22798元，年均增长10.3%。城镇非私营单位、私营单位就业人员平均工资分别为69419元和40087元，比2012年的42339元和25912元分别增加27080元、14175元，年均增长10.4%和9.1%。

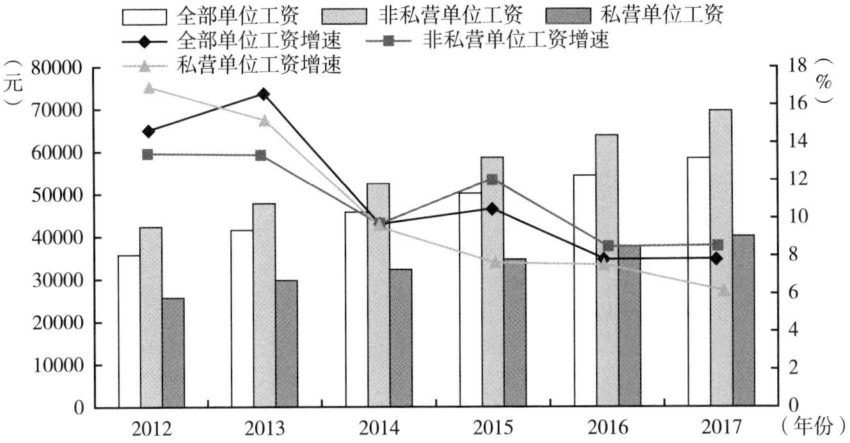

图5　2012～2017年四川省就业人员平均工资及增速

新常态下，四川始终围绕稳中求进的发展总基调不断向前迈进，城镇非私营单位工资水平全国排位继续上升。2017 年，城镇非私营单位就业人员平均工资在全国 31 个省份中排第 12 位，比 2012 年的第 17 位上升 5 位；在西部 12 个省份中排第 6 位，比 2012 年的第 8 位，上升 2 位。私营单位就业人员平均工资在全国 31 个省份中排第 15 位，与 2012 年持平；在西部 12 个省份中排第 4 位，比 2012 年上升 1 位。

表 1　2012 年和 2017 年全国各地非私营就业人员平均工资及排位

	非私营就业人员平均工资		增减情况		工资水平排位	
	2017 年	2012 年	绝对额(元)	平均增速(%)	2017 年	2012 年
全国	74318	46769	27549	9.7		
北京	131700	84742	46958	9.2	1	1
天津	94534	61514	33020	9.0	4	3
河北	63036	38658	24378	10.3	25	24
山西	60061	44236	15825	6.3	29	15
内蒙古	66679	46557	20122	7.4	18	9
辽宁	61153	41858	19295	7.9	28	19
吉林	61451	38407	23044	9.9	26	26
黑龙江	56067	36406	19661	9.0	30	30
上海	129795	78673	51122	10.5	2	2
江苏	78267	50639	27628	9.1	7	5
浙江	80750	50197	30553	10.0	5	7
安徽	65150	44601	20549	7.9	21	11
福建	67420	44525	22895	8.7	17	13
江西	61429	38512	22917	9.8	27	25
山东	68081	41904	26177	10.2	14	18
河南	55495	37338	18157	8.2	31	29
湖北	65912	39846	26066	10.6	19	21
湖南	63690	38971	24719	10.3	23	22
广东	79183	50278	28905	9.5	6	6
广西	63821	36386	27435	11.9	22	31
海南	67727	39485	28242	11.4	16	22
重庆	70889	44498	26391	9.8	10	14

续表

	非私营就业人员平均工资		增减情况		工资水平排位	
	2017 年	2012 年	绝对额(元)	平均增速(%)	2017 年	2012 年
四川	69419	42339	27080	10.4	12	17
贵州	71795	41156	30639	11.8	9	20
云南	69106	37629	31477	12.9	13	28
西藏	108817	51705	57112	16.0	3	4
陕西	65181	43073	22108	8.6	20	16
甘肃	63374	37679	25695	11.0	24	27
青海	75701	46483	29218	10.2	8	10
宁夏	70298	47436	22862	8.2	11	8
新疆	67932	44576	23356	8.8	15	12

2. 产业结构持续优化，第三产业工资水平显著提高

近年来，四川坚定不移地推进经济转型升级，大力度推进经济结构调整优化，经济增长方式加速转变，产业转型和升级成效显著，产业结构明显优化，经济发展质量和效益持续提升。2017 年全省产业结构调整为“三二一”型，三次产业结构优化为 11.6∶38.7∶49.7，第三产业成为拉动经济增长的重要动力，使第三产业就业人员工资实现较快增长。

2017 年，全省第一、第二、第三产业全部单位就业人员平均工资分别为 42940 元、49684 元、68335 元，与全省平均水平 58671 元相比，第一、第二产业工资分别低 15731 元和 8987 元，而第三产业工资则高出 9664 元。纵向来看，五年前全省第三产业就业人员平均工资为 41272 元，到 2017 年实现了年均 10.6% 的增长。

3. 供给侧结构性改革持续推进，相关行业工资较快增长

随着供给侧结构性改革持续推进，“三去一降一补”所涉及的相关行业效益得到改善，产品价格不断回升，企业利润空间增大，就业人员工资水平得到显著提升。2017 年，在全省进一步加快淘汰落后产能的影响下，去产能行业平均工资大幅增长，城镇非私营单位中的采矿业就业人员平均工资实现快速增长，达到 76135 元，比 2012 年增加 29323 元，年均增长 10.2%。制造业平均工资 60149 元，比 2012 年增加 23906 元，年均增长 10.7%。其

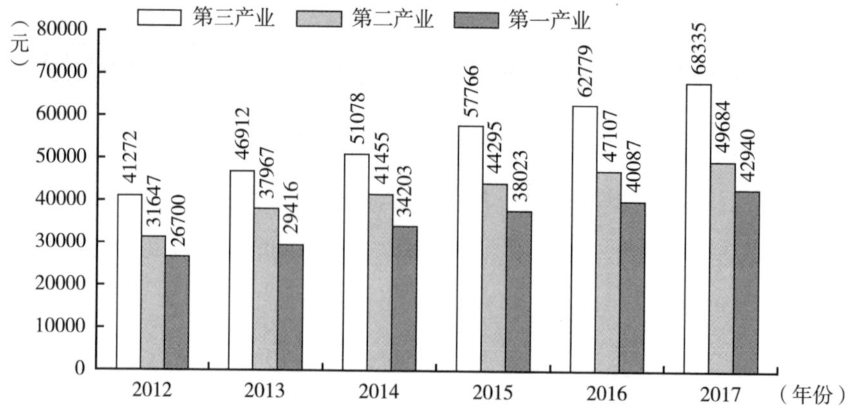

图6　2012～2017年四川省第一、第二、第三产业全部单位就业人员平均工资

中，黑色金属冶炼和压延加工业、有色金属冶炼和压延加工业平均工资分别为58797元和60903元，比2012年增加21849元和25025元，年均增长9.7%和11.2%。

4. 新旧动能加速转换，高新技术产业工资实现新突破

近年来，四川抓住机遇、主动创新，加大科技研发投入，推动新兴产业快速发展，积极融入全球化和信息化背景下的科技和产业革命，大力推进“中国制造2025”四川行动计划、“互联网＋”、军民融合等工业强省战略，拉动了相关行业平均工资增长。2017年，在四川省全部单位中，科学研究、技术服务业平均工资水平位列各行业门类之首，平均工资达到90666元，比2012年增加29745元，高出全省平均水平31995元，年均增长8.3%。信息传输、软件和信息技术服务业平均工资与2012年相比增幅最快，年均增长14.3%，比全省平均工资年均增幅高出4个百分点。

四　对策建议

（一）探索就业与人才吸引政策，促进劳动力合理流动

为实现劳动力的合理分布，一方面需要不断完善劳动力的市场配置机

制，另一方面要加强宏观调控与规划引导。加大力度实行劳动力就业和人才吸引的鼓励性政策，完善激励机制，吸引东南部劳动力资源合理地向西部转移，吸引外出就业人员回乡就业，从而缓解劳动力空间分布上的失衡问题，不断提升地区竞争力，逐步缩小地区发展差距。

（二）找准功能定位，合理布局产业结构

劳动力依托产业结构实现就业，劳动力向经济集聚地区流动，提高了地区的经济聚集程度，为产业发展提供充足的人力、知识、技能支撑。各市州应在找准地区功能定位的基础上，优化产业结构布局。四川是我国西部重要的制造业基地和工业大省，是国家重大装备制造基地之一，在冶金设备、发电设备、铁路车辆、石化设备、工程机械和航空部件等领域处于国内领先地位。四川应吸收优势地区先进经验，依据本地区劳动力资源状况，配合优势产业和潜力产业，合理布局产业结构，提升就业吸引力，实现劳动力的合理分布。在第一产业中应加大农业科技投入，发展农业生产化经营；第二产业资本较为密集且劳动生产率较高，呈现出加速工业化趋势；同时，应借助第三产业新兴服务业的发展扩大地区就业吸纳能力。

（三）加大教育投入力度，提高劳动力质量

劳动力质量是产业结构转型升级的基础，虽然近年来各地区劳动力质量有所提高，但整体质量仍然偏低。新经济时期以“技术进步、人工智能、大数据、互联网”经济为标志，这意味着高效率、高质量的人工智能逐渐使大批量人力资本质量低的劳动者失业。教育资源的不平衡进一步导致劳动力分布不均衡。因此，一方面应针对现有劳动力资源建立完善的教育和培训机制，加大职业培训投入，给予一定就业优惠政策；另一方面应加大基础教育投资，基础教育和职业教育共同发展，以市场需求为导向有针对性地培养符合产业需求的专业型人才。当前应着重根据地区产业特点统筹规划高质量劳动力的培养，为地区产业结构升级提供智力支撑，实现劳动力资源质量的有效提升。

（四）积极贯彻区域发展战略，促进区域经济协调发展

扩大对外开放力度，积极吸引外资，发展高新技术产业，加快城镇化和都市圈发展，对欠发达地区经济发展形成带动效应。各地区应从国民经济发展全局出发，积极贯彻西部大开发和“一带一路”等一系列区域发展政策，以促进区域经济的协调发展和劳动力资源的合理分布，实现全省范围内劳动力市场和经济增长的平衡。

（五）统筹兼顾，完善相关法律法规，逐步缩小行业收入差距

通过规范市场秩序、建立公平竞争的市场机制，打破垄断，实现各行业公平竞争。加强对垄断行业收入分配的监督和管理，解决行业之间以及行业内部分配不合理的问题，增加工资透明度，最大限度缩小工资差距。在工资政策制订方面适度控制和缩小行业、等级工资发放差距，提高最低工资标准，努力缩小不同人群、不同行业、不同地域、不同岗位、不同类型单位的工资收入差距。

（六）加快区域协调发展优化资源配置，缩小地区间工资差距

深入实施“一干多支、五区协同”支撑发展战略，大力发展县域经济，不断夯实底部基础。加快推进新型城镇化，统筹城乡发展，发挥成都特大中心城市的引领带动作用，加快发展中小城市和小城镇。利用“一带一路”倡议和长江经济带建设契机，确定不同区域的发展方向和重点，促进区域产业协作，优化资源配置，不断提高人民生活水平。缩小区域间工资差距，推动各地区工资实现均衡增长。

B.10 四川乌蒙山区科技扶贫缩小城乡发展数字鸿沟的实践

卢阳春　程润华　高晓慧*

摘　要： 科技信息资源向贫困地区流动，以先进适用的科学技术提高农民科学文化素质、资源开发水平以及劳动生产效率，不仅提高了贫困地区信息化水平，推动贫困地区产业发展，促进贫困地区和贫困群众加快脱贫致富步伐，也缩小了城乡之间数字鸿沟，促进城乡协调可持续发展。本文基于对四川乌蒙山区的实地调研，总结其科技扶贫取得的成效和存在的问题，并从完善科技扶贫服务平台、健全部门协调合作机制、深入探索农业技术攻关以及强化科技扶贫资金保障等四个方面提出对策建议，以期提高贫困地区信息化水平，谋求脱贫致富新路子，进而缩小城乡发展数字鸿沟。

关键词： 科技扶贫信息化　数字鸿沟　乌蒙山区

《国家新型城镇化规划（2014～2020年）》明确了新型城镇化要更加注重以人为本的发展理念，促进城乡要素平等交换，实现公共资源均衡配

* 卢阳春，博士，四川省社会科学院区域经济与城市发展研究所研究员，研究方向为区域可持续发展和公共服务问题；程润华，四川省社会科学院区域经济与城市发展研究所在读硕士研究生，研究方向为区域可持续发展；高晓慧，四川省社会科学院区域经济与城市发展研究所在读硕士研究生，研究方向为区域可持续发展。

置，形成以城带乡的新型城乡关系。党的十九大报告进一步明确了“坚持城乡融合发展，推动城乡要素自由流动、平等交换，形成城乡互补的新型城乡关系”。我国城乡二元结构的长期存在严重制约了城乡协调发展，突出表现为城乡发展不平衡和农村发展不充分，存在较大的城乡发展数字鸿沟，农村信息化水平低，农业技术、农技人才短缺，贫困问题突出等。四川乌蒙山区是国家十四大集中连片特困地区之一，扶贫任务艰巨。2016 年 4 月，科技部制定了《关于科技扶贫精准脱贫的实施意见》，瞄准贫困地区和贫困人群，提高贫困地区信息化水平，构建双创平台，以科技为支撑，逐步实现科技扶贫。党的十九大报告指出“把扶贫同扶志、扶智结合起来，把救急纾困和内生脱贫结合起来”。通过多样化的科技扶贫手段，依靠政府部门和科研院所等在连片特困地区的科技扶贫引导及示范，促进贫困户掌握新技术，增强贫困地区内生发展动力，是贫困地区脱贫致富的重要路径之一。① 同时通过科技进步、科技创新以及农村劳动力素质的提升，加快缩小城乡差距、区域差距，成为县域社会经济现代化发展的强大推动力。②

2015 年，《四川省科技扶贫专项行动实施方案》提出，要大力推进“四川科技扶贫在线”平台建设，到 2020 年要覆盖 88 个重点贫困县，建立运营中心 100 个。2018 年 11 月，针对四川省农村通信发展不平衡不充分、网络扶贫任务重等问题，四川省通信管理局制定出台了《四川省信息通信扶贫实施规划（2018～2020）》，确定总投资 53.5 亿元，其中向 88 个贫困县投资 43.1 亿元，占比 80.6%；向 45 个深度贫困县投资 25.6 亿元，占比 47.9%，旨在提高农村信息化水平，缩小城乡数字鸿沟。本文通过对四川乌蒙山区科技扶贫的发展现状、取得成效以及面临问题进行分析，为深入推进科技扶贫提供有益的对策建议。

---

① 卢阳春、肖君实、程润华：《科技扶贫服务平台经济效应评价及县域差异分析——基于四川秦巴山区的调查》，《农村经济》2018 年第 10 期，第 97～104 页。

② 杜谦：《关于当前我国贫困县（市）科技工作的思考》，《中国科技论坛》2007 年第 2 期，第 115～118 页。

一　四川乌蒙山区科技扶贫发展现状

四川乌蒙山区涵盖3个市9个贫困县（见表1），其中古蔺县、叙永县以及屏山县为国家扶贫开发重点县，叙永县和屏山县为四川省科技扶贫示范县。9个县立足当地的扶贫重点、难点，积极开展实施科技扶贫项目，主要分为三类：一是产业发展类项目，该类项目以技术创新和成果推广为重点；二是平台建设类项目，该类项目以建设农业产业技术服务中心、科技特派员工作站和农业科技专家大院为重点；三是科技服务类项目，该类项目以科技人员为贫困地区和贫困农户提供技术咨询、技术服务以及新技术、新品种的引进与推广为重点。

表1　乌蒙山区贫困县

市	贫困县名称
乐山市(1)	沐川县
泸州市(3)	古蔺县、合江县、叙永县
宜宾市(5)	高县、珙县、筠连县、屏山县、兴文县

（一）产业发展类

乌蒙山区内部区域差异较大，推广实用技术数量排名前四的地区分别是叙永县、珙县、沐川县以及筠连县，分别有10项、8项、6项以及5项（见表2），表明科技推动这些地区农业发展的成效显著。其中，兴文县依托“淘实惠”系统，大力发展农村电子商务，借助网络平台扩大农村农副产品销路，增加收益；同时延伸农业深加工产业链，提高产品附加值，借助电子商务，实现更大的经济效益。而高县和屏山县仍没有推广实用技术，合江县和古蔺县仅有2项，表明这些地区科技应用成效相对较弱。

表 2　乌蒙山区科技扶贫项目实施情况

地区		产业发展类	平台建设类	科技服务类
乐山市	沐川县	已推广茵红李、林下养鸡、核桃、红阳猕猴桃、茶叶栽培技术以及茶叶机采技术等;转化科技成果 6 项;推广实用技术 6 项	建设专业服务平台 1 个	信息数据库中录有农技指导专家 47 名、信息员 204 名;建立村级服务驿站 4 个;举办茵红李、林下养鸡、核桃、红阳猕猴桃、茶叶栽培技术培训班 7 期,培训种植户 165 人,发放《农村实用技术手册》170 本
泸州市	古蔺县	成立古蔺县源森山桐子种植专业合作社,推广实用技术 2 项	建设专业服务平台 2 个	信息数据库中录有农技指导专家 223 名、信息员 420 名;建立村级服务驿站 10 个;举办技术培训 5 次(人)
	合江县	开展真龙柚、荔枝和桃李种植等实用技术培训 14 场,推广真龙柚拉枝、异花授粉技术 2 项	建设专业服务平台 1 个	信息数据库中录有农技指导专家 142 名,信息员 252 名;建立村级服务驿站 6 个;举办技术培训 14 次(人)
	叙永县	在各贫困村推广脱毒马铃薯种植培育、紫薯种植栽培、优质糯稻种植、川南黑山羊养殖、高山蔬菜种植等实用技术 10 项	建设专业服务平台 5 个	信息数据库中录有信息员 270 名;90 个贫困村每个村配置 3 ~5 名农技专家;建立村级服务驿站 90 个;举办技术培训 400 次(人)
宜宾市	高县	/	建设专业服务平台 1 个	信息数据库中录有农技指导专家 8 名、分诊员 2 名、信息员 10 名;举办技术培训 320 次(人);建立村级服务驿站 2 个
	珙县	推广实用技术 8 项	建设专业服务平台 7 个	信息数据库中录有农技指导专家 226 名、分诊员 6 名、信息员 120 名;举办技术培训 120 次(人);建立村级服务驿站 8 个
	筠连县	推广实用技术 5 项	建设专业服务平台 4 个	信息数据库中录有农技指导专家 49 名、信息员 8 名;举办技术培训 80 次(人);建立村级服务驿站 3 个

续表

地区		产业发展类	平台建设类	科技服务类
宜宾市	屏山县	/	建设专业服务平台10个	信息数据库中录有农技指导专家184人，信息员277人；建立村级服务驿站4个
	兴文县	依托“淘实惠”系统，发挥农村电子商务对工业下行、农业上行的积极作用，实现农村农副产品和农业深加工产品的网络推广	建设专业服务平台1个	举办技术培训500次（人）

注：上述资料的截止时间是2017年10月。

（二）平台建设类

乌蒙山区9个贫困县均专门建有一个科技扶贫综合服务平台，部分县同时建有专家大院、科技特派员工作站、农业科技园区、示范基地等，如古蔺县、叙永县、珙县、筠连县以及屏山县。乌蒙山区通过不同的形式和手段，搭建科技扶贫服务平台，不仅有效提升了农村信息化水平，还促进了贫困村或贫困地区更多优质资源整合成为农村经济发展所需的要素资源。

（三）科技服务类

在科技服务方面，乌蒙山区各县整体表现较好，均借助科技扶贫平台，建立了集专家、信息员、分诊员等于一体的信息数据库。数据库里的农业技术专家多数来自高校科研院所和农业相关部门。农业技术专家定期下乡开展农业技术培训，为贫困村产业发展提供技术指导。农户可以借助科技扶贫服务平台咨询相关领域专家，解决在产业发展上面临的技术难题。同时，平台也成为城乡间信息交流的桥梁，让常年居住在城市的农业专家借助科技扶贫服务平台加强理论知识的实践运用，积累更多“三农”素材，为今后更加深入研究“三农”问题积累经验。这种城乡之间的信息和技术双向交流互动，在一定程度上缩短了城乡之间的距离。

虽然乌蒙山区的9个贫困县均建立了科技扶贫服务平台，但是为了更好地了解科技扶贫发展现状，本文从项目经营管理情况和财政资金合理使用情况两方面来具体分析。项目经营管理成效的高低取决于经营管理制度是否合理、健全以及有效，而建章立制数量的多寡可以从一个方面反映科技扶贫项目的管理情况。从表3可知，屏山县数量最多，达到11个；其次是沐川县和合江县，均为6个；而筠连县和古蔺县的数量较少，还需要进一步出台相关的规章制度来切实保障科技扶贫服务平台的有效运转。2016年，四川省财政厅为每个贫困县建设科技扶贫服务平台拨付财政资金30万元，但各个贫困县的平台建设资金使用率差异明显，其中合江县的平台建设资金使用率最高，达82.1%，屏山县的平台建设资金使用率最低，仅为20.3%。一方面，这与各个县使用进度不同有关；另一方面，资金不能充分利用也反映了平台建设的不充分、不健全。

表3　乌蒙山区科技扶贫服务平台项目管理情况与资金使用率情况

地区		建章立制数量(个)	资金使用率(%)
乐山市	沐川县	6	60.6
泸州市	古蔺县	0	69.2
	合江县	6	82.1
	叙永县	/	/
宜宾市	高县	4	70.8
	珙县	5	58.3
	筠连县	1	/
	屏山县	11	20.3
	兴文县	4	/

注："/"表示数据缺失。

二　四川乌蒙山区科技扶贫取得的重要成效

通过科技扶贫服务平台的建设和运营，四川省乌蒙山区9个贫困县均增强了对贫困地区农业技术和资源的整合，提高了农业经济效益、增加了农民的收入，为科技扶贫工作提供了重要支撑。其中，珙县和合江县在平台建设、管理运营方面成效较好，发展经验值得借鉴（见案例一、案例二）。总结四川乌蒙山区科技扶贫服务平台建设现阶段取得的成效，内容如下。

（一）平台建设成效较为显著

乌蒙山区各贫困县均积极推进科技扶贫服务平台建设，从县—镇（乡）—村三级选派专门人员进行专业化培训，负责平台的日常管理以及功能升级。此外，通过建立专家大院、科技特派员工作站等科技服务平台，有针对性地解决贫困地区科技扶贫面临的诸多现实问题。科技扶贫服务平台的按期建成，集中反映了各贫困县对依托科技力量解决贫困地区贫困问题的强烈愿望。为提升科技扶贫服务平台的运营绩效，合理地推进项目资金专款专用，各贫困县纷纷出台了相关规章制度，为后续科技扶贫工作打下了坚实的基础。

（二）农业技术管理更加科学化

我国农业长期以小农生产为主，小农生产具有以家庭为基本生产单元，以传统知识的承袭为主要技术获取方式等主要特征①，生产技术的获取渠道和获取方式有限。小农生产技术落后是农业经济效益低、面临风险大的重要原因之一。随着我国逐渐进入城市支持农村、工业反哺农业的新阶段，“三农”问题受到更多关注，农业技术管理问题也成为“三农”工作面临的难点。乌蒙山区各贫困县的科技扶贫服务平台中均建有信息数据库，录入了农业技术专家、信息员、分诊员等相关人员信息，贫困地区可以就各个地区农业生产面临的诸多技术问题进行线上咨询。各地还可以借专家定期开展技术培训的机会，与专家面对面交流，请教农业技术管理的相关问题，或是邀请专家亲临现场指导。这种“造血式”科技扶贫模式，能帮助更多贫困地区

① 郭晓鸣、曾旭晖、王蔷、骆希：《中国小农的结构性分化：一个分析框架——基于四川省的问卷调查数据》，《中国农村经济》2018 年第 10 期，第 7～21 页。

根据地区产业发展特色，科学地管理农业，运用专业的农业科学技术摆脱以前小农生产面临的诸多问题。

（三）推动弥补城乡发展数字鸿沟

生产要素配给长期向工业、城市倾斜，城乡间要素自由流动受阻，导致了城乡二元结构，城乡发展差距明显。随着国家对“三农”工作重视程度的逐渐增强，坚持城乡融合发展，城乡关系更为密切。科技扶贫项目在贫困地区的实施无疑是缩小城乡数字鸿沟的重大实践，提高了贫困地区的信息化水平，并在一定程度上缩小了城乡之间的数字鸿沟。电子商务向农村布局，拓宽了农产品市场，也鼓励农业朝着规模化、特色化方向发展，提高了农业产业的增加值，增加了农民的收益，不断缩小城乡之间的收入差距。

案例一　珙县——独具特色的“1 + N”模式

珙县始终围绕“建设人民幸福的经济强县和绿色家园”的发展定位，基于全力脱贫攻坚的时代特征、省贫困县的县情实际和群众日益增长的美好生活需要，前瞻性、创新性地创建了“科技 + 扶贫 + 党建 + 治理 + 服务 + 决策”等“1 + N”的平台资源整合模式。通过珙县数字信息管理服务中心，逐步实现了扶贫与党建、社会治理、服务人民、决策参考之间的信息共享，大大提高了信息质量和工作效率。另外，珙县通过数字化管理实现对扶贫产业的高清晰、全方位监控，为及时解决问题提供了科技支撑和时间保障。通过对信息员制度、分诊员制度和上级激励制度的充分利用，以及对工作队伍的绩效考核，强化了对科技扶贫工作和队伍的有效管理。通过对12345便民服务热线资源和各类平台资源的有效整合，推动了科技扶贫工作的顺利开展。将科技扶贫与其他领域结合，整合共享多方资源，信息搜寻成本得以降低，形成了独具珙县特色的科技扶贫“1 + N”模式，进而使得珙县科技扶贫平台项目建设和运行取得了显著成效。

案例二　合江县——别具一格的“市县平台联动”模式

合江县在科技扶贫服务平台建设和运行的实践中，以贫困户需求为导向、以为贫困户提供专业高效服务为工作重点，打破各级科技扶贫服务平台相互独立的固有格局，创新性提出别具一格的“市县平台联动”模式，推动了不同级平台和各县平台之间互动和合作，实现资源共享，为贫困户提供了高效专业的服务，真正发挥了平台的作用。例如，合江县某贫困户的黑山羊出现紧急疫情后，分诊员迅速向县科知局领导汇报。由于合江县缺乏黑山羊专家，于是迅速向市级平台反映，市级平台立刻联系拥有黑山羊专家的叙永县，并于第二天由市分诊员带领来到疫情点高效专业地解决了问题，高效服务得到贫困户认可，为贫困户挽回了数万元损失。合江县通过与市级平台联动，改变了原有的各县平台之间相互分割的状态，及时有效地解决了贫困户的农业技术难题。合江县的“市县平台联动”模式为解决各县专家县内供需不均衡等问题、提高资源利用效率提供了一种新思路。

三　四川乌蒙山区科技扶贫存在的主要问题

乌蒙山区 9 个贫困县科技扶贫在取得成效的同时也存在诸多问题。

第一，科技扶贫服务平台运行问题。个别县的平台信息录入不完善，平台技术咨询量小；个别县的平台功能单一，上报信息质量不高；还有个别县的科技扶贫服务平台宣传不到位，致使平台知名度低，许多农户不了解平台的价值，不知如何运用平台解决产业发展面临的实际技术问题。

第二，科技扶贫人才短缺、难以合理配置的问题。农村长期处于封闭落后的状态，对信息化设备以及科学技术了解甚少，相关的技术人才缺乏。部分县存在人才短缺问题或面临人员培训问题，科技扶贫不仅需要加强科技扶贫服务平台等硬件设施建设，还应该加强科技扶贫所需人员的外部引进以及内部培训工作。

第三，科技扶贫面临资金紧缺问题。贫困地区缺乏相关的信息化设备、人才等，在光纤网络、移动设备、平台搭建、人员配置等方面存在资金投入不足与资金分配不均并存的现象。屏山县资金使用进度缓慢，资金有效使用率仅为20.3%。合江县存在资金使用不均的问题，导致资金不能有效利用，仅靠财政资金难以有效地提升科技扶贫的实际效益。因此相关部门可通过引入民间社会资本，或是抵押物品取得银行贷款，来保障科技扶贫质量和长期经济效益。

第四，科技扶贫项目的各部门组织难以协调问题。个别县的部分乡镇对科技扶贫服务平台重视程度不够，存在上报虚假材料等问题；部分县存在部门间组织协调力度不够，任务难以按期完成的问题；还有部分县的规章制度不完善，不能合理明确各部门之间的权责分工，导致工作效率低、项目实施整体滞后的问题。

四　四川乌蒙山区科技扶贫深化的对策建议

根据乌蒙山区9个贫困县在科技扶贫过程中出现的问题，本报告主要围绕完善科技扶贫服务平台、健全部门协调合作机制、深入探索农业技术攻关、强化科技扶贫资金保障等方面提出对策建议。

（一）完善科技扶贫服务平台

乌蒙山区9个贫困县科技扶贫服务平台现已经初步搭建，平台功能单一、人员配置不到位、信息质量不高、宣传力度不够等问题初见端倪。在平台功能设置上，不仅应立足当前科技扶贫的总体思路，满足贫困地区对科技的现实需求，还应立足科技扶贫的长远发展需要，惠及贫困地区和贫困农户，将平台功能设施与各个地区的差异及产业发展特色紧密结合，简化操作流程，设置齐全功能，满足大多数贫困农户的需求。在人员配置上，科技扶贫服务平台普遍存在人员配置不适宜以及人员短缺的问题，这将直接影响科技扶贫效果，因此应加强对相关人员的岗位技术培训，强化操作运用。在信息数据库建立上，信息数据库后续的扩展需要各级乡镇持续地提供信息资料，而信息不实、信息缺失等问题明显，因此需要从信息收集源头开始，层层把关，保证信息真实有效，然后将收集的信息定期公示，让广大群众监督信息、反馈意见。在平台宣传上，成立宣传小组，定期下乡开展平台宣传工作，以最简单明了的方式让民众了解科技扶贫服务平台对他们的益处，即平台的建设与应用将促进农业的发展。

（二）健全部门协调合作机制

科技扶贫涉及县—镇（乡）—村三级的相关部门以及相应人员，各部门间协调合作程度直接关系到项目实施进度、工作完成情况。健全部门协调合作机制需要合理确立各部门权责，形成上下级之间双向互动、及时沟通、工作高效的机制；积极宣传科技扶贫工作的核心思想、价值意义，加强乡镇有关人员的责任与意识培训，保证上报材料的准确性和及时性；完善乡镇科技扶贫考核机制，根据科技扶贫的成效，实行绩效激励机制，充分调动各级部门工作人员积极性。

（三）深入探索农业技术攻关

农业技术短缺一直是农村发展的一大短板，其中农业技术相关人才短缺问题尤为严重。建议加强与农技专家交流，强化院地合作，定期邀请专家指导农村产业发展技术，促进绿色安全高质量农业发展；吸引外来农技人才，定期开展农业技术培训，帮助更多农民提升农业技术水平。我国引进外来技术一般路径为模仿—吸收—创新，这也为我国农业技术的攻关提供了有益的思路。科技扶贫要充分发挥农村龙头企业的带头示范作用，让更多农户学到更多的农业技术，循序渐进地发展特色农业。

（四）强化科技扶贫资金保障

资金是贫困落后地区最缺的发展要素之一，因此，加强资金的持续供给对保障科技扶贫工作顺利开展至关重要。但是，贫困地区众多，而财政资金有限，仅靠财政资金难以取得更好的发展。各地应积极探索科技扶贫资金的社会融资渠道，鼓励政府与民间企业合作，扩大资金来源；建立科技扶贫基金，将产业的一部分利润盈余用于支持科技扶贫基金项目，减少因科技扶贫因资金短缺而存在的风险。

乌蒙山区科技扶贫服务平台的运行实践，为我们进一步实施科技扶贫工作带来了有益的启示。探索科技扶贫新实践，既以科技助推了贫困地区的脱贫，又促进了农业农村的发展，还可以提高农村信息化水平，培育一批懂农技爱农技的基层队伍，这为缩小城乡数字鸿沟做出了积极的贡献。

B.11
覆盖城乡居民公共法律服务考核体系建设的实践与思考*

郑妮　杨阳**

摘　要： 本报告在实证调研公共法律服务考核体系建设的基础上，思考覆盖城乡居民的公共法律服务考核体系的完善路径。本报告认为，当前公共法律服务考核体系建设在考核理念、考核主客体、考核对象、考核体制机制和考核城乡均衡度等方面还存在一些障碍性问题。针对这些问题，本报告提出应当及时升华考核体系建设理念，从“完成任务”转变为“普惠于民”，从“偏重城市”转变为“覆盖城乡”；把加强公共法律服务组织领导建设、深化公共法律服务基础平台建设、拓展公共法律服务项目建设、探索推进公共法律服务评价机制，作为我国覆盖城乡公共法律服务考核体系建设的重要路径。

关键词： 公共法律服务　考核体系　法治

积极构建公共法律服务考核体系并有效运行，对于推动覆盖城乡居民的公共法律服务体系建设是大有裨益的。一方面，在理论层面，通过研究公共

* 项目支持：本研究报告是2018年度四川省司法行政系统调研课题“覆盖城乡居民的公共法律服务考核体系研究”的阶段性成果。

** 郑妮，法学博士，中共四川省委党校法学教研部副主任、副教授、硕士生导师；杨阳，四川省社会科学院研究生院法律硕士。

法律服务考核体系，可以考验整套公共法律服务体系的运作效果，进而优化公共法律服务体系的顶层设计。另一方面，在实践层面，研究公共法律服务考核体系，可以倒逼公共法律服务实践工作有的放矢、有序开展。科学设置考核指标、精准量化考核标准，有利于推动公共法律服务体系建设的监督和质量，从而有效统筹配置公共资源，为城乡百姓谋取福利。

一　背景追溯：覆盖城乡居民公共法律服务考核体系建设的现实需求

公共法律服务考核体系建设的理论依据，主要源于政策与现实两大背景。

一是政策背景。党的十九大报告提出，“我国社会主要矛盾已经转化为人民日益增长的美好生活需要和不平衡不充分的发展之间的矛盾”，并对深化司法体制改革以及司法行政改革作出一系列新部署新要求。2017 年 8 月，司法部出台了《关于推进公共法律服务平台建设的意见》，明确“公共法律服务平台是推进公共法律服务体系建设的一项基础性工作”。2018 年 1 月 23 日，经中央批准，司法部正式印发《关于加快推进司法行政改革的意见》，将建设完备的公共法律服务体系作为推进改革的主要任务之一，且明确指出完备的公共服务体系首先就包括覆盖城乡居民的公共法律服务体系。2018 年 9 月，司法部下发了《关于深入推进公共法律服务平台建设的指导意见》，明确了要在全国范围内实现县（市、区）公共法律服务中心、乡镇（街道）公共法律服务工作站、村（居）法律顾问全覆盖的目标任务，力争在 2018 年底前，实现公共法律服务普及化。基于以上政策背景，为了适应新时代的新任务新要求，全国司法行政工作正在紧锣密鼓地加快建设覆盖城乡居民的公共法律服务体系，其目标是让公共法律服务延伸到基层，将大多数社会矛盾和风险扼杀在萌芽中，为实现国家治理体系和治理能力现代化做出新的更大贡献。与此同时，与建设覆盖城乡公共法律服务体系相对应的公共法律服务考核体系也逐渐被提上日程，成为理论界和实务界关注的重点。

二是现实背景。改革开放四十年以来，随着我国经济社会的不断发展，依法治国、建设社会主义法治国家已成为党的基本治国方略。法治社会的重要特征就是重视维护社会公共利益，保障公民合法权益。随着我国主要矛盾的变化，城乡居民对公共法律服务的需求量不断增加，且对服务质量提出了更高的要求。一方面覆盖城乡居民的公共法律服务体系正在逐渐构建起来，另一方面，当下国内多地也面临缺乏一套较为完备的覆盖城乡居民的公共法律服务考核体系的尴尬。因此，笔者认为，在此现实需求背景之下，有必要尽快制定配套的公共法律服务考核体系，以促进公共法律服务体系的进一步完善。

总体而言，科学合理的公共法律服务考核体系能有效提升公共法律服务水平和公共法律服务机构的管理水平，从而规范公共法律服务机构及其人员的服务行为和管理行为，有利于更快实现公共法律服务的规范化、标准化、便利化。本文将理论研究和实证研究相结合，综合运用法学、政治学、管理学、社会学、经济学等交叉研究的分析方法，客观反思与探讨以四川为代表的多个省份在推进公共法律服务考核体系过程中存在的理论和实践问题，在总结和借鉴经验的基础上，提出完善公共法律服务考核体系的具体路径。

二　现实成效：覆盖城乡居民公共法律服务考核体系建设案例与经验总结

党的十八大以来，我国司法行政工作始终坚持党的领导，各项改革工作取得成绩显著，为全面建设公共法律服务体系奠定了坚实基础。与此同时，许多地区开始探索覆盖城乡居民的公共法律服务考核体系的建设，并形成了符合本地实际情况的经验或案例。本文主要从市、县、乡三级公共法律服务考核体系构建过程中选取典型案例予以剖析，并在此基础上得出经验启示。

（一）以三级实体平台建设为指标考量——河南省郑州市的有效做法

为了推动公共法律服务考核体系建设，并进一步提升公共法律服务水平，郑州市司法局出台了《郑州市公共法律服务平台建设工作考核细则》（以下简称《细则》），主要针对实体平台建设的考核进行细化。《细则》对县级公共法律服务中心建设、乡（镇）公共法律服务工作站建设和村（社区）公共法律服务工作室建设等三级实体平台建设进行分类考核。

首先，考核县级公共法律服务中心建设主要标准如下：符合临街方便群众的选址，按照司法部建设标准统一制作外观标识，不小于150平方米的服务大厅，设置合理齐全的等候区、服务区、办公区等功能区，设置法律援助、人民调解、法律咨询等基本业务坐席，可增设律师、公证、司法鉴定、专业调解、安置帮教等窗口，管理台账、工作制度与人员配备健全，设备设施齐全，在规定时间内完成建设任务。

其次，考核乡（镇）级公共法律服务中心建设的内容相比县级少了许多，仅包含：符合临街方便群众要求的选址，按照司法部建设标准统一制作外观标识，不小于50平方米的工作站，管理台账、工作制度健全，在规定时间内完成建设任务。

第三，考核村（社区）级公共法律服务中心建设的内容和乡镇级基本相同，只是工作室办公面积只要求不小于15平方米，并且在要求时间节点内提前完成工作室建设任务的加2分。

（二）以群众满意度为考核关键——广西壮族自治区柳城县的地方实践

为了加快推进柳城县公共法律服务均等化、普惠性和广覆盖，不断满足人民群众基本法律服务需求，柳城县司法局制定出台了《公共法律服务体系建设考核任务分解表》，在年中进行督查，年底进行考评。各科、室、处以及中心、所根据构建公共法律服务体系“一平台六中心”的主要目标任务，制定具体工作措施，因地制宜、扎实推进，确保工作取得实效。柳城县认真开展群众满意度测评，以群众满意度来检验公共法律服务工作成效。

一方面，明确柳城县公共法律服务考核指标，其中包括组织领导、平台建设、服务项目、保障机制和加分项目。在此基础上，进一步对每一个考核指标进行细化，形成多项具体的考核内容。其一是组织领导方面，提出要在当地党委、政府领导下，做好方案制定、统筹协调、组织实施和日常监管等工作，主动加强与相关部门的联系和沟通，争取支持和配合。其二是县级、乡（镇）级、村级等三级公共法律服务基础平台建设方面，分别对三级基础平台的职能定位、人员配备、设置标准、服务内容等提出不同考核要求。其三是多样化的公共法律服务项目方面，在原司法行政服务的基础上进行整合提升，设置并考核法治宣传、法律咨询、法律援助、公证服务、司法鉴定、人民调解、安置帮教、社区矫正、司法考试等九大服务项目。其四是对公共法律服务保障机制提出要求，将安置帮教、人民调解、法律援助、社区矫正等专项业务经费纳入财政预算，并建立公共法律服务体系建设检查、监督、考核机制。

另一方面，对每一项考核内容提出不同的考核标准，并详细列出不按照要求提供考核所需材料的评扣分值。每一项考评内容所实施的单位、县司法局责任科室和责任人都在分解表中一目了然，做到考核全覆盖，考核责任制。

（三）以律师与法律工作者目标完成情况逐项考评——江苏省无锡市洛社镇量化考核进程

为进一步调动律师、基层法律服务工作者参与洛社镇村（社区）公共法律服务工作的积极性和主动性，更好地为群众提供便携高效的法律服务，江苏省无锡市洛社镇出台了《洛社镇村（社区）公共法律服务工作考核办法》。村（社区）公共法律服务工作实行互分制考核，根据律师、基层法律工作者工作目标完成情况逐项考评，按计分标准分别计分，以最后得分为准。

第一，值班考评占40分。到村（社区）值班时按时到岗，并认真填写工作日志（工作日志未填写的视为当天未到岗，未到岗的每次扣4分）。

第二，工作考评占40分，包括提供法律知识普及教育服务、提供法律服务和法律援助、参与矛盾纠纷化解、为社会公益性事物提供基本法律服务等四项工作，每项工作占10分。具体内容如下：每年至少分别对村（社区）干部、群众实行法律知识讲座1次（每缺1次扣2分）；不积极提供法律服务、法律援助或引发服务对象不满意投诉的，每1次扣2分；调解工作不积极主动或处理不当的，每次扣2分；为村（社区）重大经济、民生和社会治理等方面的决策提供法律意见起草、审查、修订村（社区）自治章程、村规民约等各类文件、合同工作不积极主动的每次扣2分。

第三，遵守职业道德和执业纪律考核得10分，若违背该项要求则不得分。

第四，群众满意得10分。对每个村（社区）两委成员及10个以上服务对象或群众采取电话访问、问卷调查等方式进行满意度调查，每条基本满意意见扣0.2分，每条不满意意见扣1分。

（四）多措并举——四川省公共法律服务考核体系建设典型案例

四川省公共法律服务考核体系建设已初见成效，特别是拟定了《四川省公共法律服务体系建设“五年三步走”发展规划》，推动公共法律服务体系建设按照“一年一变化、三年铸特色、五年创一流”的战略部署逐步实践。从考核主体和对象上看，截至2017年底，全省共有4607家司法所、43家监狱、209家公证处、34万多人民调解员、5700多个法律援助中心（站、点）。从考核客体上看，全省21个市（州）和183个县（市、区）全部建成法律援助中心，大约50%的乡镇（街道）和20%的村（社区）建成了法律援助工作站（室）。同时，“12348”四川法网和热线也基本建成运行。[1] 在我省公共法律服务考核体系中，本报告以攀枝花、德阳市、资

① 刘志诚：《织密公共法律服务网 建造“治蜀兴川法治大厦”》，《四川法制报》2018年6月7日，第1版。

阳市等地的案例为对象展开研究。

1. 攀枝花市以平台建设为抓手推进公共法律服务考核体系建设

攀枝花市在公共法律服务考核体系建设中已有一定的成效，主要体现为考核实体平台建设、网络平台建设、热线平台建设等三个平台建设共同推进。该市通过加快建设公共服务中心以突出实体平台建设，大力推进“智慧司法”以全面启动公共法律服务网络平台，并通过升级公共法律服务咨询服务以推广热线平台。2018 年 6 月 8 日，攀枝花市司法局在《关于全市公共法律服务体系建设的意见建议》中提出：“将公共法律服务平台建设纳入市委市政府对县区的年度考核。”为促进攀枝花市公共法律服务平台建设，攀枝花市司法局等有关部门还建议市委、市政府也将公共法律服务平台建设的内容纳入目标考核。据悉，四川拟计划在 2019 年将公共法律服务平台建设纳入省委、省政府对市（州）的年度考核，这将有力促进公共法律服务体系的建设。

2. 资阳市强力开展公共法律服务考核体系建设督导检查

资阳市已初步形成了较好的公共法律服务体系建设基础。全市的公共法律服务体系建设通过建立组织领导、明确工作任务、制定精准建设方案、凝聚工作合力、切实落地落实等“五步走”措施，已初步形成了较为完备的建设基础，构建起了纵向到底、横向到边、辐射周边的公共法律服务网络。

而针对考核体系部分，目前，资阳市已进入强力建设公共法律服务考核体系阶段，重点做好督导检查工作，主要体现在以下两点。一方面，考核公共法律服务中心是否强化法治宣传工作。中心是公共法律服务体系建设的重要延伸，要加大工作宣传，传播人民调解的“好声音”，提升公共法律服务中心的社会知晓度。另一方面，考核相关职能部门是否明晰工作职责。相关部门务必结合职能，明确职责，强化责任意识，确保公共法律服务工作取得实效。

3. 德阳市以“初步考核—最终考核”方式定期开展公共法律服务考核工作

以德阳市旌阳区为例，该区确立了由旌阳区司法局对全区基层法律服务所和基层法律服务工作者进行初步考核后，再由德阳市司法局进行最终考核的考核机制。初步考核的内容包括队伍建设情况、业务开展情况、内部管理情况、基层法律服务工作者执业情况等四个方面。

第一，队伍建设情况包括基层法律服务工作者的数量、素质、结构变化等情况，组织开展思想政治教育和职业道德、执业纪律教育情况，开展业务学习、业务培训和党建工作情况。

第二，业务开展情况主要围绕办理业务的数量和类别情况、公共法律服务质量情况、拓展公共法律服务范围情况等方面展开。

第三，内部管理情况是指业务管理制度建立和实施、收费管理、财务管理和分配管理制度建立和实施、业务档案、基层法律服务工作者执业档案建立和管理等情况。

第四，基层法律服务工作者执业情况应当从在执业活动中遵守法律、法规和规章，遵守职业道德、执业纪律和执业行为是否规范等方面来进行考核。

而最终交到德阳市司法局的考核内容则是将以上四个方面的考核结果予以量化和质化分析，进而分析当年公共法律服务的重点和难点，为市委市政府决策咨询提供有价值的分析报告。

（五）经验启示

针对以上不同地区关于公共法律服务考核体系的不同做法，可以得出不少启示，从而为覆盖城乡公共法律服务考核体系的构建提供较好的参考。

其一，有必要建立健全公共法律服务考核机制。公共法律服务考核机制是推动公共法律服务考核体系有效运行的关键环节，不同地区应当根据本地区的具体情况建立相应的考核体系。如无锡市洛社镇形成了值班考评、工作考评、遵守职业道德与职业纪律考评三种途径齐头并进的考核机制。德阳市旌阳区以“初步考核—最终考核”定期开展考核工作，由旌阳区司法局对全区公共法律服务工作进行初步考核，而后由德阳市司法局进行最终考核。资阳市以督导检查的形式推动公共法律服务考核机制的建立健全，其中法治宣传工作和职能部门分工明晰是督导检查最重要的两个方面。

其二，有必要加强对公共法律服务基础平台建设情况的考核。郑州市专门出台了平台建设的考核细则，分别对县级公共法律服务中心建设、乡镇（街道）公共法律服务工作站建设和村（社区）公共法律服务工作室建设等三级实体平台建设进行分类考核，每一级实体平台建设的考核内容和考核标准也是不一样的，这种精细化的考核方式值得借鉴学习。广西壮族自治区柳城县也对三级基础平台的职能定位、人员配备、设置标准、服务内容等提出不同考核要求。当然，我省攀枝花市在考核平台建设情况上也有突破，市司法局已将公共法律服务平台建设纳入市委、市政府对县区的年度考核。攀枝花市也在考核实体平台建设、网络平台建设、热线平台建设等三个平台建设中有一定的成效。另外，攀枝花市司法局等有关部门还建议市委、市政府将公共法律服务平台建设的内容纳入目标考核。

其三，有必要对公共法律服务考核项目予以确定与细化。广西壮族自治区柳城县明确设置和考核法治宣传、法律咨询、法律援助、公证服务、司法鉴定、人民调解、安置帮教、社区矫正、司法考试等九大服务项目，并对每个项目的考核标准进行精细化分类，这对其他地区公共法律服务考核体系建设有非常重要的参考价值。郑州市设置了法律援助、人民调解、法律咨询、司法鉴定、专业调解、安置帮教等考核项目，并且要求每个项目在公共法律服务中心设置业务坐席或窗口，如果有服务项目没有设置坐席和窗口，则会在考评中被扣分。

三　反思提炼：覆盖城乡居民公共法律服务考核体系建设进程中出现的突出问题

通过基层调研，我们认为，在公共法律服务考核体系建设过程中，考核理念、主体客体、体制机制等问题还没有得到高度重视，亟待反思与审视。

（一）公共法律服务考核理念有待转变升华

一方面，较长一段时间以来，一些地方政府对于公共法律服务及其考核这一新生事物的认识还不够，考核理念还以“惩罚性考核”为主，对“激励性考核”缺乏思考。我们认为，以惩罚为主的考核思维不适宜作为公共法律服务考核体系的核心理念，应考虑公共法律服务提供者和受用者的需求和意愿，加快转变考核理念，探索形成激励性、鼓励性的考核理念。

另一方面，一些地区的考核主体和考核对象在观念上将考核作为一项任务去完成，而没有充分认识到考核的真正目的。考核只是一种手段而不是目的，考核的目的是给老百姓带来更好的公共法律服务，提高公共法律服务的水平和质量。建设公共法律服务考核体系是为了贯彻和实施党的十九大“提高保障和改善民生水平”、“提高社会治理社会化、法治化、智能化、专业化水平”的要求，因此，完成任务只是最低要求，应树立公共法律服务考核激励理念，真正做到普惠于民。

（二）公共法律服务考核主体未能有效明确

从实践层面考察来看，当前，一些地区的公共法律服务考核主体尚不明确。从广义上来讲，公共法律服务是司法行政机关的基本职责和任务，但公共法律服务考核体系的功能与行政机关行政职能的考核体系有所不同，不能照搬行政考核体系。公共法律服务考核体系的出发点是提高服务质量和服务水平，此时司法行政机关可能既是公共法律服务提供主体，又是公共法律服务考核主体，甚至还可能成为公共法律服务的考核客体。因此，在公共法律服务考核体系中明确考核主体即“谁来考核”是前提与基础。

（三）公共法律服务考核客体尚需进一步厘清

关于公共法律服务考核客体的问题，主要体现为“考核谁”的疑问，因此，还需要厘清考核客体包括哪些对象。《司法部关于推进公共法律服务平台建设的意见》虽然对公共法律服务实体平台、网络平台、热线平台的建设提出了指导意见和建设标准，但作为公共法律服务考核客体之一的公共法律服务实体平台建设仍然存在着发展不平衡、管理分散、便利性不够等问题，因此考核起来存在不少难度，需要进一步完善考核顶层设计和加大考核推进力度。

除了公共法律服务实体平台建设，公共法律服务网络平台建设也存在一定程度的阻碍。例如网络平台建设不仅需要技术支撑，也需要管理者实时维护，因此如何启用全省一体化政务服务平台，制订办事流程和服务指南，从而实现审批服务项目“最多跑一次”，均是值得思考的问题。

（四）公共法律服务考核对象多样化带来诸多挑战

随着公共法律服务新模式的诞生，公共法律服务的考核对象开始多样化。监狱、戒毒、社区矫正、律师、公证、司法鉴定、法治宣传、法律援助、人民调解和队伍建设等均被纳入公共法律服务项目，这说明了公共法律服务考核对象包括行政机关、刑罚执行单位、法律执业机构、社会自治组织和公益性组织等。针对多样化的考核对象，需要相应制订不同的考核标准，这也给公共法律服务考核体系的建设带来了诸多的挑战。

（五）公共法律服务考核体系的设计具有复杂性

如前所述，公共法律服务考核对象呈现多样化，导致了公共法律服务考核体系的设计存在复杂性。

一方面，缺乏公共法律服务考核标准。公共法律服务考核一般需要一定的考核标准、考核指标或者考核内容，只有在标准先立的前提下，才能推进考核的有序进行。但一些地方忽视公共法律服务考核标准的制订，或者制订的标准比较宽泛与浅显，在实践中难以有效比照执行。

另一方面，公共法律服务考核量化程度不高。从严格意义上讲，应该对公共法律服务考核的服务人数、服务活动量和服务质量进行量化考核，对结果或效益以公众评价度和公众满意度的方式进行考核，由此作为购买公共法律服务的依据以及支付费用的直接依据，以及续签购买公共法律服务合同的依据。然而，在现实中，一些县（市、区）量化考核程度不高，考核依据不明确，这不仅影响了公共法律服务效果，而且也不能为建设高质量公共法律服务体系提供有效的参考依据。

（六）公共法律服务考核体制机制不健全

公共法律服务考核体制机制是考核体系的重要组成部分，体制机制的建立健全问题仍然存在，主要表现为以下三点。

第一，党委领导、政府主导的考核机制未能有效建立。公共法律服务考核体系建设必须坚持党的领导，并在政府主导下有序完成，但目前这种考核机制尚未有效建立，且有的地方党政重视程度依然不够，亟须尽快确立和建立。

第二，司法主抓的考核机制初见成效，但“分级负责”尚未有效体现。以司法行政机关为主要考核主体的机制已经在多地区实施，并取得不少成果，但是不同层级之间分级考核的制度还存在一些问题。例如，关于公共法律服务考核与法律服务站考核的区别，一般认为，公共法律服务考核属于司法行政系统的考核，而法律服务站考核则属于法学会的考核，二者所属系统不同，考核的法律服务内容也不同，但二者存在交叉重叠，因此，有必要对这类情况予以妥善处理和分类。

第三，事中事后考核机制未能完善。当前，一些地区公共法律服务不仅缺乏事中考核，就连事后考核也还在建设性发展中，因此，有必要在公共法律服务考核体系建设过程中重视事中事后考核机制的完善。

（七）公共法律服务考核体系覆盖城乡不均衡

公共法律服务考核体系在建设中仍然存在城乡差距大、不均衡的问题。

第一方面原因，不少地区公共法律服务的供给还维持着城乡二元结构，不仅城市与农村公共法律服务的供给水平、服务质量有所差异，而且考核标准、考核力度也存在明显差距。

第二方面原因，市场因素的导向直接导致了城乡差距的存在。市场经济主体基于利益以及“短、平、快”的收益价值观，盼望在投入成本之后快速获得效益，于是一些投资者倾向于选择在市区出卖公共法律服务商品，而有意无意地减少对农村地区公共法律服务的供给，影响了农村居民均衡地享受公共法律服务。因此，市场造就了城乡不平等的状况，这也最终影响了农村公共法律服务考核的深度和广度。

第三方面原因，一些基层党政领导并没有好好去思考如何做好考核标准的划定，如何逐步构建公共法律服务考核体系。虽然中央、省、市相继下发文件要求大力推进公共法律服务体系建设，并把此项工作纳入地方科学发展综合考核，但一些基层领导在研究此项工作时，缺乏购买公共法律服务之后的后续考核意识，并不能有效保障公共法律服务考核体系建设的持续性和完备性。

因此，公共法律服务考核体系在城乡中的差距相对较大，应当统一城乡标准还是个别地区单独设立标准，这是当前亟须解决的问题。该问题的解决，可参考都江堰市司法局的做法：主动发现公共法律服务的薄弱区域，有针对性地加大薄弱区域的工作力度，将法治宣传下沉到小区院落，同时大力建设微博、微信、头条号、抖音等新媒体普法矩阵，实现全市社区全覆盖，破解普法地域难题。

四　路径探索：完善覆盖城乡居民公共法律服务考核体系建设的对策建议

在司法、执法实践中，建立健全合法、合理、科学的评价机制是有必要的。通过建立科学的考核评价体系和第三方评价机制，用工作机制和群众的认知度、满意度、知晓度来予以评价和考核，倒逼公共法律服务体系建设工作提升法治化、科学化和精细化管理水平。这就需要尽快建立“谁执法谁普法”的公共法律服务考核体系，同时将“谁服务谁普法”“谁主管谁普法”作为“谁执法谁普法”的延伸配套，进一步推动覆盖城乡居民的公共法律服务考核体系建设。

完善公共法律服务考核体系建设可以从公共法律服务组织领导、基础平台建设、服务项目和保障机制建设等四个指标分别进行。

（一）凝造理念：从“完成任务”走向“普惠于民”

转变公共法律服务考核理念，加强公共法律服务的规范化、标准化、信息化建设。公共法律服务考核本身不是目的，深化公共法律服务才是硬道理。建设公共法律服务考核体系的理念要从“完成任务”转变为“普惠于民”，公共法律服务考核的最终目的是推动公共法律服务体系建设，激发全社会对公共法律服务建设的感情和心理认同，并加速它的社会化接受过程，由此让城乡居民享受公共法律服务的各项实惠性成果。

首先，坚持公共法律服务多部门联动协作理念。通过各级司法行政部门、法治宣传教育中心、法律援助中心、社区矫正中心、人民调解中心等各部门联合协作，建立高效统一的考核制度。

其次，树立公共法律服务考核精细化理念。公共法律服务项目繁杂多样，司法行政工作点多、线长、面广、量大，在这种情况下，树立并增强精细化的公共法律服务考核理念，有助于推动公共法律服务有序进行。

最后，培育公共法律服务考核激励理念。传统以惩罚为主的理念和模式不是公共法律服务考核的目的，只有激励和考核并举、注重奖惩结合的方式，才能推动公共法律服务体系有效运行。

简而言之，公共法律服务考核体系是公共法律服务体系的重要组成部分，也是公共法律服务体系高效运转的关键推手。反过来，加强推动公共法律服务体系建设，又有利于进一步深化社会各界对公共法律服务考核体系重要性与必要性的重视。

（二）体系构建：加快制定覆盖城乡居民公共法律服务考核标准并形成体系

公共法律服务考核指标是公共法律服务考核体系的核心要素，笔者针对构建覆盖城乡居民的公共法律服务考核体系提出以下构思。

表 1　覆盖城乡居民的公共法律服务考核体系

考核类别	考核内容	每项考核内容的具体要求
1. 考核机构（公共法律服务考核主体）	市（州）司法局	加强公共法律服务组织领导，成立公共法律服务建设工作领导小组、分工明确、责任落实
	县（区）司法局	
	乡（镇）司法所	
2. 考核对象（考核客体）	从事公共法律服务工作律师	提供法律咨询、法治宣传、村（社区）事务法律情况
	从事公共法律服务工作公证员	提供咨询、引导及业务办理等公证法律服务情况
	从事公共法律服务工作调解员	调解解决解纷情况
	从事公共法律服务工作公务员	司法行政机关公务员在公共法律服务中的综合情况
3. 基础平台建设	实体平台建设	市（州）级公共法律服务中心建设
		县（区）级公共法律服务中心建设
		乡镇（街道）、村（社区）级公共法律服务工作站（室）
	网络平台建设	公共法律服务网站维护情况、村（社区）微信群管理情况
	热线平台建设	“12348”法律服务热线建设及运行情况
4. 公共法律服务项目清单	法律援助	健全申请材料、权利义务风险一次性告知制度
		建立法律援助案件质量监管和投诉举报制度
		加强法律援助信息管理系统建设
		加强法律援助队伍建设
	人民调解	加强人民调解规范化建设
		加快推进人民调解信息化建设
		做好人民调解案例收集与评选工作
	法治宣传	组织开展宪法宣传教育活动
		加强重点对象（党员、青少年、村民）学法用法
		推进法治文化建设
		开展“互联网＋法治宣传”行动
		推进基层依法治理
		落实普法责任制
		加强普法工作组织领导和工作保障

续表

考核类别	考核内容	每项考核内容的具体要求
4. 公共法律服务项目清单	律师基层法律服务	法律顾问村(社区)全覆盖,每月至少开展现场法律服务一次
		提供法律咨询、法治宣传、村(社区)事务法律体检
		修订完善村规民约
		参与矛盾纠纷化解
	司法鉴定	司法鉴定进驻公共法律服务中心
		服务窗口至少配备一名司法鉴定人或司法鉴定人助理
		提供初步检查或业务引导等司法鉴定服务
	公证服务	公证服务进驻公共法律服务中心
		发挥公证服务沟通、证明、监督等职能作用
		提供咨询、引导及业务办理等公证法律服务
	社区矫正	加强刑满释放人员安置帮教工作
		加强社区矫正组织队伍建设
		加强社区矫正规范化建设
		加强社区矫正信息化建设
	法律考试	公共法律服务中心提供法律考试报名条件、考试机构联系方式等信息
		提供法律职业资格证书申请条件与所需资料等信息
		完成法律考试组织实施工作
5. 考核保障机制	建立政府购买服务机制	将人民调解、法律援助、社区矫正、司法鉴定等专项业务经费纳入财政预算
	建立质量评价机制	由享受服务的个人或单位对公共法律服务质量打分和评价
	建立检查、监督、考核机制	将检查、监督和考核机制齐头并进,协同推进公共法律服务体系建设
	信息化建设	信息化综合服务平台建设运转正常,公共法律服务项目完备,解决人民群众实际问题
6. 考核程序	每月月底	月底前将工作总结和自评报告给上一级公共法律服务中心
	每年年中	当年6月底,在总结半年工作基础上按考核评分标准自评打分,将半年工作总结及自评报告报上一级公共法律服务中心
	每年年终	当年12月底,在总结半年工作基础上按考核评分标准自评打分,将全年工作总结及自评报告报上一级公共法律服务中心

续表

考核类别	考核内容	每项考核内容的具体要求
7. 考核方法	自评	律师、基层法律服务工作者对公共法律服务工作进行自评并填写考核表上报相应考核机构
	群众评议	当事人对各中心工作满意度
		通过当事人的即时评价和对其进行回访确认工作人员服务是否存在有效投诉
	司法局分级考核	中心每半年召开一次群众意见征询会,并书面记录
		市(州)司法局—县级公共法律服务中心
		县(区)司法局—乡镇级公共法律服务中心
		乡(镇)司法所—村级公共法律服务中心
8. 监督奖罚	优秀(公共法律服务工作者)	提高全年补助额
	良好(公共法律服务工作者)	全年补助额度不变
	合格(公共法律服务工作者)	警告并降低全年补助额
	不合格(公共法律服务工作者)	取消全年补助额并取消从事该地公共法律服务工作资格

公共法律服务考核体系主要从考核机构、考核对象、基础平台建设、公共法律服务项目清单、考核保障机制、考核程序、考核方法、监督奖罚等八个方面进行构建。第一类别，构建市（州）司法局、县（区）司法局、乡（镇）级司法所等三级考核机构作为公共法律服务考核体系的核心主体。第二类别，主要对从事公共法律服务工作的律师、公证员、人民调解员、公务员等人员进行考核。第三类别，构建市（州）级，县（区）级，乡镇（街道）、村（社区）级公共法律服务中心（室）三级实体平台，并将网络平台、热线平台建设情况一同纳入公共法律服务考核。第四类别，形成多元化的公共法律服务项目，分别对法律援助、人民调解、法治宣传、律师基层法律服务、司法鉴定、公证服务、社区矫正、法律考试等项目按照不同的考核标准进行考核。第五类别，建立政府购买服务机制，质量评价机制和检查、监督、考核机制，推进信息化建设，促进考核保障机制的有效实行。第六类

别，建立每月月底、每年年中、每年年终的三阶段考核程序。第七类别，形成自评、群众评议、司法局分级考核的三级考核方法。第八类别，确立公正的奖罚制度，将考核结果分为优秀、良好、合格、不合格等四个等级，每个等级对应不同的奖罚内容。

概言之，公共法律服务体系的核心是各类别和指标的精细化设置，不同地区应当根据本地区的具体情况对考核类别和内容进行细化与量化，从而完善符合本地区的公共法律服务考核标准以及考核体系。

（三）路径多元：完善覆盖城乡居民公共法律服务考核体系的建议

为了加快完善覆盖城乡居民的公共法律服务考核体系，建议从多元化路径入手，打开视野，丰富举措。

1. 考核主体提升：加强公共法律服务组织领导建设

公共法律服务组织领导是公共法律服务考核体系中重要的考核指标与主体保障。一是要成立公共法律服务考核工作领导机构，并成立公共法律服务考核工作领导小组，有必要将市（州）级、县（区）级、乡（镇）级的考核机构进行明确分工及责任落实。目前有三种模式值得研究：第一种模式是各级司法行政机关作为考核主体；第二种模式是省司法厅牵头，其他各相关职能部门联合考核；第三种模式是引入第三方机构进行质量评估、群众满意度测评，确保公共法律服务产品质量。

二是要加强组织统筹，每年提前制订公共法律服务考核年度工作安排，执行报送公共法律服务考核体系建设情况制度，定期举办公共法律服务考核体系建设培训班，并积极培育考核团队和考核人才。例如，成都市温江区司法局借助高校资源，与西南财经大学法学院联合成立温江法律学院，优选10名资深教授组建“法律诊所”导师团、10名青年教师担任法务乡（村）官①，以此提升考核主体的专业水平。

① 王勇：《温江区以公共法律服务助推城乡社区依法治理》，http：//www. pfcx. cn/Item－91800. aspx。

2. 考核客体优化：深化公共法律服务基础平台建设

公共法律服务基础平台是公共法律服务体系建设的前提条件，有必要对三级平台建设进行全面考核。

首先，加大考核场所建设力度。市（州）、县（区）级推进各公共法律服务中心平台的有效整合，设置给定的服务窗口，实现“一站式服务”；乡（镇）级公共法律服务中心以司法所或者便民服务中心为依托，加强与司法所的合作办公；村（社区）级建设成立公共法律服务工作室，设置公共法律服务窗口，配备一名以上公共法律服务人员。

其次，多元化配备考核人员。重点考评三级工作人员、律师、公证员、法律援助、人民调解员、司法鉴定员等人员数量、专业素质以及相应的岗位设置。在这方面，成都市蒲江县司法局的做法值得借鉴。其一是调整充实讲师团，以司法、行政执法人员和专业法律服务人员为主体，调整充实县级普法讲师团人员 125 名。其二是组建法律服务小分队，建立 12 支法律服务小分队深入 66 个村（社区）开展法治宣传活动。其三是聘请 25 名邮政投递员组建“法治投递员”队伍；组建法治文艺队伍，引进专业法治文艺演出团队。①

再次，完善考核制度。每个公共服务法律中心是否制订岗位职责、工作标准、工作流程、工作人员守则、行为规范等相关制度；是否公布驻中心工作人员姓名、照片、工作单位、联系方式及投诉电话；是否公布值班时间、服务指南、服务承诺；是否建立工作记录与服务登记归档制度，以上内容均需要通过完善公共法律服务考核制度予以确立下来。

最后，明确考核工作职能。市（州）、县（区）级公共法律服务中心是否在办理业务（直接开展法律咨询、法治宣传、受理公证、法律援助、案件代理和人民调解等）、分流指引（对乡镇、村居调解的各类矛盾纠纷，及时进行分流指派，并跟踪调处结果）、督查指导（根据分组管理原则，指

① 李剑：《蒲江县司法局“四化”举措提升公共法律服务满意度》，http：//www. sichuanpeace. gov. cn/system/20160304/000242621. html。

导、督促、考评下属中心的工作，并将考评结果上报备案）等方面予以重视；乡镇（街道）级公共法律服务站是否开展咨询、宣传、调解等工作，帮助初审公证材料并联络、进行法律援助条件初审并报批，指导、督促、考评村级服务室的工作；[村（社区）级公共法律服务室开展咨询、宣传、调解、代写法律文书工作，管理帮扶人群，指引公证、法律援助、案件代理、司法鉴定、考试报名等申请]。

3. 考核内容丰富：拓展公共法律服务项目建设

公共法律服务项目建设情况的考核是公共法律服务体系的核心要素。尽快完善公共法律服务项目清单，明确公共法律服务项目类型，便于公共法律服务运行的监督、指导、管理和考核。

关于法律援助，重点考核是否健全申请材料、权利义务风险一次性告知制度，建立法律援助案件质量监管和投诉举报制度，加强法律援助信息管理系统建设，加强法律援助队伍建设。

关于人民调解，主要考核是否加强人民调解规范化建设、加快推进人民调解信息化建设、做好人民调解案例收集与评选工作。

关于法治宣传，重点考核是否组织开展宪法宣传教育活动，加强党员、青少年、村民等学法用法，推进法治文化建设，开展“互联网＋法治宣传”行动，推进基层依法治理，落实普法责任制，加强普法工作组织领导和工作保障等。

关于律师基层法律服务，着重考核是否做到法律顾问村（社区）全覆盖、每月至少开展现场法律服务一次、提供法律咨询、法治宣传、村（社区）事务法律体验、参与矛盾纠纷化解等。

关于司法鉴定，主要考核是否有司法鉴定进驻公共法律服务中心、服务窗口至少配备一名司法鉴定人或司法鉴定人助理、提供初步检查或业务引导等司法鉴定服务。

关于公证服务，主要考核是否发挥公证服务沟通、证明、监督等职能作用，提供咨询、引导及业务办理等公证法律服务。

关于社区矫正，主要考核是否加强刑满释放人员安置帮教工作、加强社区矫正组织队伍建设、加强社区矫正规范化建设、加强社区矫正信息化建设。

4. 考核体制健全：探索推进公共法律服务评价机制

公共法律服务评价机制是公共法律服务考核体系建设的重要保障。公共法律服务的属性，决定了其考核评价体系应当更多地引入第三方评估、行政监督员评价、法律行业专家点评等来自社会领域、专业领域的考核机制，并不断扩大其在公共法律服务综合考评中的比重。其一是建立政府购买机制，将人民调解、法律援助、社区矫正、司法鉴定等专项业务经费纳入财政预算。其二是建立质量评价机制，由享受服务的个人或单位对公共法律服务质量打分和评价。其三是建立检查、监督、考核机制，将检查、监督和考核机制齐头并进，协同推进公共法律服务体系建设。其四是深化信息化建设，包括信息化综合服务平台建设运转正常，公共法律服务项目完备，解决人民群众实际问题。

因此，尽快建立综合行政考核、第三方测评、群众满意度回访调查、专家评价等要素的公共法律服务评价机制，并借助网络平台引入大数据应用，由此推动公共法律服务考核的公平性、持续性、均等性等属性的有效实现。

五　结语

在司法体制改革大背景下建立覆盖城乡居民的公共法律服务考核体系，不仅是应然要求，也是实然之需。以考核倒逼服务质量，以考核提升服务水平，以考核谋取服务效益，以考核缩小城乡差异，并克服“短板”或“瓶颈”问题，探寻解决问题的路径，由此构建较为完备的公共法律服务考核体系，推动公共法律服务体系的建设以及公共法律服务均衡协调发展，进而让城乡居民享受实实在在的公共法律服务，实现对美好生活的愿望与期许。

B.12
四川人口老龄化与健康养老状况分析

四川省统计局*

摘　要： 四川人口老龄化趋势在近年来呈现出加速态势，农村老龄人口在规模和占比增长方面明显快于城镇，65 岁及以上老龄人口增速快且区域特征明显，基于四川人口基数大、城镇化发展不足的现实，未来四川老年人口规模将进一步扩大，且占人口总量的比重会不断提高，四川将面临严峻的养老问题。近年来，四川健康养老发展较快，呈现出医养结合型养老机构快速扩张、床位数大幅增加、从业人员较快增长以及接受家庭医生签约式服务的老年人成倍增加等特点，但仍然面临普及率偏低、人才不足等问题。建议从构建健康养老体系、加快人才培养、整合优质资源、完善社会保障、改善老年人软环境等方面应对人口老龄化问题。

关键词： 人口老龄化　健康养老　四川

一　四川人口老龄化现状

（一）人口老龄化发展迅速

2017 年四川 60 岁及以上老年人口达 1751 万人，占常住人口的

---

* 张鸣鸣根据四川省统计局分析报告编辑。

21.09%，比2016年的21.05%提高了0.04个百分点；65岁及以上老年人口达1157万人，占常住人口的13.94%，比2016年的13.77%提高了0.17个百分点。2010年，全省60岁及以上老年人口达1311万人，占常住人口的比重为16.3%，最近七年平均每年60岁及以上老年人口占比提高0.68个百分点；65岁及以上老年人口增加881万人，占常住人口的比重10.95%，最近七年平均每年65岁及以上老年人口占比提高0.43个百分点。

从全国情况看，2017年，我国60岁和65岁及以上老年人口占人口总数的比重分别为17.3%和11.39%，四川比全国水平分别高3.79个和2.55个百分点（见图1），与2000年二者比重仅分别比全国高0.58和0.49个百分点相比，近年来四川老龄化水平明显提速。横向比较上，2017年四川65岁及以上老年人口总量居全国第二位，仅次于山东，占人口总量的比重居全国第三位，仅次于辽宁和山东。

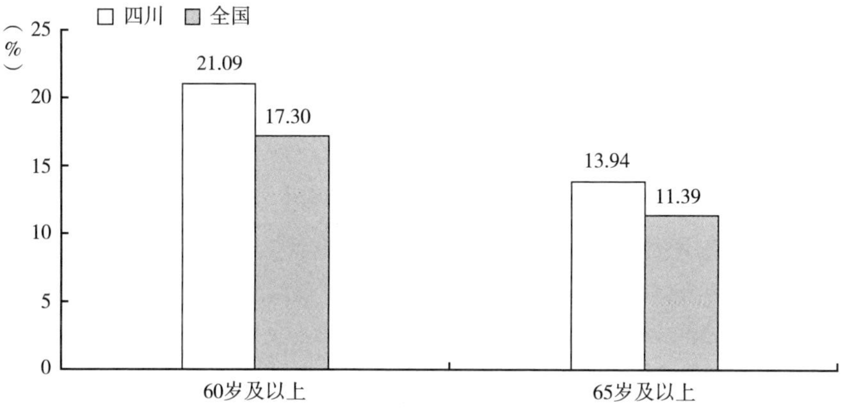

图1　2017年四川和全国老年人口占总人口比例情况

（二）农村人口老龄化水平明显超过城镇

2010年四川农村60岁和65岁及以上老年人口占农村人口的比重分别为18.19%和12.26%，分别比城镇高4.69个和3.26个百分点。到2015年，四川农村60岁和65岁及以上老年人口占农村人口的比重攀升至

22.8%和15.11%，高于城镇6.72个和4.60个百分点。农村老龄化水平高，且城乡老龄化增速的差距持续扩大，表明农村人口老龄化形势较城镇更加严峻（见图2）。

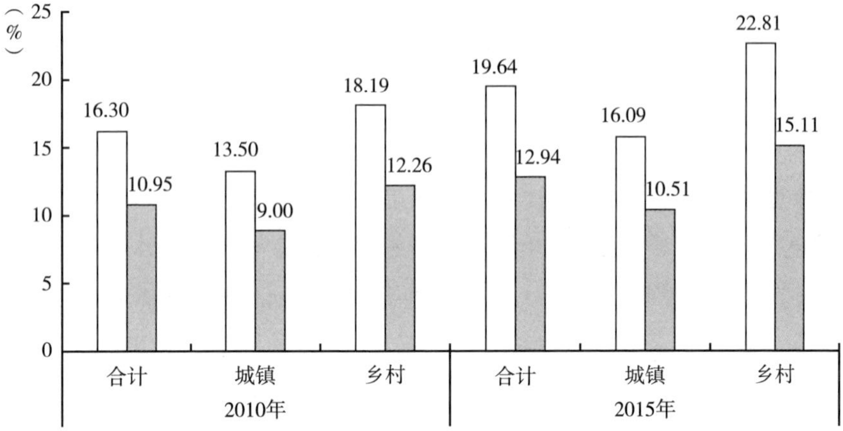

图2 四川人口老龄化的城乡比较

（三）高龄老年人口增速快，区域差异大

1. 高龄老年人口增速较快。2017年四川80岁及以上老年人口达215万人，比2010年增加63.69万人，年均增加9.1万人，年均增长3.78%。近年来四川80岁及以上老年人口不仅增长较快，而且占比有所提高，2017年80岁及以上老年人口占60岁及以上老年人口比重为12.28%，占65岁及以上老年人口比重为18.58%，分别比2010年上升了0.74个和1.40个百分点（见图3）。

2. 地区之间高龄老年人口所占比重差异较大。2017年全省各地区80岁及以上老年人口占65岁及以上老年人口的比重，最高为遂宁，占比达21.31%，高出全省平均水平2.73个百分点，比最低的广元高7.23个百分点（见图4）。

除遂宁外，占比高于全省平均水平的地区，由高到低分别为内江、眉山、自贡、乐山、雅安、资阳、成都、泸州、宜宾、德阳和南充。占比较低

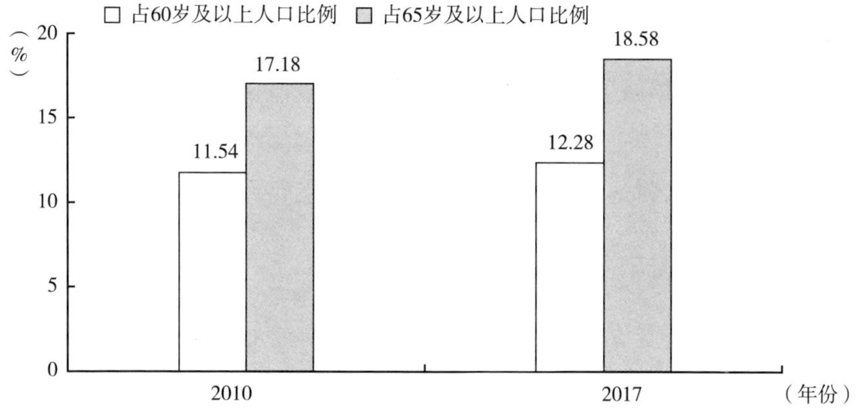

图3　2010和2017年四川80岁及以上老年人口所占比例

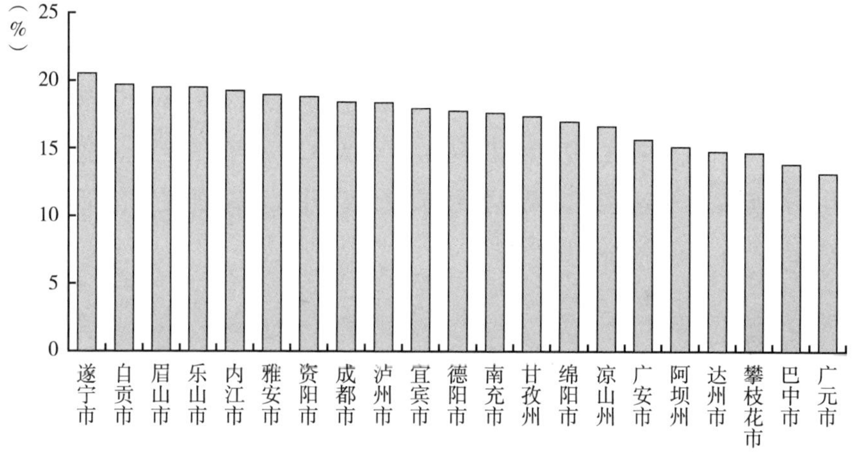

图4　四川各地区80岁及以上老年人口占65岁及以上老年人口比例

的地区除广元外，由低到高依次为巴中、攀枝花、达州、阿坝、广安、凉山、绵阳和甘孜。

（四）失能半失能老年人数量不断增多

据调查，2015年在60岁及以上老年人口中，身体不健康的老年人占

18.93%，与2010年基本持平；2015年80岁及以上老年人口中，身体不健康老年人所占比重为45.34%，其中，男性41.13%，女性48.6%，这项数据分别比2010年提高了0.34个、0.12个和0.57个百分点。随着人口老龄化程度逐步加深，不健康老年人数量将继续增多。根据预测，2050年全省身体不健康老年人将达1200万人，其中，失能老年人将达300万人以上。

（五）未来老年人口将持续增加

根据预测，未来三十年虽然老年人口增长速度将随着时间推移有所减缓，但总体仍呈增加态势。2030年四川65岁及以上老年人口将达到1783.26万人，比2017年增加626.26万人，年均增加48.17万人，年均增长3.06%。2050年65岁及以上老年人口将达到2124.66万人，比2017年增加967.66万人，年均增加29.32万人，年均增长1.86%。其中，2050年较2030年增加341.4万人，年均增加17.1万人，年均增长0.88%。从占比看，2030年65岁及以上人口占人口总量的比重将达20.11%，2050年将提高至25.7%，将分别比2017年提高6.17个、11.76个百分点。总体而言，四川人口基数大，老年人口规模持续扩大，且占人口总量的比重不断提高，未来四川的养老问题将更加严峻。

二　健康养老总体状况

（一）健康养老发展的主要特点

所谓健康养老，主要是指以基本养老服务为基础，在提供生活照料、精神慰藉的同时，着重提供疾病诊治护理、健康检查、大病康复、临终关怀等医疗服务的养老方式。近年来随着老年人口特别是高龄、失能半失能和慢性病老年人口的不断增加，老年人健康养老问题日益突出，传统的单一养老方式已越来越难以满足老年人不断增加的健康养老需求，医养结合型健康养老模式日益受到关注与重视，并得到了较快发展。目前四川医养结合养老服务主要包括在养老机构内开设医疗机构、在医疗机构内开设养老机构、养老机构与医疗机构合作、提供居家医养服务四种模式，前三种模式为目前医养结合的主要形式，其主要特点如下。

1. 医养结合型养老机构快速扩张。2017 年末全省医养结合机构数突破 1000 家，达 1113 家，比 2016 年末增加 328 家，增长 41.8%。从增幅看，四种模式机构数增幅均超过 20%。增幅最大的为提供居家医养服务的机构，增幅达 83.1%；其次为医疗卫生机构中提供养老服务的机构，增幅达 56.7%；医疗机构与养老机构建立合作关系的机构较 2016 年也有较快增长，增幅达 50.3%；增长相对较慢的为养老机构内设医疗机构，增幅为 22.2%。

从绝对数看，四种医养结合养老机构中，以养老机构内设医疗机构为主体，2017 年末达到 430 家，比 2016 年末增加 78 家，占医养结合机构总数的 38.6%。其次为医疗机构内设养老机构，达 318 家。再次是医疗机构与养老机构建立合作关系的机构，有 257 家，分别比 2016 年末增加 115 家和 86 家，分别占医养结合养老机构总数的 28.6% 和 23.1%。提供居家医养服务的机构最少，为 108 家，比 2016 年末增加 49 家，占医养结合养老机构总数的 9.7%（见图 5）。

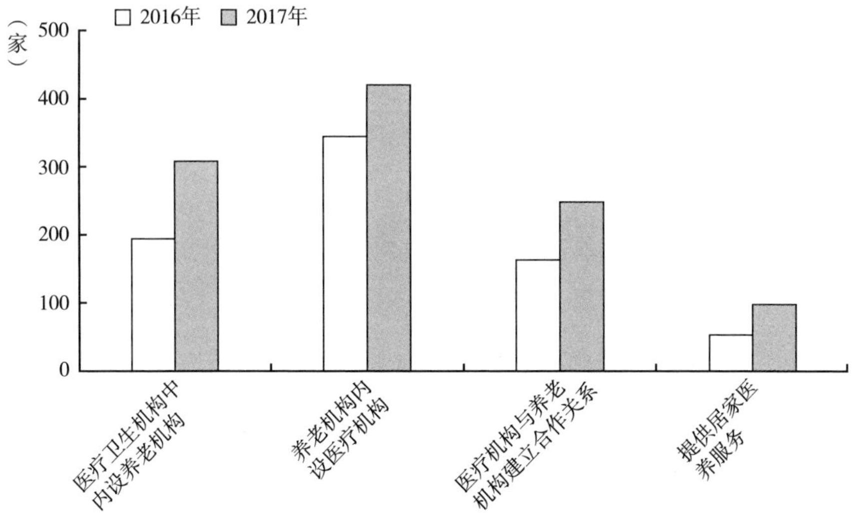

图 5　2016～2017 年四川省不同养老服务模式机构数

2. 医养结合机构床位数大幅上升。2017 年末全省医养结合床位总数达到7.07 万张，比2016 年末增加2.71 万张，增长62.2%。其中医养结合机构总床位数3.54 万张，比2016 年末增加1.35 万张，增长62.1%，占医养结合总床位数的50.1%。不同类型机构床位数均有较快增长，其中以医疗机构老年病科床位数增加最多，由2016 年末的1.33 万张增加至2.1 万张，占到医养结合机构总床位数的59.3%；其次是医疗机构内设养老机构床位数，由2016 年末的0.6 万张增加至1.16 万张，床位数分别比2016 年末增加0.77 万张和0.56 万张，增幅分别达到57.6%和91.2%。从医疗机构老年病科以及医疗机构内设养老机构床位情况看，二级以下医院分别占57.4%和77.7%，在医养结合服务模式中占据主体地位，中小型医院将是今后医疗机构开展医养结合服务模式的重点（见图6）。

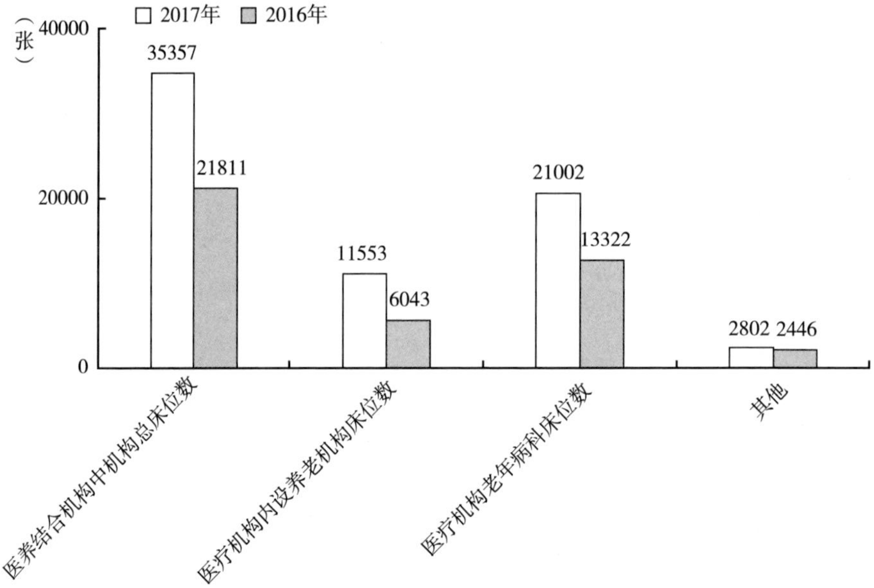

图6　四川省2017 和2016 年不同医养结合机构床位数

3. 医养结合机构照护人员持续较快增加。2017 年末全省医疗机构内设养老机构照护人员1.93 万人，比2016 年末增加0.34 万人，增长21.4%。医疗机构老年病科卫生技术人员有0.80 万人，比2016 年末增加0.29 万人，增长 58.2%。其中执业（助理）医师 2690 人，占 33.7%；注册护士 4701 人，占 58.9%，分别比 2016 年末增长 59.2% 和 60.2%。与老年人家庭签约的医师 1.84 万人，比 2016 年增长 73.1%，其中全科医师（包括乡村医生）8450 人，占 45.83%。医养结合机构照护人员的持续较快增加，反映了医养结合养老服务模式越来越受到各级政府的重视，同时也说明医养结合养老服务模式正受到越来越多老年人的欢迎（见图 7）。

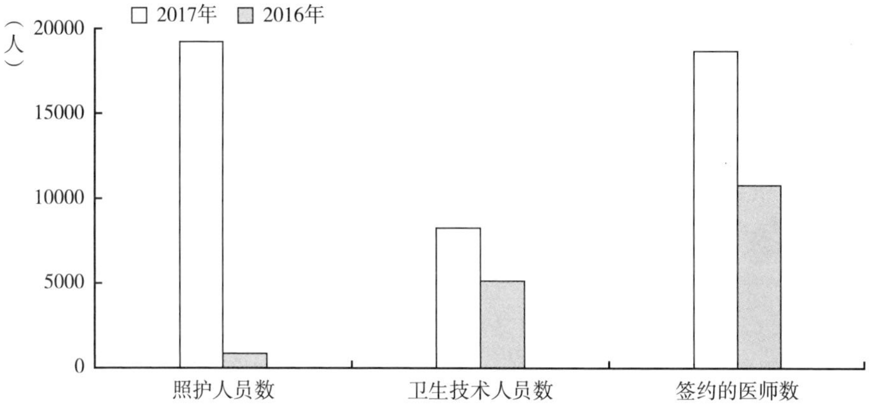

图 7　2016～2017 年四川省养老机构就业人员数

4. 接受家庭医生签约式服务的老年人成倍增加。2017 年全省接受各种医疗服务的老年人数全面增长，增幅超过 30%，主要集中在以下五类。一是接受家庭医生签约式服务的老年人 253.5 万人次，比 2016 年增加 134.8 万人次，增长 1.1 倍。二是通过合作转诊进入医疗机构接受医疗卫生服务的老年人 9.3 万人，比 2016 年增加 5.5 万人，增长近 1.4 倍。三是享受家庭病床服务的老年人达 15.1 万人次，比 2016 年增加 7.1 万人次，增长 88.8%。四是居家长期照护/居家医疗护理签约 23 万人，比 2016 年增加 9.4 万人，增长 69.1%；五是接受医疗卫生服务的老年人 27.2 万人，比 2016 年增加 7.7 万人，增长 39.2%。2017 年接受中医药健康养老服务的老年达 35.9 万人次，尽管比 2016 年增加不多，但总体呈上升趋势。从各种医养结合服务模式看，家庭医生签约式服务和中医药健康养老服务是目前较受老年人欢迎的服务模式（见图 8）。

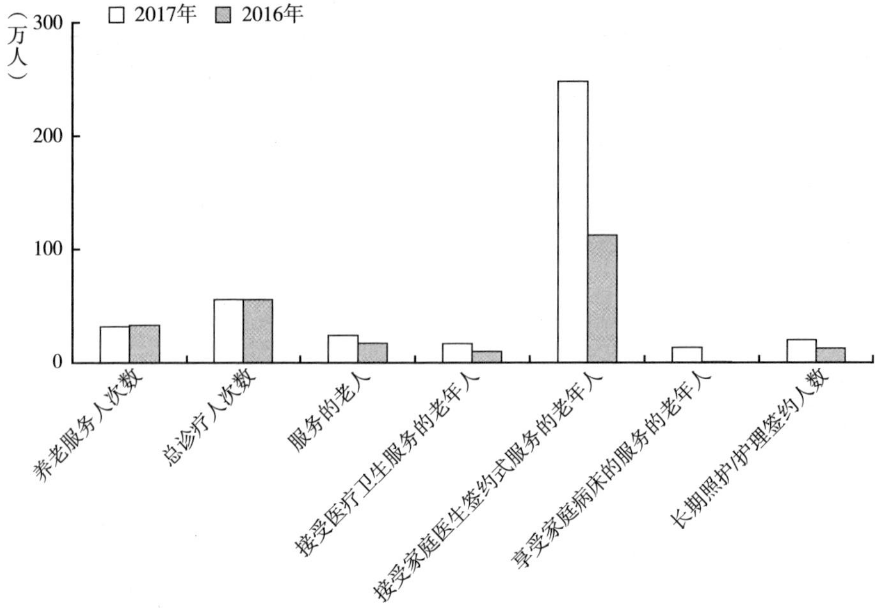

图 8　2016～2017 年四川省健康养老服务情况

（二）健康养老存在的主要问题

1. 健康养老普及率仍处于较低水平

2017 年尽管四川医养结合机构比 2016 年大幅增加，但总量仍然偏小，在养老机构中所占比重仍然偏低。2017 年末全省养老机构总数达 3270 家，医养结合机构只占 1/3。其中养老机构内设医疗机构的占比最高，也只有 13.2%，医疗卫生机构中提供养老服务的以及与养老机构建立合作关系的机构仅分别占 9.7% 和 7.9%，提供居家医养服务的机构占比不足 4%。有关调查显示，目前城市、乡村分别有 54.6% 和 47.7% 的老年人需要上门医疗或护理服务，由此可见，城乡居家养老的老年人对家庭医疗护理服务需求潜力巨大。同庞大的老年人群日益增长的健康养老需求相比，健康养老普及率仍需大幅提升。

2. 机构床位不足与入住率偏低并存

2017 年末全省医养结合机构中总床位仅有 3.54 万张，而全省 65 岁及以上人口已达1157万人，平均326人一张床位，人多床位少的矛盾较为突出。按照“9073”养老模式，即90%老年人居家养老、7%老年人社区养老、3%机构养老推算，目前全省机构养老床位缺口达20.6万张，社区养老床位缺口达102.7万张，机构缺口比例为39.2%，社区缺口比例高达83.8%。但在养老机构床位总量不足的同时，已建成的养老机构入住率却普遍偏低，据推算，目前全省养老机构床位利用率仅为70%左右，医养结合机构床位利用情况也不乐观。据省统计局对乐山、广元等地开展的调查，一些医养结合机构的入住率还不到50%，究其原因，一是机构建设及运营成本较高导致收费偏高，超过了当地多数老年人的经济承受能力；二是老年人普遍认为在养老机构生活单调乏味，感觉寂寞孤单。

3. 专业护理人才不足问题仍然突出

2017年全省医养结合机构照护人员总数虽然比上年明显增加，但与庞大的需求相比仍显不足，尤其是有资质认证的专业服务人员如营养师、康复师、心理咨询师等十分紧缺。2017年全省1.93万医疗机构内设养老机构照护人员中，专业技术人员仅有0.71万人，只占36.8%，管理人员比专业技术人员多0.17万人。医养结合机构中不仅专业技术人员不足，而且很多照护人员专业技能水平偏低，稳定性较差，对医养服务质量的提高构成了较大制约。

4. 地区之间医养结合发展不平衡，差异较大

2017年全省医疗机构内设养老机构最多的城市为成都市，为73家，占全省总数的23%；绵阳、南充和德阳市列第二至第四位，机构数分别为31家、30家和26家；其余地区均不足20家。自贡、资阳分别只有6家和3家。阿坝、甘孜和凉山三州，不仅医疗机构内设的养老机构数量很少，而且规模较小，有的机构甚至没有专业技术人员和床位。医养结合机构的多寡一方面受常住人口多少的影响，另一方面也与当地经济社会发展水平尤其是医疗卫生条件以及对医养结合的重视程度有关。

5. 城乡居民养老保障水平较低

2017年全省城乡居民基本养老金为每人每月115元，仅相当于全省企

业和机关事业单位退休人员月人均基本养老金的5.77%和2.67%。较低的保障水平不能较好满足老年人的日常生活需求，对健康养老的快速发展也势必造成一定制约。

三　建议

（一）加快构建多层次健康养老服务体系

一是进一步放宽市场准入，继续鼓励公建民营、政府购买服务、民办公助、补助贴息等多种模式，积极引导和支持社会力量兴建各类健康养老服务设施，举办医养结合机构。赋予民办康养机构与公办康养机构在财政补贴、融资以及办院土地划拨方面同等的支持力度，进一步完善支持民间资本投资健康养老服务事业减免税收优惠政策。鼓励和引导金融机构加大对医养结合领域的支持力度。二是大力推进多层次康养机构建设，对不同类型的康养机构如“救济型”“福利型”公立康养机构和“市场型”民办康养机构区别对待，分类施策，以更好满足不同收入水平、不同需求层次的老年人群的健康养老需求。三是加快推进康养机构服务人员配备及设施的标准化建设，制订完整的服务标准、岗位职责、操作流程、质量监督与评价等规范，使医养结合服务标准有据可依，推动医养结合服务质量和水平不断提升。

（二）加快培养医养结合专业人才，努力稳定护理人才队伍

未来养老产业向医养结合方向发展是大势所趋，迫切需要加快建立一支既懂老年生活护理，又懂老年医疗康复保健、心理调适的复合型专业护理人才队伍，从而为健康养老产业的发展提供有力的人才支持。对此，一是需要积极鼓励高校和职业院校完善专业设置，增设老年医学、康复、护理、营养、心理等课程，将老龄问题纳入医学课程主流，支持医学院建立老年医学中心，加强老年医学的教学研究。二是需要加大对医养结合机构从业人员的职业技能培训力度，把养老服务技能培训纳入城乡就业培训范围，落实职业

培训补贴政策，同时鼓励医疗机构优秀人才到医养结合机构服务，逐步提升护理人员的整体素质。三是需要引导社会提升对老年护理人员职业的认识、重视与尊重，合理提高老年护理人员待遇，促使老年护理人才队伍保持稳定。

（三）加快整合现有资源，推动医养结合实现更大发展

一是以“医养互助”为目标，充分挖掘医疗及养老机构优质资源潜力，打通二者之间的业务协作通道，构建互利共赢、优势互补的长效合作机制。二是构建“小病在社区、大病到医院、康复回社区”的医疗卫生服务格局，通过夯实社区医疗资源基础，优化并拓展社区医疗机构的功能，积极推动优质及特色医疗卫生服务向社区延伸，使社区成为提供医疗服务和居家养老服务的综合服务机构。三是整合政务服务，统筹政府医疗卫生系统和民政系统的服务资源，合理有效配置政府医养结合服务资源。四是强化民间力量和社会支持，充实、培育具备健康和医护知识的志愿者队伍，为社区老年人提供专业化的健康培训、健康咨询等服务，形成全社会共同关爱老年人的软环境。五是加快建立社区养老服务和人口健康等方面的数据库，实现信息共享、动态更新，全面、及时、高效地掌握老年人的医养结合服务需求。

（四）进一步完善社会保障体系，提高养老保险参保率

一是进一步完善社会统筹与个人账户相结合的基本养老保险制度，将企业年金、个人储蓄性养老保险和个人税收递延型商业养老保险纳入养老保险体系。二是大力发展商业健康保险，落实税收优惠政策，鼓励企业和个人通过参加商业保险及多种形式的补充保险，解决基本医疗之外的需求。三是鼓励商业保险机构丰富商业健康保险产品，提供多样化、多层次、规范化的产品和服务。

（五）不断改善老年群体的生活待遇

一是适当提高城乡居民养老保险金和低保补贴，特别是农村老年人的养

老补贴。二是进一步完善贫困和低收入家庭老年人救助机制，加大财政投入力度，改善老年人生活水平。三是针对目前城乡居民养老保障水平较低的实际情况，提高孤寡、失能、失智、伤残老人和高龄老人必要的经费补助，以减轻家人和亲属的日常照护负担。四是探索开展长期医疗护理保险制度试点，将医养结合型养老机构的看护、康复、护理等项目纳入医保范畴。

Abstract

The book includes three parts.

The first part includes two main reports. The Measure of Urbanization Level in Sichuan analyzed the levels of urbanization rate in 31 provinces and in 21cities of Sichuan province in 2017. We also use "the Sichuan comprehensive evaluation index system of urbanization level" model that measured 21cities of Sichuan province, trying to outline the panorama of urbanization in Sichuan province. The results show that Urbanization rate in Sichuan in 2017 is 50. 79% , still lower than the national urbanization rate, but it is a substantive breakthrough. Besides, the four cities, Chengdu, Deyang, Mianyang and Panzhihua, achieved good grades in the comprehensive evaluation in 2017, meanwhile three autonomous prefectures still fall behind relatively. The Development Prospect of Urbanization in Sichuan Province shows that it has achieved a historic breakthrough from "rapid urbanization" to "deep urbanization". This indicates that the new urbanization of Sichuan Province has entered a new stage of development, and the economic and social structures have undergone historic changes. At the same time, the urbanization construction of the whole province is still facing challenges of semi-urbanization, uncoordinated land urbanization and population urbanization, and unbalanced regional development. Under the new situation, the strategic deployment of "one trunk, multiple branches and five districts in coordination" points out the direction for the spatial layout of Sichuan in the future. The strategy of Rural Revitalization promotes the development of urban-rural integration, reconstructs the relationship between urban and rural areas, and the integration of production and city becomes inevitable. The construction of small towns is still the strategic focus.

The second part takes the theme "Urban Existence in Cities and Countryside" to identify, observe and reflect on the general and special characteristics of urban sustainable development in China with a new approach, and focuses on Sichuan to illustrate a universal view of urban existence in cities and countryside. Urban Existence in Cities and Countryside: Achievements and Issues of Sichuan Province shows that the special combination of urban management system and market mechanism results in the development pattern of urban-rural economic interest community, which is not only reflected by the considerable increase of all residents' income and consumption capacity, but also revealed more prominently in the great achievements of helping get rid of poverty, enhancing educational level, guaranteeing sanitation and health, and improving living conditions for disadvantaged groups and peripheral regions. Meanwhile, the development of cities and non-agricultural sectors has also made remarkable contribution to the development of agriculture, which is relatively disadvantaged. Rural for the urban: Values, Risks and Expectations shows that in the process of urbanization in Sichuan province, rural areas provided indispensable natural ecological guarantee, factor guarantee and market guarantee for urban development. However, with the rapid development of the urban economy and society, the new dual structure appeared, which caused a series of social problems and brought many risks to the sustainable development of the city. In new stage, Sichuan province must adjust the strategy of urban and rural development to build a community of urban and rural values by de-labeling of citizen development, de-administration of factor flow, de-comparison of space construction, de-borderization of urban and rural civilization, and de-differentiation of environmental security. The report of New Urban-Rural Relations: Prospects and References points out that the sustainable development of the whole city is a new urban sustainable development model, which includes the integration and integrated management of urban-rural economic, social and environmental factors, and has multi-features such as multi-dimensional, integrated, reciprocal and open development which will bring multiple benefits. On this basis, this report explores the active exploration of Chengdu's urban sustainable development model and urban-rural integration path under the background of rural revitalization.

The Special Survey part includes eight reports. Centering around how to deal with the relationship of man between man and man between nature, Research of

Urban Coordination Development Index of Western Cities constructs the Urban Coordination Development Model and evaluates the urban coordination development level of the cities in Western China. Development of Sichuan Urban Agglomeration from the Perspective of Market Segmentation shows that the degree of market segmentation among cities is in a state of fluctuation, and the trend of change is consistent with the economic growth rate and urbanization growth rate. Analysis on Collaborative Development of Five Regions in Sichuan Province describes the differences in five regions of economic development level and comparative advantages based on the new regional development strategy of "one trunk and multiple branches, five regions collaborative development" . Status Analysis on Employment and Income in Sichuan Province shows that there is a good coordination between industry and employment structure in Sichuan Province and there is a good trend of increasing year by year, but the contradiction of low quality of labor force is prominent. Based on the field investigation in Wumeng Mountain Area in Sichuan Province, Report on Poverty Alleviation by Science and Technology to Narrow the Digital Divide between Urban and Rural Development in Wumeng Mountain Area in Sichuan Province summarizes the achievements and problems of poverty alleviation by science and technology. On the basis of summing up the practice of the construction of Public Legal Service assessment system, Survey on the Public Legal Services Assessment System for Both of Urban and Rural Residents explores and cogitate the perfect path of public Legal Service assessment system covering urban and rural residents. Analysis on the Status of Population Aging and Health Pension in Sichuan Province shows that the accelerated growth trend of the aging population and the development of healthy old-age care in Sichuan province.

Contents

Ⅰ General Reports

B. 1 The Measure of Urbanization Level in Sichuan

Project Group / 001

Abstract: This report analyzed the levels of urbanization rate in 31 provinces and in 21cities of Sichuan province in 2017. We also use " the Sichuan comprehensive evaluation index system of urbanization level" model that measured 21cities of Sichuan province, trying to outline the panorama of urbanization in Sichuan province. The results show that Urbanization rate in Sichuan in 2017 is 50.79% , still lower than the national urbanization rate, but it is a substantive breakthrough. The comprehensive evaluation on the development level of urbanization in 21cities of Sichuan province by using the index system in 2017, points out the most obvious factors in promoting the urbanization level. The four cities (Chengdu, Deyang, Mianyang, Panzhihua) achieve good grades in the comprehensive evaluation in 2017, meanwhile three autonomous prefectures still fall behind relatively. Furthermore, the six dimensions of "population" "industrial support" "infrastructure" "public service" "resource environment" "coordinated development" jointly promote the development of urbanization. Since 2016, Sichuan always adhere to the people-oriented, pay more attention to fair sharing, intensive and efficient, quality benefit, insist on green development, pay more attention to ecological civilization, adhere to the overall urban and rural, pay more attention to the "four modernizations", insist on the system innovation, and pay more attention to solving problems, unswervingly Sichuan characteristics of a new path of urbanization, promote new urbanization construction to a new level, to build beautiful, pwsperos and harmonious Sichuan.

Keywords: New Urbanization; Urbanization Rate; Evaluation

B. 2 The Development Prospect of Urbanization in Sichuan Province *Project Group* / 031

Abstract: The urbanization rate of the permanent population in Sichuan Province reached 50. 8% in 2017. It has achieved a historic breakthrough from "rapid urbanization" to "deep urbanization". This indicates that the new urbanization of Sichuan Province has entered a new stage of development, and the economic and social structures have undergone historic changes. At the same time, the urbanization construction of the whole province is still facing the challenges of semi-urbanization, uncoordinated land urbanization and population urbanization, and unbalanced regional development. Under the new situation, the strategic deployment of "one trunk, multiple branches and five districts in coordination" points out the direction for the spatial layout of Sichuan in the future. The strategy of Rural Revitalization promotes the development of urban-rural integration, reconstructs the relationship between urban and rural areas, and that the integration of production and city becomes inevitable. The construction of small towns is still the strategic focus.

Keywords: Deep Urbanization; One Trunk, Multiple Branches and Five Districts in Coordination; Urban-rural Integration

Ⅱ Theme Reports

B. 3 Urban Existence in Cities and Countryside: Achievements and Issues of Sichuan Province

Zhang Mingming, Ding Yanwu / 049

Abstract: The special combination of urban management system and market mechanism results in the development pattern of urban-rural economic interest community, which is not only reflected by the considerable increase of all residents' income and consumption capacity, but also revealed more prominently in the great achievements of helping get rid of poverty, enhancing educational level, guaranteeing sanitation and health, and improving living conditions for disadvantaged groups and peripheral regions. Meanwhile, the development of cities and non-agricultural sectors has also made remarkable contribution to the development of agriculture, which is relatively disadvantaged.

Keywords: Relationship between Urban and Rural; Urban-rural Dual Structure; Urbanization

B. 4 Rural for the Urban: Values, Risks and Expectations

Gao Jie, Wu Zhenming, Liu Wei and Wang Fang / 070

Abstract: In the process of urbanization in Sichuan province, rural areas provided indispensable natural ecological guarantee, factor guarantee and market guarantee for urban development. However, with the rapid development of the urban economy and society, the new dual structure appeared, which caused a series of social problems and brought many risks to the sustainable development of the city. In new stage, Sichuan province must adjust the strategy of urban and rural developmentcmd, build a community of urban and rural values by de-labeling of citizen development, de-administration of factor flow, de-comparison of space construction, de-borderization of urban and rural civilization, and de-differentiation of environmental security.

Keywords: Urban-rural Relations; Rural Values; Community of Urban-rural Values

B. 5 New Urban-Rural Relations: Prospects and References

Wang Qian / 092

Abstract: The issue of urban sustainable development in China has never been a simple urban problem, but a holistic sustainable developmentissue involving agriculture, rural areas and peasantry. Only by looking at cities and villages from a holistic perspective and taking them as equal subjects of an integrated system, and seeking an overall development path, can we achieve sustainable development. This research report points out that the sustainable development of the whole city is a new urban sustainable development model, which includes the integration and integrated management of urban-rural economic, social and environmental factors, and has multi-features such as multi-dimensional, integrated, reciprocal and open development which will bring multiple benefits. On this basis, this report explores the active exploration of Chengdu's urban sustainable development model and urban-rural integration path under the background of rural revitalization.

Keywords: Urban-rural Integration; Urban Sustainability; Rural Revitalization

Ⅲ Special Survey

B. 6 Research of Urban Coordination Development Index of Western Cities

Ran Min / 099

Abstract: Centering around how to deal with the relationship of man between man, and man between nature, the paper cinstruccs the Urban Coordination Development Model of the west cities of China. On the basis of this model, the paper evaluates the UCI of 84 cities in 9 provinces of Western China. The paper finds the UCI of western cities is quite different among cities. HDI is relatively high, and no cites belong to "low-level human development"; The UFI is low, and the deficiency of urban function construction is a common problem faced by western cities. How to continue to improve the efficiency of environmental utilization, and expand the environmental capacity is the key to improve the EII of western cities. Based on UCI, the paper finds western cities fall into four categories: high development and high ecology; high development and low ecology; low development and high ecology; low development and low ecology. The paper suggests in order to further improve UCI of western cities, efforts should be made from five aspects: (1) expand inclusive education and promot higher vocational education; (2) strengthen investment in scientific and improve regional innovation capability; (3) integrate into national strategy and promote regional opening level; (4) share medical resources and improve the level of public service; (5) excavate advantaged resources and change the model of economic development.

Keywords: Human Development Index; Urban Function Index; Ecological Improvement Index; Urban Coordination Development Index

B. 7 Development of Sichuan Urban Agglomeration from the Perspective of Market Segmentation *Wu Zhenming* / 126

Abstract: Market segmentation is a common phenomenon, which is the main obstacle to the development of urban agglomerations in China. Sichuan's four major urban agglomerations are in the critical period of formation. It is urgent to break the market segmentation and promote market integration among cities. At present, relative price method is the mainstream method to measure the degree of market segmentation. The analysis of Sichuan Province shows that the degree of market segmentation among cities is in a state of fluctuation, and the trend of change is consistent with the economic growth rate and urbanization growth rate. In recent years, under the downward pressure of economic growth, the degree of market segmentation among cities has entered a new upward trend. Because of the fierce competition among the cities, the market segmentation of the southern urban agglomeration has been at a high level for a long time, while the Chengdu Plain urban agglomeration has entered a stable period. Therefore, further clarifying the government's function orientation, improving infrastructure and improving the quality of system supply are the key points to promote the development of Sichuan urban agglomeration.

Keywords: Urban agglomeration; Market segmentation; Sichuan Province

B. 8　Analysis on Collaborative Development of Five Regions in Sichuan Province　*Yue Xinsheng* / 148

Abstract: Sichuan province is transforming from a high-speed growth stage to a high-quality development stage, putting forward a new regional development pattern of "one trunk and multiple branches, five regions collaborative development", which is committed to solving the most prominent problem of unbalanced and inadequate regional development. There are differences in five regions of economic development level and comparative advantages. In recent years the development gap of five regions is expanding, the industrial structure is optimizing, and the problem of excessively large gradient gap in urbanization development has been alleviated. However, the construction condition of provincial economic sub-center city is not clear, and the regional coordinated development also faces many difficulties and challenges.

Keywords: Five regions; Collaborative development; Urbanization

B. 9 Status Analysis on Employment and Income in Sichuan Province

Sichuan Provincial Bureau of Statistics / 172

Abstract: Since the reform and opening up, the total employment of Sichuan's labor force has continued to expand, the employment posts have increased steadily, the registered unemployment rate has remained at a low level, the employment structure of urban and rural areas has been continuously optimized, the employment structure of industries and industries has been significantly improved, the wage level of workers has continued to rise, and the employment situation is generally optimistic. There is a good coordination between industry and employment structure in Sichuan Province and it shows a good trend of increasing year by year, however, the contradiction of low quality of labor force is prominent. The average wage of workers has steadily increased in the ranking of the whole country. The wage level of the tertiary industry has increased rapidly. New breakthroughs have been made in wages in emerging industries and high-tech industries. On the basis of the analysis above, this paper puts forward six countermeasures and suggestions.

Keywords: Employment of Labor Force; Evaluation on the Balance of Labor Market; Salary of Labor Force

B. 10 Report on Poverty Alleviation by Science and Technology to Narrow the Digital Divide between Urban and Rural Development in Wumeng Mountain Area in Sichuan Province

Lu Yangchun, Cheng Runhua and Gao Xiaohui / 189

Abstract: With scientific and technological information resources flow to poor areas, in order to improve farmers' scientific and cultural quality, resource development level and labor productivity with advanced and applicable science and technology, which not only has improved the informatization level of poor areas, promoted the industrial development as a "late starting point", and accelerated the pace of poverty alleviation and enrichment of poor areas and people, but also has narrowed the digital divide between urban and rural areas, and promoted the coordinated and sustainable development of urban and rural areas. Based on the field investigation in Wumeng Mountain Area in Sichuan Province, this paper summarizes the achievements and problems of poverty alleviation by science and technology. In order to improve the informatization level of poor areas, seek a new way to get rid of poverty and become rich, and then narrow the digital divide between urban and rural development, countermeasures and suggestions are put forward from four aspects: improving the service platform of poverty alleviation by science and technology, and the coordination and cooperation mechanism between departments, exploring the key problems of agricultural technology and strengthening the guarantee of funds for poverty alleviation by science and technology.

Keywords: Poverty alleviation by science and technology; Informatization; Digital divide; Wumeng Mountain Area

B. 11 Survey on the Public Legal Services Assessment System for Both of Urban and Rural Residents

Zheng Ni, *Yang Yang* / 201

Abstract: Since the 18th CPC National Congress, the comprehensive deepening of judicial system reform has made breakthrough progress in the field of public legal service system construction. The 19th CPC National Congress has made a series of new deployment requirements for deepening the reform of judicial system and judicial administration. In recent years, the amount of academic research on the public Legal Service system has gradually increased, but the amount of research specifically aimed at the public Legal Service assessment system is rare. Therefore, on the basis of summing up the practice of the construction of Public Legal Service assessment system, the articles explores and cogitates the perfect path of public Legal Service assessment system covering urban and rural residents. The articles holds that there are still some obstacles to the construction of the Public Legal Service assessment system in the aspects of assessment concept, examination subject and object, examination object, assessment system mechanism and assessment of urban and rural equilibrium, and it should be sublimated into the concept of the construction of the assessment system in time, from "completing the task" to "inclusive to the People", and from "City-oriented" to "Covering Urban and Rural Areas". At the same time, it is suggested to strengthen the construction of public Legal Service organization leadership, deepen the construction of Public Legal Service Foundation platform, expand the construction of Public Legal Service project, explore and promote the evaluation mechanism of public legal service, as an important path to the construction of Public Legal Service assessment system covering urban and rural areas in China.

Keywords: Covering Urban and Rural Public Legal Service; Assessment System; The Rule of Law

B. 12 Analysis on the Status of Population Aging and Health Pension in Sichuan Province

Sichuan Provincial Bureau of Statistics / 222

Abstract: the population in Sichuan There is an accelerated growth trend in The aging of recent years. The size and proportion of the aged population in rural areas increased significantly faster than that in urban areas. The aging population aged 65 and above is growing rapidly and has obvious regional characteristics. Based on the fact that Sichuan has a large population base and insufficient urbanization, the scale of elderly population in Sichuan will further expand in the future, and the proportion of elderly population in the total population will continue to increase, which will lead to severe pension problems. Recently, Sichuan province has witnessed a rapid development of healthy old-age care but it faced many difficulties and problems. It is suggested to deal with the problem of aging population from the aspects of building a healthy old-age care system, accelerating personnel training, integrating high-quality resources, improving social security and improving the soft environment for the elderly.

Keywords: Population Aging; Health Pension; Sichuan

皮书起源

“皮书”起源于十七、十八世纪的英国，主要指官方或社会组织正式发表的重要文件或报告，多以“白皮书”命名。在中国，“皮书”这一概念被社会广泛接受，并被成功运作、发展成为一种全新的出版形态，则源于中国社会科学院社会科学文献出版社。

皮书定义

皮书是对中国与世界发展状况和热点问题进行年度监测，以专业的角度、专家的视野和实证研究方法，针对某一领域或区域现状与发展态势展开分析和预测，具备原创性、实证性、专业性、连续性、前沿性、时效性等特点的公开出版物，由一系列权威研究报告组成。

皮书作者

皮书系列的作者以中国社会科学院、著名高校、地方社会科学院的研究人员为主，多为国内一流研究机构的权威专家学者，他们的看法和观点代表了学界对中国与世界的现实和未来最高水平的解读与分析。

皮书荣誉

皮书系列已成为社会科学文献出版社的著名图书品牌和中国社会科学院的知名学术品牌。2016 年，皮书系列正式列入“十三五”国家重点出版规划项目；2013~2019 年，重点皮书列入中国社会科学院承担的国家哲学社会科学创新工程项目；2019 年，64 种院外皮书使用“中国社会科学院创新工程学术出版项目”标识。

权威报告·一手数据·特色资源

皮书数据库

ANNUAL REPORT(YEARBOOK) DATABASE

当代中国经济与社会发展高端智库平台

所获荣誉

- 2016年，入选“‘十三五’国家重点电子出版物出版规划骨干工程”
- 2015年，荣获“搜索中国正能量 点赞2015”“创新中国科技创新奖”
- 2013年，荣获“中国出版政府奖·网络出版物奖”提名奖
- 连续多年荣获中国数字出版博览会“数字出版·优秀品牌”奖

成为会员

通过网址www.pishu.com.cn访问皮书数据库网站或下载皮书数据库APP，进行手机号码验证或邮箱验证即可成为皮书数据库会员。

会员福利

- 已注册用户购书后可免费获赠100元皮书数据库充值卡。刮开充值卡涂层获取充值密码，登录并进入“会员中心”—“在线充值”—“充值卡充值”，充值成功即可购买和查看数据库内容。
- 会员福利最终解释权归社会科学文献出版社所有。

数据库服务热线：400-008-6695
数据库服务QQ：2475522410
数据库服务邮箱：database@ssap.cn
图书销售热线：010-59367070/7028
图书服务QQ：1265056568
图书服务邮箱：duzhe@ssap.cn

社会科学文献出版社 SOCIAL SCIENCES ACADEMIC PRESS (CHINA) 皮书系列
卡号：567532981758
密码：

S 基本子库
UB DATABASE

中国社会发展数据库（下设 12 个子库）

全面整合国内外中国社会发展研究成果，汇聚独家统计数据、深度分析报告，涉及社会、人口、政治、教育、法律等 12 个领域，为了解中国社会发展动态、跟踪社会核心热点、分析社会发展趋势提供一站式资源搜索和数据分析与挖掘服务。

中国经济发展数据库（下设 12 个子库）

基于“皮书系列”中涉及中国经济发展的研究资料构建，内容涵盖宏观经济、农业经济、工业经济、产业经济等 12 个重点经济领域，为实时掌控经济运行态势、把握经济发展规律、洞察经济形势、进行经济决策提供参考和依据。

中国行业发展数据库（下设 17 个子库）

以中国国民经济行业分类为依据，覆盖金融业、旅游、医疗卫生、交通运输、能源矿产等 100 多个行业，跟踪分析国民经济相关行业市场运行状况和政策导向，汇集行业发展前沿资讯，为投资、从业及各种经济决策提供理论基础和实践指导。

中国区域发展数据库（下设 6 个子库）

对中国特定区域内的经济、社会、文化等领域现状与发展情况进行深度分析和预测，研究层级至县及县以下行政区，涉及地区、区域经济体、城市、农村等不同维度。为地方经济社会宏观态势研究、发展经验研究、案例分析提供数据服务。

中国文化传媒数据库（下设 18 个子库）

汇聚文化传媒领域专家观点、热点资讯，梳理国内外中国文化发展相关学术研究成果、一手统计数据，涵盖文化产业、新闻传播、电影娱乐、文学艺术、群众文化等 18 个重点研究领域。为文化传媒研究提供相关数据、研究报告和综合分析服务。

世界经济与国际关系数据库（下设 6 个子库）

立足“皮书系列”世界经济、国际关系相关学术资源，整合世界经济、国际政治、世界文化与科技、全球性问题、国际组织与国际法、区域研究 6 大领域研究成果，为世界经济与国际关系研究提供全方位数据分析，为决策和形势研判提供参考。

法律声明